苏德 等 著

中国民族教育发展报告

(2015~2018)

现实与前瞻：民族地区双语教育研究

CHINA MINORITY EDUCATION
DEVELOPMENT REPORT (2015-2018)
REALITY AND PROSPECT:
A STUDY ON
BILINGUAL EDUCATION IN MINORITY AREAS

社会科学文献出版社
SOCIAL SCIENCES ACADEMIC PRESS (CHINA)

特别说明

本书为全国教育科学规划领导小组学科规划组评审，全国教育科学规划领导小组审批的国家社会科学基金"十二五"规划2015年度教育学重大（重点）招标项目"民族地区依法实施双语教育政策和模式研究"（课题批准号：AMA150011）的成果。

序 一

习近平总书记曾指出:"我国是统一的多民族国家。各民族多元一体,是老祖宗留给我们的一笔重要财富,也是我们国家的重要优势。我国各族人民共同缔造了中华人民共和国,都为中华民族形成和发展作出了卓越贡献。"可见,多民族的实际国情,给我们带来的不是负担,而是一笔宝贵的财富。我们所称的中华民族,并非是某一个民族,而是中华大地上各个民族相互交融的共同体;我们所言的中华文明,也并非是某一个民族的文明,而是56个民族共同创造的集体智慧。可以说,正是因为不同民族之间的相互借鉴、相互启发,才铸就了我国文明的博大精深、流光溢彩,才能够保障我国历史的悠久绵长、持续向前。

语言是人类文明的重要表征形式之一,它不仅是人类交流、沟通的工具,更是某一族群生活环境、生产方式、民族历史、民族性格等要素的直接体现。文化与语言之间,是一种相互滋养、相互促进的关系。一定的民族文化衍生出相应的民族语言,而一定的民族语言又会激发、重构、革新出相应的民族文化。从这一视角来看,保持语言的多样性,也就保留了民族记忆、民族文化的多样性,进而实现人类文明的生态多元、相互砥砺、持续跃升。

党的十八大以来,以习近平同志为核心的党中央高度重视民族教育工作,大力推进双语教学,全面推广国家通用语言文字,同时尊重和保障少数民族使用本民族语言文字接受教育的权利。紧紧围绕着"为谁培养人,培养什么人,如何培养人"的教育主线,以培养合格的各民族社会主义建设者和接班人为根本旨归，实施了一系列双语教育举措，从思想理论指导到政策法规保障，从经费物资投入到人力资源支撑等，极大地提升了双语教育的实效性，为双语双文化人才的培养、民族之间的理解、认同与融合，提供了坚实的制度性保障。

囿于历史的原因，加之我国广阔的地域、众多的民族，各地区各民族的经济和语言发展存在着一定的差异。这些差异进一步加大了双语教育的复杂性和困难性。用统一的教育手段去作用于多元的双语教育实践，显然是行不通的。唯有基于广泛的实践调研，立体详尽地呈现不同地区双语教育的实然样态，才能更加客观地呈现双语教育规律，提出破解双语教育实践问题的有效理路。

中央民族大学教育学院苏德教授长期致力于中国少数民族教育的研究。几十年来，苏德教授紧密结合党和国家的民族工作方针，牢牢把握经济社会发展所引起的民族区域社会形势和民族教育形势的新变化，与时俱进地革新自己的研究理念和研究范式，不断推动双语教育研究的持续发展。展现在读者面前的这本《中国民族教育发展报告（2015～2018）》，是苏德教授团队近年来在广泛调研基础上形成的一部兼具理论与实践的研究成果，该著作以传统人类学研究特色为基础，并具备如下几个方面的特点。

一是大样本调查。双语教育即开展国家通用语言和少数民族语言的教育。除去学校教育的影响，来自家庭和社会维度的教育作用也同样不可小觑。不同民族所处的地理位置，不同地区少数民族的经济发展水平，不同少数民族之间、少数民族与国家主体民族之间的交往、交流、交融深度等都影响着这一地域这一民族双语教育的起点和实效。因此，开展民族地区双语教育研究，就必须采用大样本调查。本著作的作者足迹遍布近半个中国，竭尽可能地将现阶段我国双语教育的各类问题——穷尽，极大地保障了研究的客观性与全面性。

二是精准施策。教育问题是社会问题在教育领域的集中反映，简单机械地"就双语教育论双语教育"无法从根本上消解教育矛盾，无法实现教育的持续性发展。本著作对双语教育问题的解读，并非"眉毛胡子一把抓"，而是紧密结合不同地区少数民族的发展历史、生产方式、语言环境、双语教育主要矛盾等，以系统性、集成性的理念，因地施策，精准发力，进而保障了对策的科学有效，为行政部门的教育决策提供了重要参考。

三是揭示新时代的双语教育规律。教育规律兼具时代性和历史性。从时代性的视角看，"互联网＋"时代的来临，改变了原有的社会形态，这种改变必然投射到民族社会和双语教育系统。另外，不同时代的民族青少年有不同的生活方式，这决定了传统教育模式必然要随之变化。同时语言又具有历史性，是随着民族性发展而发展起来的。因此，如其所是地呈现新时代的双语教育问题，分析问题背后的成因，发掘历史性的双语教育规律，则是本著作的又一重要特点。

诚如毛主席所言，"没有调研就没有发言权"，面对瞬息万变的社会形势，如何与时俱进地抓住新的教育问题，并结合多元问题予以"精准施策"，是我们教育研究应当鼓励的范式。我们也期待学界出现越来越多的类似成果。

是为序！

2018 年 1 月 23 日

序 二

中国是一个统一的多民族社会主义国家，统一是前提。在实现社会主义现代化的进程中，民族问题是社会总问题的一部分，关系到中国特色社会主义事业的成败。民族问题的核心是民族文化问题，而民族文化的焦点则在于民族教育。建国以来，我国的民族教育，在党和政府的支持和关心下，有了很大的发展和变化，但在横向比较之下，民族教育质量和发展水平尚未达到"让人民满意"的水平，影响着民族文化的传承与创新，制约着民族问题有效性、整体性、长远性解决。

随着信息社会的快速发展，少数民族语言面临着巨大挑战。譬如城镇化导致少数民族文化生态的转变，传统的语言生活发生改变，语言资源出现流失；民族文字授课的学生就业、晋升遇到困难，一些语言濒临消亡……在这种形势面前，加速保护少数民族语言资源的步伐，有效遏制少数民族语言文化资源的流失，使少数民族语言文字发挥其传承和发扬民族灿烂文化的功能，显得尤为迫切。少数民族双语教育是解决这一现实问题的有效途径之一。

提高民族教育质量和水平是一项系统性工程，其发展需要外源性力量和内生性力量，其中，作为一种内生性力量的双语教育具有不可替代的基础性作用。双语教育是民族教育的一个核心命题，是民族教育质量提升的激发器。民族教育的发展及民族教育质量的提升，不能回避、也不能绕过双语教育这一核心问题。概言之，双语教育在提升少数民族人口质量、传承文化多样性和促进少数民族参与国家事务能力建设中是个重要因素。

近年来,在党和国家的重视与大力支持下,我国的民族教育事业取得了长足的发展,取得了举世瞩目的成绩。民族教育,尤其是少数民族双语已成为全国教育工作的重要内容,同时也是广大专家学者们关注的焦点。

我校教育学院院长、博士生导师、国际双语学学会副会长苏德教授,长期致力于少数民族双语教育的研究工作,曾主持完成了全国教育科学规划国家级重点项目"边境农村牧区民族基础教育现状调查与对策研究"、国家社科基金"十一五"规划课题"内蒙古地区蒙古族中小学双语教学问题、对策与理论研究"、国家社科基金"十一五"规划教育学重点招标课题"民族教育质量保障和特色发展研究"、联合国教科文组织西班牙千年发展目标促进基金项目"中国少数民族基础教育政策研究"、教育部"荣达教育资助基金"民族教育研究重大课题"蒙汉双语教育理论、政策和实验研究"及一般项目"民族教育重大政策实施效果研究"、中央高校科研业务费重大项目"民族地区的双语教育问题研究"、中央统战部委托课题"新疆双语教育问题与民族关系研究"等一系列课题。他长期坚持在国内少数民族地区双语教育理论与实践的研究上,做出了很有现实意义的研究,取得了诸多丰硕的研究成果,得到了很好的社会效益和社会反响。苏德教授目前正在主持进行国家社科基金教育学重大(重点)招标课题"民族地区依法实施双语教育政策和模式研究"、国家民委委托课题"少数民族双语教育研究"等研究工作。

近些年来,苏德教授还率领研究团队对我国各地的双语教育进行了持续而深入的研究,不断深入各民族地区进行社会调查,了解双语教育的发展状况及相关问题。他们在整理以往研究成果的基础上,率领团队开展了全国性的田野调查,从理论上进行分析探讨,最终形成了《少数民族双语教育发展报告(2015—2018)》及《少数民族双语教育:经验·问题·策略》等著作。

本书具有以下几个特点。

第一,从少数民族和民族地区实际出发,强调系统性、现实性,注重理论性、规律性、针对性、实效性。目的是通过对双语教育重大理论问题和实践问题的研究,来提升民族教育的质量和水平,促进民族文化的传承和提高国家认同。

第二，尊重少数民族和民族地区的多样性和差异性，不仅凸显各民族地区双语教育的独特个性，而且深入挖掘各民族地区的共性特征。在收集不同地区、不同民族双语教育资料的过程中，注意点面结合，在了解整体情况的同时，突出典型个案。近些年来，苏德教授不断带领研究团队深入内蒙古、新疆、西藏、青海、吉林、云南、广西、四川等省区的少数民族聚居地，调查了解基层学校双语教育的发展情况。本书选取了吉林延边朝汉双语，内蒙古蒙汉双语，青海藏汉双语，四川甘孜、阿坝藏汉双语，四川凉山彝汉双语，广西壮汉双语，云南傣汉双语等双语教育发展为个案，分析了这些地区双语教育已取得的成绩和经验，指出其所存在的困境与不足，并提出了对策与建议。这些个案具有一定的代表性。因此可以认为，本书实际上以点带面，呈现了我国民族地区双语教育发展的总体状况。

第三，坚持理论联系实践的基本原则，研究了民族地区双语教育改革的影响因素和条件。在对民族地区双语教育进行深入描写的基础上，对不同地区、不同民族双语教育中的代表性问题进行了深入的分析。本书收集到的大量的基础数据，填补了我国双语教育实证研究的不足。

该书凝结了苏德教授及其团队多年研究的心血，是他对我国民族教育的贡献，也代表了中央民族大学教育学院师生多年的努力。苏德教授在本书中体现的他在民族教育研究上孜孜以求的精神值得民族教育工作者学习。

是为序。

戴庆厦教授

2017 年 10 月 18 日

中央民族大学 507 工作室

目 录

绪论　新时代背景下的少数民族双语教育 …………………… 001
 一　继续实施少数民族双语教育的必要性 ……………… 001
 二　新时代背景下少数民族双语教育的机遇 …………… 003
 三　新时代背景下少数民族双语教育面临的挑战 ……… 005
 四　新时代背景下少数民族双语教育的应对策略 ……… 009
 五　结语 …………………………………………………… 012

第一章　内蒙古民族教育事业发展现状调查 ………………… 014
 一　基本情况 ……………………………………………… 014
 二　政策措施 ……………………………………………… 016
 三　几点启示 ……………………………………………… 022
 四　存在的困难与问题 …………………………………… 025
 五　对策与建议 …………………………………………… 027

第二章　内蒙古自治区蒙汉双语教育调研报告 ……………… 029
 一　蒙汉双语教育发展基本情况 ………………………… 029
 二　蒙汉双语教育取得的成就 …………………………… 030
 三　蒙汉双语教育存在的主要问题和困难 ……………… 031
 四　进一步发展蒙汉双语教育的对策建议 ……………… 035

第三章　内蒙古通辽市蒙汉双语教育发展现状调查 …… 038
一　基本情况 …… 039
二　主要工作及其成绩 …… 042
三　存在的困难与问题 …… 045
四　对策与建议 …… 048

第四章　内蒙古锡林郭勒盟蒙汉双语教育发展现状调查 …… 052
一　基本情况 …… 053
二　存在的困难与问题 …… 057
三　对策与建议 …… 062

第五章　内蒙古呼伦贝尔市蒙汉双语教育发展现状调查 …… 066
一　基本情况 …… 066
二　双语教育的发展现状及主要成绩 …… 068
三　存在的问题与困难 …… 073
四　对策与建议 …… 076

第六章　吉林省延边州朝汉双语教育发展现状调查 …… 079
一　基本情况 …… 080
二　双语教育改革的经验 …… 088
三　目前存在的特殊困难与突出问题 …… 090
四　对策建议 …… 092
五　结语 …… 093

第七章　青海省藏汉双语教育发展现状调查 …… 096
一　青海藏区藏汉双语教育基本情况 …… 096
二　存在的主要问题 …… 099
三　对策与建议 …… 103

第八章 四川省凉山彝族双语教育发展现状调查 ………… 108
- 一 基本情况 ………… 108
- 二 存在的特殊困难与突出问题 ………… 112
- 三 对策与建议 ………… 116

第九章 四川省甘孜阿坝藏汉双语发展现状调查 ………… 121
- 一 四川省民族地区双语教育基本情况 ………… 121
- 二 阿坝州推进双语教育的主要措施及成效 ………… 123
- 三 阿坝州开展双语教育存在的主要困难及问题 ………… 127
- 四 对策及建议 ………… 133

第十章 四川省甘孜藏族自治州藏汉双语教育政策成效的调查研究 …… 140
- 一 甘孜州双语教育基本情况 ………… 141
- 二 研究工具和研究假设 ………… 146
- 三 描述性统计分析 ………… 152
- 四 假设检验与结果分析 ………… 155
- 五 研究结论总结与实务建议 ………… 189

第十一章 广西壮汉双语教育发展现状调查 ………… 205
- 一 广西壮汉双语教育基本情况 ………… 205
- 二 当前壮汉双语教育存在的主要问题 ………… 214
- 三 促进壮汉双语教育发展的对策与建议 ………… 217

第十二章 从文本到行动：广西壮族双语教育政策执行研究 ………… 220
- 一 研究背景 ………… 220
- 二 研究方法和理论框架 ………… 221
- 三 双语教育政策文本 ………… 223
- 四 学校层面的双语教育政策执行 ………… 235
- 五 分析和讨论 ………… 242

第十三章　贵州省双语教育与少数民族文化传承调研报告 …… 246
  一　民族教育政策制定和执行情况 …… 246
  二　贵州省各级各类学校及双语教育发展概况 …… 248
  三　双语人口及其分布特点 …… 249
  四　文化传承与双语教育存在的问题 …… 250
  五　对策与建议 …… 258

第十四章　云南省西双版纳州双语教育发展现状调查 …… 262
  一　基本情况 …… 262
  二　西双版纳州双语教育的发展历程及政策措施 …… 264
  三　双语教育存在的困惑与困难 …… 268
  四　对策与建议 …… 272

参考文献 …… 277

附录1　双语教师现状调查 …… 286
附录2　学生调查问卷 …… 293
附录3　蒙古族中学汉语教学调查问卷（教师） …… 296
附录4　蒙古族中学汉语教学调查问卷（学生） …… 301
附录5　民族学校双语调查问卷（教师） …… 307
附录6　民族学校双语调查问卷（学生） …… 311
附录7　对汉语的态度与使用调查 …… 314
附录8　学生调查问卷 …… 319
附录9　双语教育政策调查问卷（学生卷） …… 322
附录10　访谈提纲（民族教育工作管理者） …… 326
附录11　访谈提纲（行政管理人员） …… 327
附录12　访谈提纲（学生） …… 328
附录13　访谈提纲（教师） …… 329

后　记 …… 330

绪论
新时代背景下的少数民族双语教育

新时代背景下,"我们比历史上任何时期都更接近、更有信心和能力实现中华民族伟大复兴的目标。"然而,所谓行百里者半九十,伴随着我们国家的改革和发展进入"深水区",我们比任何时候都需要打造一个更加具有凝聚力和内创力的中华民族共同体,以此来啃下"硬骨头",决胜"攻坚期"。特别是在我们这样一个拥有56个民族的多民族国家,如何最大限度地求同存异、凝神聚力,则成为我们必须思考的时代课题。新时代背景下,在民族教育诸多理论与实践问题中,首先要解决的就是双语教育问题。

一 继续实施少数民族双语教育的必要性

新中国成立以来,党和国家在我国民族地区有序地实施了双语教育。实践证明,这一伟大发展举措是科学正确的,对个体、少数民族和整个国家都有着极为重大的历史意义。尽管我国各民族间的交流融合已经达到前所未有的程度,但新时代背景下,双语教育工作却依然任重道远。

(一)国家的团结统一需要继续实施好双语教育

大力推行国家通用语言文字、有效实施少数民族双语教育是各民族有效沟通,形成国家认同、实现国家安全稳定和长治久安的重要前提。在56

个民族共同缔造的国家中,中华民族是各民族共有的大家庭的"姓",每一个民族又各有其名。如果一个民族的成员只知其名不知其姓,只懂本民族语言,不懂大家庭的语言,就难免出现交流上的障碍①。久而久之,便会产生情感和地域双重维度的隔膜,形成一堵横亘在民族之间的无形之墙。显然,这对国家的团结统一是极其不利的。

(二)铸牢中华民族共同体意识需要继续实施好双语教育

2014年9月,习近平总书记在中央民族工作会议上首次提出要"积极培养中华民族共同体意识",此后,频频出现在官方的重要文件之中,其中党的十九大报告明确表述"筑牢中华民族共同体意识,加强各民族交往交流交融",从此将"铸牢中华民族共同体意识"写入了党章。由此可见,在新时代背景下,继续做好民族团结融合,引导各民族像石榴籽一样团结紧密②,已经成为新时代的重要政治任务。而铸牢中华民族共同体意识,首先就需要各民族之间能够零障碍地交流,能够基于共同的语言平台,畅通无阻地表达自己的思想、提出自己的愿望。显然,加强国家通用语言的教育,保障各民族情感交流的畅通无阻,是筑牢中华民族共同体的重要前提。

(三)民族地区经济社会的发展需要继续实施好双语教育

改革开放40年来,我国经济取得了突飞猛进的发展。但地区之间的经济差距也绝不容小觑。在很多民族地区,囿于国家通用语言的发展迟滞,这些地区的民族群众无法更加全面地参与到国家快速发展的宏伟工程中,只能在区域社会狭小的平台里原地踏步。有关调查显示,就国家通用语言的普及而言,西部地区和东部地区相差了20个百分点,大城市普及率超过90%,许多农村和民族地区只有40%左右。不仅是少数民族,数以亿计的

---

① 郝时远:《文化多样性与"一代一路"》,《中国民族》2017年第6期,第106~109页。
② 苏德、张良:《"多元一体"理论下的民族团结教育及其实施路径探究》,《学术论坛》2017年第3期,第166~171页。

汉族亦是如此，虽然"书同文"但是"语异音"，甚至一些方言之间无法沟通。这就需要实施少数民族双语教育，推行国家通用语言，以服务地方经济发展的需求，使各族同胞共享改革红利。①

（四）少数民族群众的发展需要继续实施好双语教育

双语现象是人类发展到一定阶段的产物，是某一个体或某一民族为了寻求更广域的文化交流而产生的。它不仅是语言使用问题，也是一种文化现象、社会现象。在新的时代背景下，社会发展对人的综合要求更加多维、更加高企。对于少数民族群众而言，要想获取更大的进步，就不能局限于掌握本民族语言，而应该掌握国家中更多人口使用的通用语言，以此来适应现代化浪潮对现代人类的需求。

二　新时代背景下少数民族双语教育的机遇

新时代中，国家的一系列重大决策部署成为各个领域必须紧密跟进的风向标，这其中，有三个维度"共同体"的建设显得尤为关键。分别是旨在补齐短板的"新农村共同体"，旨在形成整个民族合力的中华民族共同体，旨在促进全人类发展的人类命运共同体。这三个由小到大的共同体建设，又分别对应我国当前的三大决策，这三大决策也同样给双语教育带来无限的机遇。

（一）城镇化建设的有序推进为双语教育发展提供新契机

先秦文献《初记·王制》中记载："凡居民材，必因天地寒暖燥湿，广谷大川异制……言语不通，嗜欲不同。"各处一隅的各民族，必然存在文化风俗、语言习惯的差异。如何在城镇化的进程中，实现各民族的交往交融？这就为国家通用语言的学习与推广提供了新的契机。

---

① 郝时远：《铸牢中华民族共同体意识必须推广国家通用语言文字》，《人民日报》2018年10月31日。

我国少数民族双语教育恰好满足了民族地区城镇化建设的要求。城镇化的有序推进使得定居乡里、偏居一隅的传统乡村人口分布发生显著变化，各族人民社会化的接触、民间性的交流、城镇化的汇聚不断扩张，共同语言成为各民族人民的共同需求。可以说没有哪一个民族对学习国家通用语言文字心存抵触，共同语言是通达各民族人民守望相助、民心相通的心灵钥匙；也没有哪一个民族对自己的母语、方言毫不珍惜，母语乡音是各族人民留住乡愁、热爱生活的情感依托。① 推广少数民族双语教育正好与这一现象弥合。

（二）铸牢中华民族共同体意识的要求为双语教育发展提出新目标

铸牢中华民族共同体意识需要共同的语言环境。维护统一、尊重差异，是各民族团结奋斗、共同繁荣发展的题中之义。"共同"是铸牢中华民族共同体意识的关键词。在现代国家的建构中，马克思主义经典作家对现代民族共同语言做出的论述不仅没有过时，而且始终是各个现代国家所遵循的基本原则，这是国家统一的重要保障之一。在中国，中华民族的"共同语言"就是宪法规定的"国家推广全国通用的普通话"，国家通用语言文字法界定的"国家通用语言文字是普通话和规范汉字"。对此不能曲解和简化。②

铸牢中华民族共同体意识的提出为我国少数民族地区双语教育的发展提出了新目标、新任务、新视野。中华文化如同一个交响乐团，各民族的语言如同各种乐器的特质之音，七音八度的差异之声在指挥的协调下共声交响才能演奏出美妙和谐之声。"以五声播于八音，调和谐合而与治道通"，这是古人从音律和谐中感悟的治世之道。③ 在铸牢中华民族共同体的要求下，稳妥推行少数民族双语教育，使中华文化的现代"交响"包容各民

---

① 郝时远：《铸牢中华民族共同体意识必须推广国家通用语言文字》，《人民日报》2018年10月31日。

② 郝时远：《铸牢中华民族共同体意识必须推广国家通用语言文字》，《人民日报》2018年10月31日。

③ 脱脱等：《宋史》卷127，中华书局，1985，第2971页。

族文化的音质声调。只有在中国共产党"指挥"下以国家通用语言为主旋律,合以各少数民族语言,才可以演奏出中华民族伟大复兴的华彩乐章。①

(三)"一带一路"倡议的提出为双语教育发展提供新动力

"一带一路"倡议的提出使我国在区域交往中面临多文化、多语言的境况。"一带一路"沿线约 71 个国家,占全球 224 个国家和地区的 1/3,不仅存在着在世界范围或某一区域内处于强势地位的英语、法语、俄语、阿拉伯语等多种国际通用语,还包含了 60 多种国家官方和通用语言以及数以千计的非官方地区语言或少数民族语言。

这种多文化、多语言的境况为我国少数民族双语教育的发展提供了强劲动力。"一带一路"建设的关键词是"通",即政策沟通、设施联通、贸易畅通、资金融通、民心相通,而这"五通"的基础则是语言相通。我国有 30 多个少数民族与接壤国的相关民族操着相通的语言,这为我国提高对外开放的语言应对能力、储备语言人才找到内生性途径——发展少数民族双语教育。语言相通则民心相通,语言不通就难以沟通,不沟通就难以达成理解,更难于实现"五通"。因此,积极稳妥地推行少数民族双语教育,在学好国家通用语言的基础上,学好少数民族语言是实现我国"国之交"与"民相亲"的必要基础。

三 新时代背景下少数民族双语教育面临的挑战

新时代背景下,少数民族双语教育所面临的主要挑战,既体现在"双语"中的两个主体——国家通用语和民族语言,也体现在社会主体对双语教育本身的认知偏差。

(一)国家通用语言面临语言安全威胁

语言安全是指语言文字及其使用能够满足国家、社会稳定和发展的需

---

① 郝时远:《文化多样性与"一代一路"》,《中国民族》2017 年第 6 期,第 106~109 页。

要，不出现影响国家、社会安全的语言问题①，它是全球化背景下国际安全在社会安全、文化安全乃至人类安全领域的演化。

首先，我国国家通用语言面临着语言污染的问题，即母语受到外来语的侵袭和影响。主要表现为字母词、西式语法等对国家通用语言"纯洁性"的侵害。如字母的过度使用导致汉语词汇系统理据性降低，欧化句式的泛滥导致语法系统中问题的剧增。② 其次，我国国家通用语言面临工具属性被削弱的危机。国家通用语言向心力不足或过大常会给处在边境地区的跨境语言社区留下语言文化真空，而这个真空会由境外语言（比如英语或本区域通用语言）填补。③ 长此以往，国家通用语言的地位安全将会受到挑战。最后，我国国家通用语言"话语权"存在疲软现象。米歇尔·福柯曾经说过"话语是权利，人通过话语赋予自己权力"。在我国发展实力还未转化为话语优势时，常会出现"中国故事"用外国语言描述的现象。中国语言"有理说不出，说了传不开，传了叫不响"的困境仍然存在。我国与他国不仅无法做到语言信息的通达、无法促进民心相通与文化交流，更不利于在国际上有力塑造中国形象。

国家通用语言被弱化的现象是多方面合力的结果。从语言总体情况来看，我国跨境语言众多，在语言身份认同、文字体系创制、语言使用活力等方面呈现"外高内低"的态势。④ "一带一路"在进一步加大我国对外开放广度、深度、力度的同时，有可能造成语言文化"倒灌"的现象。从个体的语言使用情况来看，在多语言的社会环境中，由于个体发现自己使用的国家通用语言是变体或与其语言社区、社会群体语言不符，会对自己使用的语言形成负面评价或者对自己的语言身份产生焦虑与不安，进而寻

---

① 陈章太：《语言资源与语言问题》，《云南师范大学学报》（哲学社会科学版）2009年第4期，第1~7页。
② 张日培：《国家安全语言规划：总体国家安全观下的范式建构》，《新疆师范大学学报》（哲学社会科学版）2018年第11期，第15~26页。
③ 沈骑：《"一带一路"倡议下中国语言规划的五大任务》，《光明日报》2017年5月7日。
④ 梁昊光、张耀军：《"一带一路"语言战略规划与政策实践》，《人民论坛·学术前沿》2018年第6期，第98~105页。

求语言与身份上的认同,削弱国家通用语言地位,造成语言安全危机。从语言与其他社会因素的关系来看,影响我国国家通用语言在国际发声的因素归根结底还是国家的综合实力。国强语盛、国衰言微,而我国作为世界第二大经济体则应赋予国家通用语更持久的经济价值。

(二) 少数民族语言工具属性逐渐弱化

"语言是人们交际的工具,是社会中交流思想的工具,是使人们相互了解并使人们在其一切活动的范围中调整其共同工作的工具。"① 城镇化进程在给少数民族带来通向外界的便利的同时,也将少数民族语言与国家通用语言乃至国际通用语之间的张力摆在了突出位置。这些人为的语言价值博弈使少数民族语言面临着工具性弱化的挑战。概括起来,主要表现为两个方面。

第一,话语体系中少数民族语言使用的频率逐渐减小。城镇化的稳步推进加快了民族地区与世界的关联,促使个体在生产生活、日常交流中使用国家通用语或者外语,相应的,少数民族语言的占比则在逐渐减小。第二,语言学习中对少数民族语言交际意识的淡化。具体表现为民族地区双语教育二类模式人数的增加与一类模式人数的减少。我国少数民族双语教育一类模式是指所有课程均使用本民族语言授课,单科加授汉语;二类模式为所有课程均使用汉语授课,单科加授民族语文。② 二类模式选择人数的增加在一定程度上表明少数民族语言的交际功能在学校场域的衰弱。

少数民族语言工具性的减弱是因为语言主体间性与话语间性的凸显。一方面,少数民族语言弱化是语言的主体间性凸显所致。理解是一切人世间行为的基础,对话是实践活动的基本模式③,语言的主体间性更加凸显

---

① 斯大林:《马克思主义与语言问题》,人民出版社,1951,第20页。
② 孟立军、张良:《一扇认识蒙汉双语教育生命自然的大门》,《中国民族教育》2018年第12期,第62~64页。
③ 苏令银:《主体间性思想政治教育》,上海三联书店,2012,第107页。

了城镇化进程中语言在个人与个人、个人与社会交流、理解中的工具属性，即交流的有效性。[①] 为了能够有效交流，个体在生产生活中更趋向于使用国家通用语言，而减少少数民族语言的使用，从而使这些民族地区少数民族的话语体系发生改变。另一方面，民族地区学校中二类模式学生人数的增加是语言的话语间性凸显所致。我们日常使用的语言能够让听话者对自己的话语做出期望的反映，取决于我们的话语本身是否能够被听话者所接受。少数民族家长在交往过程中因为已经亲身尝试了"民族语无法与国家通用语有效交流"的情景，所以在学校教学模式选择时为了让孩子不再面临语言交流不畅的困境，偏向于让自己的孩子选择二类模式，学好国家通用语言或英语，而将少数民族语言的学习置于第二位。

（三）社会主体对双语教育的认知偏差

生活中个体常对语言的文化性存在认识偏差。社会主体的认知偏差，是双语教育有效推进的重要阻力。这种认偏差主要体现在两个方面。

首先，国家通用语言的认同感与归属感有待加强。作为文化标志的语言在中华文化认同与中华民族共同体形成中具有重要作用。国家通用语言是在中国多民族共同语言基础上发展起来的，它以汉民族语言为主体，大量吸收融合了各少数民族语言，极大地助推了中华民族共同体的形成，是各民族语言与文化认同的最终归属。但在当下，针对一些地区"只知本民族语言归属，缺乏国家通用语言归属，只知本民族认同，缺乏中华民族认同"的现象，还需要我们在社会各层面，各级各类学校教育中加大宣传、做好教育，提升对国家通用语言的认同与归属意识。其次，对语言的文化间性认识亦不准确。文化间性是指语言在"各民族不同文化间的可交流性"[②]，其基本任务是"整合"，即我与你"和而不同"[③]。但在我国多元文

[①] 袁梅、刘玉杰：《从语言到话语：我国民族地区双语教育范式的偏移》，《广西师范大学学报》（哲学社会科学版）2017年第5期，第105~110页。

[②] 韩红：《文化间性话语中语义研究的自我理解》，《外语学刊》2004年第1期，第67页。

[③] 刘悦笛：《中国人文科学的"自创性"：以文化间性以柔克刚》，《文艺理论研究》2015年第1期，第57页。

化社会对语言文化间性的认识存在偏差，具体表现为认为少数民族语言的学习效果与国家通用语言的学习效果二者不可得兼，过分强调了语言的差异性而忽视了语言的统整性。

对语言的文化性存在偏差是由多方面因素共同造成的。一方面，经济因素影响语言的归属。习近平总书记曾指出：边疆历来有一个谁影响谁的问题，哪边日子过得好人心就往哪边跑。国内也是一样，只有让各民族同胞过上好日子，各民族同胞才会有当中国人的自豪感，有了自豪感才会产生对伟大祖国的认同。语言认同亦如此，只有各族同胞共同享受改革开放的红利，生活过得富足，才会形成语言归属，产生语言认同。另一方面，语言的文化间性没有充分发挥，是因为语言教学模式的选择没有符合民族地区实际，没有遵循学生语言学习的规律。我国双语教育的不同模式适用于不同的民族语言地区：一类模式更适用于以少数民族语言为主、国家通用语言尚需普及程度的民族聚居区；二类模式则更加适用于国家通用语言普及较好的地区。由于模式选择不当，语言的学习影响到了少数民族学生的学业成绩，这常常会造成对语言文化间性认识出现偏差的现象。

四　新时代背景下少数民族双语教育的应对策略

学校教育是少数民族双语教育发展的起点与归宿。面对挑战，我们应立足国情，从语言规划、双语教育范式和双语教育规律三方面着手，促进我国少数民族双语教育的协同发展。

（一）制定语言发展规划，稳步推进双语教育

首先，加强顶层设计，制定语言发展规划。语言发展规划是增强我国国际话语权、保证语言安全的基本保障。要确立"语言强国"的发展目标，加强语言建设发展战略定位与布局，立足中国语言实际，兼顾现实与长远、个体与整体、经济与安全、"走出去"与"引进来"等关系。要树立平等交流、互利共赢的对外语言发展原则，既要避免语言和文化的强势输出，也要避免国际交流中"话语权疲软"。

其次，坚持目标导向，制定语言发展战略。"一带一路"语言战略规划主体目标是提升中国话语能力，根本在于建构丝路话语体系，这是我国语言规划的重要责任和时代使命。① 这就需要制订精细化传播方案，深入研究不同国家的语言文化、风土民情，把握其深层语言需求，制订"一国一语"甚至"一国多语"为导向的精细化传播方案。同时，要明确对象国传播主体，细分对象国传播主体，以当地人的视角、思维和话语方式，以符合当地受众的语言习惯，向世界展示真实、立体、全面、多元、向好的中国②。

最后，重视双语教育，增强国家通用语言发展内生力。少数民族双语教育在保护语言纯洁性方面具有基础性、先导性、引领性地位。一方面，要遵循学生语言学习规律与习得规律，加强国家通用语言的学习，切实提高民族学校国家通用语言教育教学质量，同时将语言学习内容同国家发展史、革命史联系在一起，增强语言安全。另一方面，要在学好国家通用语言的基础上，传承与保护少数民族语言和文字，防止少数民族语言因文化块头小、抵御冲击能力弱而遭到污染的现象。

（二）探寻双语教育规律，促进双语教育范式偏移

首先，需扎根中国实际，探寻双语教育规律。习近平同志认为，中国有独特的历史、独特的文化、独特的国情，决定我们只能走中国特色的教育现代化之路，扎根中国大地办教育。在少数民族双语教育模式的选择上更是如此，我国一共有 56 个民族，5 大民族自治区，30 个民族自治州、120 个民族自治旗县，1000 多个民族乡，呈现的双语教育情况形态各异，这就需要因地制宜、因时制宜，依据各个民族地区不同的教育实际，选择适合本地区发展的双语教育模式。通向成功的路有千万条，但最终归宿却只有一个，即在学好国家通用语言的基础上，学好各民族的语言和文化，

---

① 沈骑：《"一带一路"倡议下中国语言规划的五大任务》，《光明日报》2017 年 5 月 7 日。
② 梁昊光、张耀军：《"一带一路"语言战略规划与政策实践》，《人民论坛·学术前沿》2018 年第 6 期，第 98~105 页。

铸牢中华民族共同体意识。

其次，促进双语教学向语言共生理念偏移。少数民族语言与国家通用语言在民族个体的日常话语体系中类似于 DNA 的双螺旋结构，这两种语言分别为螺旋的两条基线，彼此无法分离，共同构成中华民族语言的基础。但需注意二者之间的关系，将这两种语言的张力维持在平衡的环境下，创造二者发展的共生环境。具体来说，就是要建立双语的和谐共生模式，在学好国家通用语言的基础上，传承与保护好少数民族语言。国家通用语是国家层面的通用语言，少数民族语言是各少数民族成员内部的交际语言，二者应互补共荣，缺一不可，可维护国家安全稳定，实现国家长治久安，铸牢中华民族共同体意识，促进民族团结和社会和谐。

再次，促进双语教学工具性向本体性偏移。当学校向着某种工具职能处倾斜时，事实上会造就政治动物或经验动物，或其他形式的片面发展的人，学校教育忘记了它的对象①。因此在突出少数民族语言二类教学模式工具性的同时更应注意语言本体性的培养。这就要求做到：双语教育的价值取向应突出人本性，在注重语言交流价值之外，更加关照语言学习的文化属性，增加"语言自信心"；在双语教育的过程中融入人文性，避免陷入"教法主义"，而更应注重"为什么教""教什么内容"与"如何教"的问题；双语教育的评价应以语言实践为导向，民族语言课的评价方式应以考察学生的语言使用能力为主，使学生"情动之于中，而形之于言"。②

（三）依托双语教育实践，凸显教育的社会智能

首先，大力推行双语教育，稳步推进教育扶贫工作。习近平总书记指出要"把发展教育扶贫作为治本之计，确保贫困人口子女都能接受良好的基础教育，具备就业创业能力，切断贫困代际传递"。可见，在民族地区

---

① 陈桂生：《教育原理》，华东师范大学出版社，1993，第 226 页。
② 袁梅、刘玉杰：《从语言到话语：我国民族地区双语教育范式的偏移》，《广西师范大学学报》（哲学社会科学版）2017 年第 5 期，第 105~110 页。

推行切合实际的双语教育是民族地区提高经济、文化、生活质量等方面的根本性、持续性措施，亦是增强民族认同感的基础性工作。

其次，寓民族团结进步教育于双语教学之中，铸牢中华民族共同体意识。提高思想政治教育的针对性、实效性，加强民族团结教育常态化机制建设，就需要在双语教育中融入民族团结进步教育的内容与要求。一方面，需通过显性教育在教材中体现各民族在中国建立过程中的作用与贡献，加强宣传各民族英雄在中国历史进程中的作用，帮助学生树立正确的动态历史观；另一方，需通过隐性教育在学校制定制度与机制，扩散中华民族共同体意识。从历史角度看，隐性教育一点也不隐蔽，相反它在学校的整个发展历程中起到显性的作用。通过制度与机制建设，潜移默化地推进民族团结进步教育、培养国家意识是学生在生活中习得社会规范的有效方式，亦是铸牢中华民族共同体意识的重要途径。

最后，在学校生活中促进各民族语言的平等对话。《中华人民共和国宪法》规定："各民族均有使用和发展自己的语言文字的自由。"《中华人民共和国民族区域自治法》规定："民族自治地方的自治机关保障本地方各民族都有使用和发展自己的语言文字的自由。"《国家通用语言文字法》规定："国家推广普通话，推行规范汉字。"促进语言平等对话，学校是重要场域，这样可以通过学校辐射社会，从而促进社会主体对各民族语言的下调与融合，达到"协商一致"。

五 结语

首先，国家通用语是中华民族共同体的通用语言，少数民族语言是各少数民族内部成员之间的交际语言，二者互补共荣，缺一不可，二者同是中华民族的瑰宝，都为中华民族共同体的繁荣昌盛服务。

其次，国家通用语言承载着中华文明源远流长的丰富知识，而种类繁多、系属多样的少数民族语言则体现着统一多民族国家形成和发展的历史谱系和文化多样，二者相得益彰，都是老祖宗留给我们的宝贵财富，都是需要精心呵护的人类文化资产。

最后，推广双语教育，就是要在学好国家通用语言的基础上，传承与保护好各少数民族的语言。国家通用语言是中华民族共同体的"母语"，是多元一体大家庭各个成员之间相互交流的语言工具，需要通过教育体系、社会传媒等系统深入全国各地，推进"国家为公民学习和使用国家通用语言文字提供条件"的法律实践。同时，国家法律规定了"各民族都有使用和发展自己的语言文字的自由"，因此，国家也必须采取措施，"为以少数民族学生为主的学校及其他教育机构实施双语教育提供条件和支持"。

执笔：苏德

第一章
内蒙古民族教育事业发展现状调查

新中国成立以来,在党和国家的高度重视与正确领导下,我国的民族教育事业取得了翻天覆地的变化,取得了举世瞩目的伟大成绩。尤其是改革开放以来,内蒙古自治区民族教育事业走在我国整个民族教育发展的前列,民族教育在具体实施过程中的一些典型的成功经验和做法,值得各个少数民族和民族地区借鉴与参考。

基于长期以来对内蒙古自治区民族教育发展现状的多次调研,再加上近期为完成教育部荣达教育资助基金课题"民族教育重大政策实施效果研究"及"蒙汉双语教育理论与政策研究"课题任务,我课题组随教育部调研组于2015年5月上旬,赴内蒙古呼和浩特市、锡林郭勒盟等地就内蒙古自治区民族教育情况开展了实地调研,现将有关调研情况汇报如下。

一 基本情况

(一) 内蒙古自治区社会经济发展基本情况

内蒙古自治区成立于1947年5月1日,是以蒙古族为主体,由鄂伦春、鄂温克、达斡尔、满、回、朝鲜等55个民族组成的边疆少数民族自治区。现辖9市3盟,102个旗县(市、区)。其中有边境旗市19个、少数民族自治旗3个;牧区旗市33个、半牧区旗县21个;有国家扶贫开发重点旗县31个,自治区扶贫开发重点旗县26个。全区土地总面积118.3万平方公里，内与八个省份毗邻，外与蒙古国、俄罗斯接壤，边境线长4221公里。现有总人口2489.85万人，其中蒙古族人口450.2万人，占全区人口总数的18.08%；其他少数民族人口121.95万人，占全区人口总数的4.90%；少数民族人口共为505.56万人，占全区人口总数的20.30%。全区各个旗县（市、区）均有蒙古族居住，其中有48个旗县（市、区）蒙古族人口较为集中。

党的十八大以来，自治区党委明确了今后一个时期全区经济社会发展的战略目标任务，强调五大基地、两个屏障、一个桥头堡和延边开发开放经济带建设，特别是2014年又提出了利用三年时间实现农村牧区"十个全覆盖"工程，对教育工作、人才培养等都提出了新的更高要求。

（二）内蒙古自治区教育事业发展基本情况

据2016/2017学年初统计，全区现有独立设置的民族中小学校502所，在校学生36.3991万人，分别占全区中小学校总数2823所和在校学生总数248.6274万人的17.78%和14.64%。其中实行蒙汉双语教学的民族中小学校450所，在校学生21.66万人，分别占全区中小学校总数和在校学生总数的15.94%、8.71%。全区现有独立设置的民族幼儿园416所，在园幼儿8.2975万人，分别占全区幼儿园总数3672所和在园幼儿总数60.7529万人的11.33%、13.66%。其中实行蒙汉双语教学的民族幼儿园389所，在园幼儿5.3579万人，分别占全区幼儿园总数和在园幼儿总数的10.59%、8.82%。全区现有普通高校53所，其中24所开设了104个蒙汉双语授课专业和少数民族预科班，在读学生3.3452万人，占全区在校大学生总数43.6699万人的7.66%。

全区现有蒙古族在校中小学生64.8033万人，其中接受蒙汉双语教学的学生占蒙古族在校学生总数的33.42%。现有蒙古族在园幼儿14.1027万人，其中接受蒙汉双语教学的幼儿占蒙古族在园幼儿总数的37.99%。现有蒙古族在校大学生9.8587万人，其中接受蒙古语授课专业教育和少数民族预科教育的大学生占蒙古族在校大学生总数的33.93%。

全区中小学现有少数民族专任教师 5.8420 万人，占全区中小学专任教师总数 19.9412 万人的 29.30%。其中使用蒙汉双语教学的专任教师 2.2012 万人，占全区中小学专任教师总数的 11.04%。幼儿园现有少数民族专任教师 1.0407 万人，占全区幼儿园专任教师总数 3.9633 万人的 26.26%。其中使用蒙汉双语教学的 0.4209 万人，占全区幼儿园专任教师总数的 10.62%。普通高校现有少数民族专任教师 0.8065 万人，占普通高校专任教师总数 2.5935 万人的 31.10%。其中使用蒙汉双语教学的 0.1801 万人，占普通高校专任教师总数的 6.94%。蒙汉双语教学中小学、幼儿园专任教师学历合格率和普通高校少数民族专任教师职称结构情况均处于全区平均水平之上。

二 政策措施

（一）民族教育发展历程

（1）内蒙古自治区党委、政府始终高度重视民族教育，特别是蒙语授课教育和少数民族人才培养工作。在不同社会发展时期，都对民族教育事业发展提出符合自治区实际的工作原则和指导方针。从 1949 年内蒙古自治区第一届教育工作会议以来，先后明确了发展少数民族语言文字、培养少数民族干部和少数民族人才、牧区办学坚持"四结合、四为主"、民族教育实行"优先发展、重点扶持"等一系列方针政策，逐步形成与区内普通教育相协调，从幼儿教育到高等教育层次结构合理，具有鲜明民族特色和地方特点的完整的民族教育办学体系，走上了质量、效益、特色相统一的发展之路，为自治区的经济建设、社会发展和民族团结进步事业做出了贡献。

（2）2002 年《国务院关于深化改革加快发展民族教育的决定》（国发〔2002〕14 号）颁发和第五次全国民族教育工作会议召开后，内蒙古自治区政府及时召开主席办公会议，听取贯彻落实工作汇报，研究民族教育改革发展中存在的特殊困难和突出问题，提出今后工作指导意见。并于 2003

年根据相关部门调研和督察反馈的意见，调整部署了教育工作组织实施和相关工作，确保民族教育与普通教育统筹协调发展。尤其是"十五"期间的中小学布局调整、改善办学条件，"十一五"期间的"两基"达标、均衡发展等重点工作，充分发挥了民族教育的特殊功效和表率作用。

（3）《内蒙古自治区蒙古语言文字工作条例》是为促进蒙古语言文字的规范化、标准化和学习使用制度化及其繁荣发展，使蒙古语言文字在社会生活中更好地发挥作用，根据《中华人民共和国宪法》《中华人民共和国民族区域自治法》和国家有关法律、法规，结合内蒙古自治区实际制定的条例。该条例共6章40条，于2004年11月26日内蒙古自治区第十届人民代表大会常务委员会第十二次会议通过。

（4）2005年中央民族工作会议召开和《中共中央、国务院关于进一步加强民族工作加快少数民族和民族地区经济社会发展的决定》（中发〔2005〕10号）印发后，自治区党委、政府及时贯彻落实会议精神并制定印发了《内蒙古党委、政府关于进一步加强民族工作，加快我区经济社会发展的决定》（内党发〔2005〕20号），对优先普及少数民族义务教育和高中阶段教育、各级财政设立民族教育专项资金、加强双语教育、培养蒙汉兼通少数民族高层次人才等提出了具体要求并明确了一系列优惠政策措施。

（5）2005年3月至9月，针对蒙汉双语教育学校在城镇化进程中出现的问题，诸如生源减少、办学经费不足和教师队伍不稳定，高校少数民族毕业生就业困难以及社会层面对民族教育的地位作用认识不到位等，内蒙古自治区十届人大常委会组织开展了针对全区民族教育的法律法规执法检查，决定研究制定《内蒙古自治区民族教育条例》。该条例历时近10年，数易其稿，共8章60条，并经2016年9月29日内蒙古自治区第十二届人大常委会第二十六次会议审议通过。

（6）2006年3月，内蒙古自治区人民政府决定在"十一五"期间组织实施"自治区民族教育发展工程"，并于2007年5月以自治区人民政府名义正式印发了《内蒙古自治区民族教育发展工程实施方案》（内政办发〔2007〕63号），要求率先实现民族中小学办学条件的标准化。

（7）2007年10月，为进一步贯彻落实中央和自治区加强民族教育工作的方针政策，内蒙古自治区人民政府印发了《关于进一步加强民族教育工作的意见》（内政发〔2007〕103号），从五个方面提出了23条具体政策措施，为民族教育的深化改革和创新发展指明了方向。

（8）2012年2月，内蒙古自治区人民政府以内政办发〔2012〕19号文印发了《内蒙古自治区民族教育人才培养模式改革实施方案》和《内蒙古自治区民族教育发展水平提升工程实施方案》。民族教育人才培养模式改革既是国家教育体制改革试点项目，也是自治区中长期教育改革和发展规划纲要确定开展的重大改革项目。民族教育发展水平提升工程是自治区中长期教育改革和发展规划纲要及自治区"十二五"期间确定实施的重大工程项目。

（9）2013年1月、2月，内蒙古自治区人民政府分别印发《关于进一步做好普通高等学校毕业生就业工作的意见》（内政发〔2013〕4号）和《关于进一步加强高等学校专业结构调整的意见》（内政发〔2013〕25号），就进一步促进蒙古语授课大学毕业生就业、培养蒙汉兼通应用型人才、拓宽少数民族大学毕业生就业创业渠道制定了一系列优惠政策。尤其是内蒙古自治区党委、自治区人民政府《关于加强和改进新形势下民族工作的实施意见》（内党发〔2014〕28号）明确规定：在加强"双语"教育的同时，从实际出发，开发适合蒙古语授课高校毕业生和其他少数民族高校毕业生就业的基层公共管理和服务岗位；对蒙古语授课毕业生在创业培训、创业补贴、小额贷款等方面加大倾斜力度，引导蒙古语授课毕业生到中小微企业就业；自治区公务员考录、事业单位公开招聘每年从录用、招聘计划总数中拿出15%的职位（岗位），用于定向招录蒙古语授课毕业生，旗县以下机关事业单位特别是少数民族人口聚居旗县可根据实际需要提高录用（招聘）比例。

（二）主要工作及成绩

1. 认真贯彻"优先重点"发展方针

内蒙古自治区在统筹规划各类教育发展中，优先安排民族教育。在学校建设、招生收费、教师队伍和教材建设、改善办学条件、安排工程项目、救助困难学生等方面向民族教育倾斜，确保各级各类民族中小学的办学条件处于当地同级同类学校的优质水平，为民族教育的加快发展和提高教育教学质量奠定了坚实基础。尤为突出的是经费支持方面，自2007年起，除拨付正常经费外，内蒙古自治区财政每年安排民族教育专项补助资金2000万元，2013年起增加到6000万元。各盟市、旗县财政也按照要求安排了50万元到300万元的专项经费，共计5000多万元。全区各级财政每年投入的民族教育专项补助资金共计1亿多元。

2. 坚持推行"两主一公"办学模式

内蒙古自治区从成立之初就在民族中小学实行"助学金为主、寄宿制为主"的公办体制，确保少数民族学生在逐步完善的标准化学校内学习生活，德智体美各个方面得到全面发展。在长期以来实行的助学金制度基础上，2007年秋季起，加大对蒙汉双语授课义务教育学校寄宿生的生活补助力度，小学生每人每学年补助1080元，初中生每人每学年补助1350元。2012年秋季起，补助范围扩大为民汉双语（包括蒙古语授课、朝鲜语授课）教学的中小学寄宿制学生，标准提高到小学生每人每学年补助1350元，初中生每人每学年补助1620元，高中生每人每学年补助1890元，自治区财政每年需投入2.79亿元。2011年春季起，对全区民汉双语教学普通高中学生实行免学费和免教科书费用政策，自治区财政每年需投入0.95亿元。2000年起，对高中阶段蒙古语授课考生考入区内高校的，实行减免20%学费的政策，减收部分按现行财政管理体制由自治区和地方财政补贴。

3. 全面加强双语教学工作

立足实际，科学合理选择双语教学模式，积极稳妥推进双语教学。所谓双语教学，是指以本民族语言授课为主加授汉语或者以汉语授课为主加授本民族语言的教学。内蒙古自治区民族学校的双语教学现有以下模式：以蒙古语授课或者朝鲜语授课为主加授汉语的，简称为双语教学一类模式；以汉语授课为主加授蒙古语或者加授朝鲜语的，简称为双语教学二类模式。

内蒙古自治区长期坚持双语教学一、二类模式，且强调一类模式为主。首先，蒙古语文完全具备符合人类文明和中华文化发展要求，能够适应当今世界社会科学领域和自然科学领域各个学科知识发展需要的编译、吸收和创新能力。其次，根据科学规律，积极稳妥地开展双语教育。自治区党委和政府高度尊重群众意愿，依法行事，有效保障了各民族使用和发展自己语言文字的自由和权利。积极创造条件，提供少数民族自由选择学习语言的空间与平台，而不是包办代替。

内蒙古自治区倡导并鼓励少数民族学生学习使用本民族语言文字和国家通用语言文字，研究制定一系列推行蒙汉双语教育的文件和政策。率先对蒙汉双语教学的学生实行12年免费教育；进一步完善了蒙汉双语教学高考学生的考试科目及计分办法；制订了促进蒙汉兼通大学毕业生就业的优惠政策；每年免费培训蒙汉双语教学中小学各个学科教师3500多人次和600多名校（园）长；每年编译出版220多种蒙汉双语大中小学教材；完成蒙古文版本教学资源的开发建设任务，总容量为295.73GB，总时长为1064小时，在少数民族地区实现了少数民族语言文字教学的多学科、高标准的优质教育资源共享。为加强民族学校管理和教学质量评价，完成了《内蒙古民族中小学教育管理与教学质量评估系统》的开发研制，正在试运行。

4. 广泛开展特色学校建设和教育科学研究活动

内蒙古自治区各级各类民族学校已经牢固树立以质量求生存、以特色求发展的办学理念，主动把传授科学文化知识与传承民族优秀文化有机结合。义务教育学校努力实现文化学习、品德养成、素质提高的统一；高中教育努力实现多样化特色化发展；高等教育努力实现"三个服务"目标。各级各类学校全面加强校本教育科学研究，加强与境内外学校的学习交流，既扩大了民族教育的影响力，促进了民族团结进步事业，又培养了一大批德才兼备、高素质的少数民族合格人才，为自治区的长期可持续繁荣发展、和谐稳定发挥了重要作用。

5. 努力提高少数民族人才培养质量

截至2013年，内蒙古自治区区内高校在读少数民族本专科学生近11万人，研究生近0.5万人，其中接受蒙汉双语教育和少数民族预科教育的本专科学生近 4.5 万人。通过协作培养形式,在其他七个省区就读汉语授课新型专业的蒙古语授课高考本科学生达 0.2 万多人;通过少数民族预科教育形式,在国家部属高校和内地高校就读的少数民族本专科学生达 1.5 万多人。2007 年起,攻读"少数民族高层次骨干人才计划"的硕士研究生 3345 人、博士研究生 728 人,为自治区的经济社会发展储备了数量可观的少数民族高素质人才。

6. 内蒙古自治区上下已经形成了各级党政领导高度重视,社会各界热情关注民族教育事业健康发展的大好环境

各盟市根据当地实际,纷纷制定出台促进民族教育加快发展的政策措施。自治区明确规定建立完善民族中小学助学金制度,加大对家庭经济困难学生的资助力度,提高双语教育寄宿制中小学生生活费财政补助标准,为双语教育寄宿制中小学生免费提供一套优质教辅资料,对高中阶段接受双语教育考入区内学校的学生减收 20% 的学费。[①] 锡林郭勒盟若干年前就已实行为学习蒙古语言文字的幼儿园儿童减免保育费、补助生活费的政策,为接受蒙汉双语教学的普通高中生每人每年补助 1000 元生活费。阿拉善盟除为各级各类蒙汉双语授课学生补助生活费外,还大幅度增加了蒙汉双语授课学校的公用经费。乌兰察布市 2013 年起为所有蒙汉双语授课学校寄宿生免除生活费。通辽市为加快学前教育发展,于 2012 年、2013 年两年内新建了 80 所蒙汉双语授课苏木(乡)、镇幼儿园并已投入使用,还于 2013 年承办了全区学前教育现场会,产生了强烈反响。其他盟市从救助困难贫困生、提高寄宿生生活费补助标准、保障大中专学生就业等方面制定了一系列优惠政策,支持蒙古族和其他少数民族教育事业的发展。

7. 形成了明确的双语教育工作的指导思想和原则

全区已经形成了明确的双语教育工作指导思想和原则:认真贯彻执行党和国家的教育方针政策,把大力发展蒙古语言文字和传承民族文化作为重要任务,把学习掌握蒙古语作为基本要求,把学习运用汉语作为必备素

---

① 《内蒙古自治区党委、自治区人民政府关于加强和改进新形势下民族工作的实施意见》(内党发〔2014〕28 号)。

质，把学习使用外语作为一项发展能力，坚持因地制宜、分类指导原则，尊重学生意愿，加强宣传引导，努力培养适应国家和自治区经济社会发展需要的蒙汉兼通的各类专门人才和外向型应用人才。

8. 加强民族教育理论研究，统一思想认识

发展好民族教育，正确理解和把握民族教育、双语教育的内涵十分重要。目前在一定层面和一些地区，在指导民族教育工作时，存在一些模糊认识。如混淆少数民族教育与少数民族地区教育的关系，某种意义上忽略了少数民族教育的特殊性问题；不能正确理解双语教学的基本内涵，特别是对"民族教育""双语教学""双语教学模式""双语人才""双语教师"等几个基本概念的理解认识方面还存在争议，需要进一步加大理论研究和实践指导。内蒙古自治区在这方面历经探索研究，加大宣传力度，形成了广泛共识，顺应了少数民族群众意愿，取得了实际成效。这也是民族教育为内蒙古自治区长期稳定、边疆安宁、民族团结、经济社会繁荣发展所做出的突出贡献。内蒙古自治区所称的民族教育，是指对自治区行政区域内的蒙古族及其他少数民族公民所实施的以学校教育为主，以双语教学为重点，以传授科学文化知识和传承本民族文化为基本内容的各级各类教育。双语教育的目的在于使少数民族同胞既能够精通本民族的语言文字，又掌握通用语言文字，而不是放弃本民族的语言文字，转用汉语文，强调少数民族在掌握好母语的基础上，学习使用国家通用语言文字。

三 几点启示

民族教育是我国教育事业重要的组成部分，也是民族工作的重要内容，民族教育发展的程度是构建民族地区和谐社会十分重要的社会指标。经过几十年的发展，尽管存在一定的困难与问题，内蒙古自治区民族教育事业取得了巨大的成绩，走到全国民族教育发展的前列，相对比较成熟，它的一些典型经验和做法，值得我们认真思考总结，以期为我国整个民族教育事业的发展提供一定的借鉴与参考。

（一）坚定不移地在民族地区实施双语教育的重要意义

如前言中所述，实施双语教育是维护国家安全稳定，实现长治久安的诉求，实施双语教育是传承与保护少数民族语言文化的需要，实施双语教育是服务地方社会经济发展的要求，实施双语教育是个人成才发展的需求。因此，内蒙古自治区双语教育的发展有利于促进内蒙古自治区和谐的语言关系和民族关系，进而促进多民族统一国家的民族团结，维护国家安全稳定，实现国家的长治久安。

（二）立足实际，加强民族教育理论研究，正确理解和把握民族教育、双语教育的内涵，科学合理地选择双语教学模式，慎重稳妥地推进双语教学

经过前期的调研发现，目前在国内一些民族地区，存在着混淆民族教育与少数民族地区教育关系、忽略少数民族教育特殊性的问题；不能正确理解双语教学的基本内涵，只强调少数民族学生学习汉语，忽视民族语言文字学习使用和民族文化传承的问题，在坚持依法、按教育规律办事等方面存在着偏差等。

（三）内蒙古自治区民族教育体系完备，各阶段衔接畅通，主要依托科学的政策导向（高考、就业）为民族教育事业又好又快的发展保驾护航

国家对民族教育的引导和扶持的途径主要是政策。政策作为政党与国家的管理手段，活动的规范、准则，行动指导方针，对社会有指导、管理、控制的作用。国家通过制定和实施民族教育政策，反映国家对形势的判断和对发展目标的预设，表达国家支持什么、限制什么和禁止什么的立场，以此决定民族教育发展的走向和进程，直接关系老百姓的选择和出路。

我国的教育体制决定了高考、就业的重要性，从某种程度来讲，高考是孩子命运的分水岭，是孩子一生的关键时期，考好了有个好前途好未

来。尤其是对于广大来自欠发达农牧区的孩子们来说,高考甚至寄托着整个家庭"脱贫致富奔小康"的希望。同时,教育已然成为一个庞大的经济产业链,如果大学生无法就业,会直接影响无数中小学家长的观念意识。中小学家长就会反思,自己对孩子进行了大笔的投资,而且学生学习很刻苦、很努力,成绩也很好,但结果是找不到工作,这不仅浪费了金钱、牺牲了孩子的美好童年,还浪费了自己的时间和精力,"读书无用论"的观念就会出现,这是所有家长和学生都不想看到的,这关乎整个地区甚至一个国家的安定与团结。

内蒙古民族教育事业成功的一个关键因素在于能够紧紧把握广大群众现实的心理诉求,以政策为抓手,完善了蒙汉双语教学高考学生的考试科目及计分办法,给学生充分的自由选择权利,极大地调动了学生的学习积极性;同时制定了促进蒙汉兼通大学毕业生就业的优惠政策,深受群众的欢迎,一定程度上保证了学生的出路,迎合了老百姓的实际需求。

(四)进一步加大少数民族干部尤其是双语人才的培养力度,注重对各级各类双语人才的使用,积极创设条件,在全社会营造良好的氛围,鼓励汉族与少数民族之间相互学习语言,助推民族地区经济发展,促进民族团结,维护社会稳定

首先,少数民族干部尤其是双语人才是中国共产党联系少数民族群众的桥梁和纽带。沟通是理解的前提,语言不通,容易产生隔阂和矛盾,特别是在少数民族聚居区,具有双语能力的领导干部能够更顺利地跟群众沟通和交流。民—汉双语干部既能与本民族群众取得情感和思想上的沟通,能切实理解群众的问题、困难,又能与汉族干部加强交流,还能较为迅速地获得外界的各种信息。同时,他们与本民族有着广泛而密切的联系,了解本民族的历史和现状,熟悉本民族的语言文字、生产生活、风俗习惯、思想感情,了解本民族人民的要求,在本民族群众中有一定的影响力和号召力。少数民族群众也把他们当作自己利益的代表,能发挥其他不懂民语的干部不可替代的特殊作用,是我们党做好民族工作的主要力量。

其次,由于两个或多个民族杂居现象比较普遍,为了彼此交流、沟通，自然要互相学习语言，使民族地区成为双语人才的摇篮和工作的沃土。长久以来，汉族和各少数民族接触频繁，民—汉、汉—民双语人才在族际交往、交流、文化传播等方面留下了深深的足迹。各民族语言的双向交流是形成双语现象和成就双语人才的自然条件，而社会政治、经济、文化生活的需求是形成双语现象和双语人才的现实动因。目前，我国有一大批各级各类少数民族干部和专业人员在各条战线上发挥着重要的作用。因此，从中央到地方，必须注重对各个领域双语人才的使用，使他们能够真正地实现人生价值，进一步激发他们投身工作、服务百姓的动力。

同时，应鼓励汉族同胞学习民族语言，尤其是长期生活在少数民族地区的汉族，他们拥有良好的学习少数民族语言的环境，鼓励他们自觉地学习民语，增进与少数民族同胞的相互了解、理解、尊重和欣赏，切实促进我国这个多民族大家庭大繁荣、大发展。

四 存在的困难与问题

（一）双语教学民族中小学校公用经费严重不足

从全区情况看，尽管自治区财政近年来每年为民族教育投入专项经费4亿多元，但主要用于学生的生活费补助和学费减免。而学校公用经费按生均拨付，小学生生均560元/年、初中生生均760元/年已远远不够。加上双语教学民族中小学办学规模小、寄宿生多、办学成本高，更显经费短缺。

（二）双语教学民族中小学、幼儿园专任教师缺编严重

这些学校大多数是在布局调整中整合而成的，一方面教师数量多，但合格教师短缺；另一方面教师年龄老化，学科不配套突出。再加上教师编制是十多年前核定的，与目前办学规模不相匹配（2002年双语教学民族中小学校校均规模分别是小学155人、初中541人、普通高中789人；2013年校均规模分别是小学385人、初中511人、普通高中682人）。据不完全统计，全区双语教学民族中小学、幼儿园园均缺少合格教师30人以上。

(三) 双语授课教师待遇偏低、队伍不稳定

双语教学民族中小学多数处于边远落后和经济欠发达地区，教师除正常工资外，无任何福利。造成了合格教师流失、队伍不稳定的问题，严重影响了正常的教学秩序和教育教学质量的提高。

(四) 内蒙古区内高校蒙汉双语授课在校大学生占蒙古族在校大学生的比例逐年上升

这一比例2013年已达到62.12%。一方面反映了蒙汉双语授课高中毕业生升入区外优质高校就读的机会少；另一方面也增加了内蒙古自治区蒙汉双语授课大学毕业生的就业压力。

(五) 小学外语课程的开设争议较大

调研发现对于小学三年级是否应该开设外语课程，不同群体有不同的看法，尤其是家长与教师及教育部门的意见相左。家长普遍认为外语课程开设得越早越好，孩子学得越多越好。而很多老师及教育部门则认为这样过早地开设外语课程，尤其是对于农牧区语言环境相对较差的地方来说，少数民族孩子的学习压力过大，不仅要学习本民族语言，还要学习国家通用语言文字，再加上外语教师的专业水平较低，所打的基础较差，这样的做法往往事倍功半。由于学生的课时总量恒定，外语课的开设反而在一定程度上削弱了本民族语言文字的学习和使用，有的家长甚至反映和不解为什么孩子的母语学习质量有所下降。

(六) 教学资源的信息化建设及双语教材教辅的建设仍须加强

调研发现尽管内蒙古自治区非常重视教学资源的信息化建设，并且基础建设的标准相对较高，但目前自治区蒙古语学习的数字化资源仍然相对较少，且利用率相对较低。此外，随着双语教育的稳步发展，学前和中小学双语学生规模不断扩大，市面上供双语学生使用的教辅材料相对较少，学生选择的余地不大，对双语教育质量的提高造成了一定影响。

五　对策与建议

（一）进一步明确双语教育工作的指导思想和原则

认真贯彻执行党和国家的教育方针政策，把学习掌握国家通用语言作为必备素质，把大力发展民族语言文字和传承民族文化作为重要任务，把学习掌握民语作为基本要求，把学习使用外语作为一项发展能力，坚持因地制宜、分类指导原则，尊重学生意愿，加强宣传引导，努力培养适应国家和自治区经济社会发展需要的蒙汉兼通的各类专门人才。我们建议，将小学尤其是县以下农牧区小学的外语课程作为选修课程，缓减学生学习压力，保证民语与汉语文的教学质量，提高学生的学习积极性。

（二）从中央到地方出台特殊的政策，提高教师待遇，"让最基层有好老师，留住好老师"，注重教师培训的时效性、针对性

建议国家对实施双语教学的民族中小学教师实行特殊岗位津贴制度，加大中央财政转移支付力度，所需经费主要由中央财政承担，保障在基层和边远落后地区工作教师的基本生活条件和合法权益。同时提高待遇，调动基层教师工作积极性，从根本上解决教师质量的瓶颈问题。所开展的教师培训要结合实际，有针对性、时效性，避免空洞的理论灌输，建议国培计划调整时间，保证需要培训的教师全部到位，达到预期的培训效果。

（三）建议国家调整民族中小学生均公用经费拨款方式及标准，以标准班核拨或提高公用经费标准

民族学校在校生规模较小，相应拨付的经费少，民族学校特别是寄宿制学校经费不足。和非寄宿制学校相比，民族寄宿制学校运行成本要高，并且宿舍、食堂等场所的水、电、煤和冬季供暖以及一系列易耗品等支出费用逐年增加，这导致多数寄宿制学校资金运转困难。为了保障民族学校的正常运转，建议在核定学校公用经费时，合理增加民族学校特别是民族

寄宿制学校的公用经费。

（四）建议国家尽快制定新的中小学、幼儿园教师编制标准，实行班师比政策，增加民族中小学寄宿制管理等方面的人员编制，调动老师的积极性，满足办学特殊需要，提高办学质量

（五）高度重视和大力加强双语教学教材及教辅材料的建设，充分利用现代信息技术"引、借、编、译"

双语文、三语文与各科双语教材是双语教育三大要素之一。不解决这一问题，提高双语教育质量势必成为空话。我们建议实施义务教育阶段少数民族学生免费赠送和配备双语教辅材料计划。同时，大量增补课外读物，并且要特别高效利用现代信息技术，以计算机教室和"班班通"建设为抓手，加快学前和中小学双语教育教材教辅建设，采取自主开发、译制、引进以及资源共享等多种途径，开发建成围绕双语教育资源库、资源管理服务平台，标准化、网络化、数字化的双语交互教学平台，MHK模拟测试平台以及应用监管平台的"一库四平台"标准化中小学双语教育资源及管理体系。

（六）建议国家部属高校下达的少数民族预科招生计划，应当主要招收民汉双语授课学生和边远贫困地区少数民族学生，真正体现政策初衷，实现教育公平

（七）加大力度，培养和选拔德才兼备的少数民族干部队伍尤其是双语人才，依靠他们团结带领各族人民群众，为我国社会主义现代化建设及民族地区发展提供安定团结的社会环境及坚定的支持

2016年9月29日内蒙古自治区第十二届人民代表大会常务委员会第二十六次会议通过了《内蒙古自治区民族教育条例》，从此内蒙古民族教育发展驶上了民族教育依法办学、依法治教的法律轨道，从而更好地保障了民族教育业健康、快速、有序、长效发展。

执笔：苏德、袁梅等

第二章
内蒙古自治区蒙汉双语教育调研报告

新中国成立以来,在党和国家的大力支持下,我国少数民族事业发展取得了显著成效,尤其是少数民族双语教育得到快速发展,形成了从学前教育到高等教育的完整体系,双语教育队伍逐年扩大,为国家和民族地区的社会、经济发展,边疆地区的和谐与稳定做出了重要贡献。全国现有双语学校1.2万多所、学生450多万人、双语教师23.5万人。双语教育在快速发展的同时也面临着诸多问题与困境。解决好面临的问题对双语教育的持续、健康发展具有重要的意义。对此,2018年5月,中央民族大学苏德教授主持的国家社科基金重点课题"民族地区依法实施双语教育政策和模式研究"课题组对内蒙古自治区部分地区的双语教育发展情况进行了调研,调研情况如下。

一 蒙汉双语教育发展基本情况

内蒙古自治区人口总数为2489.85万人。其中蒙古族450.2万人,占人口总数的18.08%;其他少数民族121.95万人,占人口总数的4.9%;少数民族人口总数为505.56万人,占人口总数的22.98%。

内蒙古自治区现有独立设置的双语授课学校、在校学生情况如下:幼儿园316所,在园幼儿5.18万人;小学286所,在校学生12.3996万人;初中110所,在校学生5.2877万人;高中50所,在校学生4.0240万人。内蒙古自治区双语教育以一类模式为主,即全部课程用民族语授课,加授一门汉语文课。汉语课程设置如下：小学1~2年级每周25课时，3~6年级每周30课时；初中每周32课时；高中每周35课时。二类模式以汉语授课为主，加授一门民族语文课。实施双语教育的学校与普通学校相比，多开设了一门课程，1~12年级（小学加初中）共多开设了1121学时。

二 蒙汉双语教育取得的成就

（一）民族教育政策体系日益完善

民族教育政策是发展民族教育事业的重要依据和保障。改革开放以来，在党和国家的领导下，内蒙古自治区认真落实优先、重点发展民族教育的方针，先后制定了《内蒙古自治区教育局、财政局关于恢复民族中学和牧区小学人民助学金的通知》、《关于恢复和发展民族教育的几点意见的报告》、《内蒙古自治区教育厅、财政厅关于成立内蒙古自治区少数民族教育事业发展基金会的通知》、《内蒙古自治区人民政府关于在全区民族中学开设外语课有关问题的通知》、《内蒙古自治区高考实行"3+X"后蒙古语和朝鲜语授课学生的考生科目及记分方法的通知》等一系列发展民族教育的政策文件，具体内容包括针对少数民族学生实施优惠政策、设立少数民族学生助学金、民族语文教材建设、设置少数民族教育专项经费、少数民族语言文化的学习、提升少数民族教育质量等方面。

（二）形成完备的双语教育体系

目前，内蒙古自治区已经形成从幼儿园到高等学校的完备的双语教育体系。该体系已全面覆盖办学形式、招生、课程设置、教材建设、就业等各个环节。首先，办学形式方面，从学前教育到高中教育阶段独立设立双语教育授课学校。高等教育阶段独立设置双语授课专业或民族班。其次，招生方面，制定并执行少数民族学生优惠政策，在同等条件下优先招收少数民族学生。再次，教材建设方面，双语教育实施的民族语文课程和汉语文课程按照国家课程标准自编，其他课程教材均使用国家统编教材的翻译版本。最后，就业方面，制订和实施民族语授课学生就业相关的优惠政策。如《内蒙古自治区民族教育条例》第四十条明确规定：公务员考录、事业单位招聘人员时，每年应当从录用计划总数中划定不低于 15% 的职位用于蒙古语授课大学毕业生。国有企业招录人员时，同等条件下优先录用蒙古语授课大中专毕业生。

（三）民族文化传承与发展得到有效保障

传承优秀民族文化是民族教育的主要任务之一。在学校教育中，民族文化主要通过校本课程传承和发展。1999 年 6 月，中共中央国务院《关于深化教育改革全面推进素质教育的决定》明确指出：调整和改革课程体系、结构内容，建立新的基础教育课程体系，试行国家课程、地方课程和学校课程三级课程管理，从 2001 年开始校本课程被正式纳入国家课程体系。以蒙古族学校为例，蒙古族文化作为校本课程开发的重要资源，被纳入学校日常教学活动中，进而使民族文化传承得到有效保障。以蒙古族文化为资源开发的校本课程有四类：一是民族艺术类，如马头琴、版画、书法、安代舞、民族歌舞等；二是民族体育类，如搏克、校园那达慕、蒙古象棋等；三是语言知识类，如诗歌朗诵、演讲、《蒙古秘史》、《内蒙古历史》等课程；四是手工制作类，如蒙古包制作、哈啾嗨、雕塑、刺绣、剪纸等。蒙古族文化校本课程不仅对民族文化的传承与发展起到重要作用，而且还具有补充国家课程、拓宽学生视野、体现学校特色办学理念等作用，有利于促进学生的全面发展。

三 蒙汉双语教育存在的主要问题和困难

内蒙古自治区双语教育工作取得了很大的成就，仍然存在一些困难和问题，具体如下。

（一）民族教育政策落实不到位现象依然普遍

内蒙古民族教育发展中存在民族教育政策法律法规落实不到的情况。

如《内蒙古自治区民族教育发展条例》第三十七条明确规定:"旗县级以上人民政府对民族幼儿园、中小学所需的水、电、取暖费用,应当按照实际支出纳入预算,足额核定并及时拨付到位。"第三十八条规定:"各级财政应当设立民族教育专项补助资金。对少数民族聚居且人口多,民族教育工作任务重、困难大的地区,自治区财政应当给予适当倾斜。"但是,笔者在调研中了解到,学校普遍反映学校的水、电、取暖等费用都由学校自己承担,班主任工作量大但津贴没有或短缺,积极性不高,影响了寄宿制学生管理质量。学校相关负责人认为相关政府部门没有认真履行《内蒙古自治区民族教育发展条例》中确定的相关职责和义务,导致地方蒙古族学校办学经费不足,学校领导办学压力较大。

(二)蒙古族学校生源减少现象依然比较突出

越来越多的蒙古族学生进入普通学校学习,严重影响了蒙古族学校的生源。其原因有两方面:一方面,蒙古族幼儿园数量和规模不能满足蒙古族儿童的入园需求;另一方面,一些蒙古族家长在教育子女的观念上发生变化。这对于蒙古族学校的发展以及民族语言文化的传承与发展有较多负面影响。

表2-1 2017年内蒙古自治区接受蒙汉双语教育的学生情况

单位:万人,%

类别	蒙古族学生总数	蒙古语授课的学生	比例
幼儿园	14.1027	5.3579	37.99
中小学	64.8033	21.6600	33.42
合计	78.906	27.0179	34.24

资料来源:内蒙古自治区教育厅。

2017年内蒙古自治区现有蒙古族在校(园)幼儿园、中小学学生共78.906万人,其中,蒙语授课的学生有27.0179万人,占蒙古族在校(园)幼儿园、中小学学生总人数的34.24%。蒙古族在园幼儿14.1027万人,其中,蒙语授课的幼儿有5.3579万人,占蒙古族在园幼儿总人数的37.99%。蒙古族在校中小学学生有64.8033万人,其中,蒙语授课的学生有 21.6600 万人，占蒙古族在校中小学学生总人数的 33.42%。由此可见，65% 以上的蒙古族学生选择进入普通学校学习，使蒙古族中小学生源减少情况愈演愈烈，导致使用蒙古语言文字的人数急剧下滑，影响了民族教育文化事业的发展。

（三）师资队伍老龄化现象严重，且专业结构不合理

民族学校多以寄宿制办学形式为主，除了任课教师以外，还需要大量管理学生日常生活的生活指导教师，这从客观上造成了民族学校的教师数量严重不足。同时，民族学校师资存在严重的老龄化现象和教师专业结构不合理等问题。如通辽市 H 旗 35 岁以下的教师占教师总数的 23%，36～50 岁的教师占教师总数的 43%，51 岁以上的教师占教师总数的 34%。H 旗音乐专业教师只有 56 名，体育专业教师只有 84 名，美术专业教师只有 59 名，心理健康教育教师只有 1 名。由此可见，师资数量不足、老龄化严重和专业结构不合理等问题严重影响着民族学校发展。

（四）学生母语水平下滑成为普遍问题

内蒙古民族教育坚持以蒙语为主、汉语为辅的双语教育。这种蒙汉双语教育一类模式是内蒙古民族教育取得成就的根本。让学生在学好本民族语言文字的基础上，再学习国家通用语和外国语，逐步达到"蒙汉兼通"的目标。但从目前内蒙古蒙古族学校情况来看，蒙汉双语教育的突出问题不是国家通用语言学不好，而是学生的母语水平普遍下滑，在读写说各方面经常出现障碍，甚至不如汉语水平，这一点成为影响双语教育质量的瓶颈。在调研过程，学校领导及一线教师普遍反映，"现在蒙古族学生的母语水平下滑明显，真是一年不如一年"，对蒙古族语言文化的传承与发展表示担忧。笔者通过采访了解到影响学生母语水平下滑的主要原因包括以下几点。

学习、生活环境对学生母语学习的影响。一是生活环境影响学生的母语学习。中小学布局调整后，很多农村牧区的学校合并到旗县，孩子们离开家乡到乡镇上学，离开了蒙古语言文化土壤。语言作为文化的符号和载

体，在其产生、发展和变化中，一直受到文化的制约和影响。一定社会的文化，在传播和发展过程中，也不可避免地会对该社会的语言产生一定的作用或影响。因此，学生离开了传统生活环境及蒙古族文化环境，必然对其母语的学习带来困难，尤其对城市里一般不被提到的那些传统生活中使用的词语、习俗，学生不能很好地理解。二是网络环境影响学生的母语学习。电脑、手机等网络传播以英语或汉语言文字为主要载体，很少有以蒙古语言文字为载体的网络内容。学生为了适应时代发展，尽可能地学习网络内容的语言文字，这使得蒙古语言文字的传承处于不利地位，给民族语言文字的发展带来了冲击和挑战。

教材缺乏特色和蒙文课外读物严重不足也是重要的原因。一是蒙古族学校开设的课程中除蒙古语文以外，其他课程都是翻译人民教育出版社出版的全国统一教材。教材的高度统一性不符合学生的知识背景，更无法满足不同民族、地区学生的实际需求。二经费短缺及蒙文课外读物不能带来经济效益，不能充分满足学生对蒙文课外读物的需求。调查学校普遍存在蒙文书籍短缺现象，有一些学校已经意识到这个问题并开始想办法改善。三是学生学习压力大、负担重。接受蒙汉双语教育一类模式的学生从小学一年级开始学习蒙古语，从小学二、三年级开始学习国家通用语言文字和外国语。因此，蒙古族学校的学生比普通学校的学生多学一门课。而且，小学低年级学生蒙古语能力较弱，这时接受三种语言的学习无疑增加了学生的负担。

（五）理科教育质量较低

某市教育局提供的近三年高考理科成绩统计数据显示，蒙汉双语授课学生与汉语授课学生的理科成绩存在一定的差距。具体如下：2014~2016年，汉语授课学生数学平均分分别为66.47分、77.4分、75.97分；蒙汉双语授课学生数学平均分分别为34.15分、36.5分、37.87分；分差分别为25.76分、25.46分、23.67分。汉语授课学生理综平均分数分别为141.38分、132.31分、148.58分；蒙汉双语授课学生理综平均分数分别为94.81分、88.72分、100.24分。分差分别为46.57分、43.49分、

48.34 分。蒙汉双语授课学生理科成绩低受到客观因素和主观因素的影响：客观因素包括理科教师整体水平相对低、考试难度较大等；主观因素包括学生的努力程度以及母语水平的下滑。其中，理科教师整体水平相对低是蒙汉双语授课学生理科成绩较低的关键因素。

四 进一步发展蒙汉双语教育的对策建议

（一）认真落实民族教育政策

改革开放以来，内蒙古民族教育发展较快，但是与普通学校相比较，仍存在一定的差距，其主要原因是资金投入不足。这直接影响民族教育事业的发展，无论是办学硬件设备还是师资等软件设备都不如普通学校。因此，优先、重点发展民族教育需要认真落实民族教育政策法律法规，加大民族教育资金投入力度。尤其是，各级政府应认真落实《内蒙古自治区民族教育发展条例》，将民族学校的水、电、取暖等费用纳入旗县级以上政府的预算，切实解决民族学校燃眉之急。

（二）适当增设双语授课幼儿园

在蒙古族集中的城市增建蒙古族幼儿园或在汉语授课幼儿园增设蒙古族幼儿园班，满足学龄儿童的入园需求。学龄儿童入园问题，直接影响蒙古族基础教育的发展规模和质量。目前，城市蒙古族幼儿园的数量和规模根本不能满足蒙古族幼儿的入园需求。据第六次人口普查数据显示，内蒙古自治区 T 市蒙古族人口有 144.1275 万人，占全市总人口的 45.91%。而 T 市蒙古族比较集中的 H 区只有 1 所蒙古族幼儿园，在规模与数量上远远不能满足该地区蒙古族学龄儿童的入园需求。此外，一些地方的幼儿园，虽然名称上显示是民族幼儿园，但招生的时候以汉族幼儿为主，象征性地招收少量的少数民族幼儿。很多蒙古族幼儿进不了蒙古族幼儿园，只能到汉族幼儿园。因此，建议有关部门高度重视蒙古族幼儿入园难问题，在蒙古族幼儿入园需求大的城市里新建立蒙古族幼儿园，确保和满足蒙古族幼儿公平接受教育的权利和学习蒙古语言文化的需求。

（三）增加双语学校教师编制，开展具有针对性的培训

首先，适当增加民族学校教师编制。建议有关部门在制订教师编制时能够考虑民族学校双语教学和寄宿制办学形式的实际情况，适当增加民族学校教师编制。其次，积极开展师资培训，提高民族学校教师的专业水平。一是正确认识培训对象的民族性。根据民族学校教师在民族发展中的角色和影响，教育培训需要在整体概念上认知民族教师的角色构成和价值意义，并在教育培训过程中通过实践行为进行突出和强调，在此前提下开展相应的教育培训活动。二是提高教师培训的质量。根据少数民族学校师生的特点，开展符合民族学校教师实际发展需要的本土化培训，保证教师培训的针对性和实效性。

（四）优化语言环境、增加民族文教材，提高学生的母语水平

蒙古族学生母语水平下滑是内蒙古民族教育面临的重要问题。这对民族教育的发展提出了挑战。提高学生的母语水平需要社会、学校、家庭共同努力，优化学生的母语环境。社会、学校、家庭是影响学生学习语言的重要场域。只有以学校为主，三者通力配合，才能优化母语环境，积极影响学生的语言学习。同时，各级财政要加大投入支持蒙文教材及读物的出版发行工作，学校积极筹建蒙文图书馆，增加蒙文图书。在此基础上，开展丰富多彩的听、说、读、写活动，激发学生学习好母语的兴趣和积极性，丰富学生的文化生活，注重语言学习与文化传承相结合。

（五）提高蒙汉双语授课学生的理科成绩

首先，解决理科教师短缺问题。学校根据自身的情况，通过统一考试、"绿色通道"等途径招收紧缺的理科专业教师，确保理科教学质量。其次，完善教师招聘考试模式。当前，教师招聘考试的笔试以教育学、教育心理学等内容为主，专业知识内容的占比较小。笔试成绩和面试成绩分

值比例为7∶3或6∶4，考生只要好好复习教育学和教育心理学内容就能拿到高分。然而，通过这样的考试录取的教师普遍存在基本功不扎实、专业知识掌握不全面等问题，严重影响蒙汉双语理科教育的质量。对此，建议在教师招聘考试中强化对专业知识和专业技能的考察，提高面试成绩的分值，并由各用人单位自行组织面试，确保新教师的质量。

执笔：苏德

第三章
内蒙古通辽市蒙汉双语教育发展现状调查

通辽市位于内蒙古自治区东部，是内蒙古自治区东部和东北地区西部最大的交通枢纽城市。东靠吉林省四平市，西接赤峰市、锡林郭勒盟，南依辽宁省沈阳市、阜新市、铁岭市，北边与兴安盟以及吉林省白城市、松原市为邻，是环渤海经济圈和东北经济区的重要枢纽城市。2010年，通辽总人口为310万人，其中蒙古族138万人，占中国蒙古族人口的1/4，是蒙古族人口最集中的地区。

近年来，在党和国家的正确领导下，我国民族教育事业得到快速发展，双语教育更是突飞猛进，连连取得硕果。综观国内的双语教育，内蒙古走在了前列。从纵向来看，内蒙古已经形成从学前教育到高等教育的完整体系；从横向来看，内蒙古兼有普通升学教育、师范教育、职业教育等各类教育机构。在具体发展双语教育与民族教育事业的过程中，内蒙古不断总结成功经验，以期为我国其他民族地区发展双语教育提供可资借鉴的宝贵经验。

为实地调查内蒙古双语教育的发展情况，全面、深刻了解民族地区依法实施双语教育政策及模式的现状，课题组在苏德教授的带领下，先后到通辽市科尔沁左翼中旗、科尔沁区、科尔沁左翼后旗以及库伦旗进行实地调研，通过发放问卷、开展访谈、课堂观察等方式，对通辽市依法实施双语教育现状进行调研，现将有关情况报告如下。

一 基本情况

（一）义务教育情况

初中教育和初中阶段教育在校生数量继续保持下降趋势，小学数量、毕业生数量继续减少。2015 年全市小学有 353 所，比上年减少 142 所；有小学教学点 338 个，比上年增加 141 个。小学招生 30182 人，比上年增加 2796 人；小学在校生 184888 人，比上年增加 1213 人；小学毕业生 28479 人，比上年减少 4199 人。小学适龄儿童入学率达到 100%；小学毕业生升学率为 100.68%，比上年增加 6.68 个百分点。由于学龄人口逐渐减少，初中升学率稍有下降。2015 年，通辽市有初中 110 所，招生 28285 人，比上年减少 3416 人；在校生 89834 人，比上年减少 3899 人；毕业生 30332 人，比上年增加 163 人。初中毕业生升学率为 83.02%，比上年减少 1.79 个百分点。

中小学教师队伍建设方面。2015 年，全市专任教师有 15048 人，比上年减少了 1124 人。小学专任教师学历合格率为 100%，比上年提高 0.21 个百分点；小学专任教师中具有专科及以上学历的 13764 人，占小学专任教师总数的 91.47%，比上年提高 2.87 个百分点。小学生师比为 12.29∶1。初中专任教师有 7504 人，比上年减少 268 人，初中专任教师学历合格率为 100%，比上年提高了 0.65 个百分点。初中专任教师中具有本科及以上学历的 5835 人，占初中专任教师总数的 77.76%，比上年提高 0.43 个百分点。初中生师比为 11.97∶1。中小学专任教师合格率及生师比见表 3-1、表 3-2。

表 3-1 2014、2015 年通辽市中小学教师学历合格率

单位：%

	2014 年	2015 年	增减值（个百分点）
初中	99.35	100	0.65
小学	99.79	100	0.21

表 3-2 2014、2015 年通辽市中小学生师比（以教师为 1）

	2014 年	2015 年	增减值
初中	12.06	11.97	-0.09
小学	11.35	12.29	0.94

从中小学办学条件方面来看，2015 年，义务教育阶段中小学校舍建筑面积 280.41 万平方米。其中，小学校舍面积 158.82 万平方米，生均 8.59 平方米，比上年增加 0.65 平方米；初中校舍面积 121.59 万平方米，生均 13.53 平方米，比上年增加 1.6 平方米。

表 3-3 2015 年通辽市中小学办学条件指标

	生均校舍面积（平方米）		生均普通教室面积（平方米）		校均规模（人）
小学	8.59		3.60		524
初中	13.53		3.60		817
	体育运动场（馆）面积学校达标率（%）	体育器械配备学校达标率（%）	音乐器械配备学校达标率（%）	美术器械配备学校达标率（%）	数学自然实验仪器学校达标率（%）
小学	23.23	14.94	12.52	12.12	12.72
初中	74.54	65.45	63.63	61.82	69.09
	校园网建网率（%）	校均计算机（台）	生均图书（册）	校均电子图书（GB）	校均专业实验设备值（万元）
小学	28.90	22.40	12.90	14.74	12.24
初中	51.82	93.99	24.39	30.48	54.51

2015 年，小学在校生平均规模由上年的 371 人增加到 524 人。初中大班额、超大班额现象明显好转，但比例仍然偏高。2015 年，全市普通初中班数共 1926 个，其中 55~65 人的大班 204 个，与上年相等，占总班数的 10.59%；66 人以上的超大班 97 个，比上年减少 93 个，占总班数的 5.04%。在大班、超大班中，城区大班占 40.19%，超大班占 59.79%；乡村初中 55 人以上大班只有 1 个，超大班、大班主要集中在城市、县镇初中，城区、县镇超大班、大班现象比较突出。

（二）高中阶段教育情况

2015 年全市高中阶段教育（包括普通高中、职业高中、普通中专、成人中专，未含技工学校）共有学校 52 所，2015 年招生 30602 人，比上年增加了 3425 人，在校学生 82604 人，比上年增加了 1843 人。

普通高中教育规模发展平稳，呈上升态势。2015 年全市共有普通高中 26 所，招生 22664 人，比上年减少 167 人。在校学生 66522 人，比上年增加了 1709 人。教职工 5691 人，专任教师 4325 人，比上年减少 15 人，生师比为 15.38∶1。专任教师学历合格率为 98.24%，与上年相等。教师中具有研究生学历的 239 人，占教师总数的 5.52%。

高中阶段职业教育在校生、招生、毕业生继续减少。2015 年，全市高中阶段职业教育（包括职业高中、普通中专、成人中专、职业学院辐射中专班，未含技工学校）招生 7938 人，比上年增加 3592 人；在校生 16082 人，比上年增加 134 人，占高中阶段教育人数的 19.46%，同口径比上年下降了 0.28 个百分点。

表 3-4 2015 年通辽市普通高中、职业高中办学主要指标

	教师学历合格率（%）			师生比（以教师为1）		
	2014 年	2015 年	增减值	2014 年	2015 年	增减值
普通高中	98.24	98.24	0	14.93	15.38	0.45
职业高中	78.53	84.06	5.53	15.59	13.20	-2.39

（三）民族教育基本情况

内蒙古自治区民族学校的双语教学主要有一类模式（以蒙语授课为主，加授汉语）和二类模式（以汉语授课为主，加授蒙语），通辽市各级各类民族学校则主要开展一类模式的双语教学、纯蒙语授课、三语教学、蒙汉兼通。调研组通过对通辽市五所民族学校的实地调研发现，各所学校均可开齐开足国家要求的课程，并采用民族语言授课，切实做到学好蒙语，兼顾汉语、外语。"新课改"实施以来，通辽市各民族学校均认真贯

彻落实了"新课改"的要求，并不断提高课改的成果，以学生为主体，以老师为主导，学生自学能力不断加强。

在民族教育方面，据统计，全市共有各级各类民族学校263所，其中：幼儿园128所、小学95所、初中27所、高中9所、职业高中4所。同上年比，幼儿园增加15所，小学减少16所，初中增加1所。全市中小学少数民族在校学生257797人，学习使用少数民族语言文字的中小学在校生有77389人，其中幼儿园12294人、小学34698人、初中16117人、高中13923人、职高357人。全市各级各类学校的教师中，少数民族教职工24431人、专任教师19284人，其中蒙古语授课学校教职工10626人、专任教师7838人。蒙古语授课学校教职工、专任教师按办学类型分：小学教职工5129人、专任教师3672人，初中教职工2210人、专任教师1635人，高中教职工1429人、专任教师1285人，职业高中教职工135人、专任教师82人，幼儿园教职工1723人、专任教师1164人。少数民族教职工占全市教职工总数的58.43%，少数民族专任教师占全市专任教师的59.09%。2015年，全市中小学蒙古语授课专任教师学历合格率：幼儿园100%、小学100%、初中99.76%、高中98.44%、职业高中92.68%，和上年比初中下降0.18个百分点、高中提高0.08个百分点、职业高中提高2.44个百分点。

二 主要工作及其成绩

（一）开办"教育研究"年会，积极推进民族教育内涵式发展

近年来，通辽市不断开办"教育研究"年会，积极推进民族教育内涵式发展。"教育研究"年会分为义务教育"教育研究"年会和高中"教育研究"年会两个方面：义务教育"教育研究"年会以旗县为单位在行政区内自行组织，每年举办1~2届，研究内容主要为"新课改"、社会主义核心价值观和当前开展的"读音标准，写字规范"等活动；高中"教育研究"年会由蒙古语授课的九所高中轮流承办，其他八所学校

共同参与。

以 2015 年全市蒙古语授课高中第六届"教育研究"年会为例，该次年会主要进行了以下活动：一是展示了"小班化"教学探索的阶段性成果；二是以开放式课堂的形式展示了"五步导学"课堂教学的新面貌、新成果，这是前一轮以"同课异构"形式进行教学研究的一次升华和突破；三是创造性地运用了"模拟法庭"，以分析在校园内发生的典型案例形式，对学生进行学校安全教育；四是特色项目有了新的发展，如三语社会团活动、通信技术等；五是大课间活动中，民族韵律操的创意、设计增添了校园文化的内涵；六是班级文化、走廊文化以及有关艺术节、民歌大赛、搏克、那达慕和科技等方面的宣传画册。

由此可见"教育研究"年会对加强校际合作、提高办学质量、传播民族文化、促进教师发展等方面产生了积极而深远的影响，开辟了通辽市民族教育独树一帜的内涵式发展之路。

（二）开展"读标准音，写规范字"活动，加强双语教学

为有力推进民族教育领域义务教育阶段学校新课程改革的进程，解决当前在广大蒙古语授课学生中普遍存在的写错字、读错音，从而影响正常教育教学效果的实际问题，使他们在义务教育阶段学好母语，达到能够用流利的标准音进行诵读、会话和正确、规范地书写蒙古文字的要求，通辽市委、市政府决定在全市蒙古语授课义务教育阶段学校开展"读标准音，写规范字"活动，从 2014 年开始，活动周期为三年。

2014 年 3 月 19 日，通辽市召开动员（电视电话）会议，全面启动全市蒙古语授课义务教育阶段学校开展"读标准音，写规范字"活动。4 月末，相关科室先后赴各旗县部分民族学校进行督导；5 月中旬，委派教研室赴各旗县进行了一次业务方面的指导；6 月中旬，在后旗朝鲁吐召开了全市"读标准音，写规范字"活动推进会；11 月初，市民委举办了全市蒙古语授课师生"读标准音，写规范字"比赛。

目前，全市各地在完成关于"读标准音，写规范字"活动统一要求的基础上，结合本地实际，开展了一系列丰富多彩的读写活动，取得了阶段

性成果。

(三) 深入开展结对工作，切实加强教育交流与合作

通辽市民族学校结对帮扶工作分为两个层次、三个区域来开展。第一层次是与区外教育先进地区的结对工作，包括北京西城区和吉林延边州两个区域，与北京西城区结对的民族学校（幼儿园）有6所，与延边结对的民族学校有20所。第二层次是市直3所民族学校（幼儿园）与旗县7所薄弱学校的结对工作，以及部分旗县与区外结对的学校在县域内自行开展结对工作。

目前，与延边州结对的20所民族学校和幼儿园，已经先后派出356名学校领导和教师到结对学校挂职和进修。其中，挂职锻炼的学校干部有55人（挂职时间为10~20天）、跟班学习的学科教师301人（学习时间为7~10天）。受通辽市结对学校的邀请，延边20所学校先后派149名校长和教师到通辽市结对学校进行进一步的交流和合作。

与北京西城区结对的6所民族学校和幼儿园，已经先后派260名学校领导和教师到结对学校考察和学习。其中，学校干部69人、学科教师191人。

两个层次的结对工作相辅相成、优势互补，推动了通辽市本区域内、通辽市与华北地区、东北地区教育、教学资源的流动，促进了优质教育资源的跨区域流动与均衡发展。在市内结对工作与区外结对工作的影响下，通辽市教育教学理念、学校管理理念、教学方法等方面发生了深刻的变革。

(四) 开展"送课下乡"活动，提升农村教师水平

近年来，通辽市不断组织送课下乡活动，总体来看，通辽市组织的送课下乡活动以"菜单式"送课形式为主，即农村牧区学校向教研室提供自己需要哪几个学科的送课活动，然后在全市范围召集相关学科的优秀教师去送课。2014年度送课活动在库伦旗、奈曼旗和霍林郭勒市等3个旗县展开，辐射3个旗县的所有小学、初中，分别进行小学蒙古语文、汉语文和数学，初中蒙古语文、数学、化学学科的送课活动，相邻地区

相关学科的 540 余名教师受益。

通过深入持久地开展送课下乡活动，通辽市农村牧区民族学校教学模式、教学方法、教学理念正在逐步得到改进。具体的教学实践活动诠释了新课程改革和义务教育均衡发展的目的和意义，广大基层教师从"新课改"和义务教育均衡发展的某些误区中反省过来。送课下乡与其他培训相比，具有较强的针对性、实效性、指导性和实践性，而且省时、省力、省钱，深受广大农村教师的欢迎。

（五）开展"听评课"活动，加强教学业务指导

2015 年度开始，通辽市教育局深入市蒙中、通辽蒙中、库伦白音花学校、后旗蒙中、左中蒙中等民族学校，开展"听评课"活动。首先听所有学科教师的课，然后在教研组内开展评课、议课活动，最后召集学校领导进行整体反馈，指出存在的问题，提出改进意见，从而积极推进"新课改"。

三 存在的困难与问题

（一）办学经费不足，中小学办学存在困难

从全市来看，虽然政府每年划拨一部分财政经费用于民族中小学建设，但是这些经费主要用于学生的生活补助和学费减免，能用于民族中小学学校硬件与软件设施建设的经费捉襟见肘。加之通辽市的很多学校都采用寄宿制的办学模式，学校的经费运用就显得更加紧张了。

首先，寄宿制中小学公用经费补助标准偏低。国家对农村义务教育阶段学校生均公用经费补助标准，只按小学和初中区分，寄宿生和非寄宿生采用同一标准，使寄宿制学校公用经费标准偏低，运转困难。其次，中小学配套设施建设滞后。内蒙古开始实施中小学标准化建设工程后，由于资金缺乏，未将运动场地、围墙、大门、校园绿化硬化和水电暖等配套设施列入标准化建设范围。最后，教师周转房不足。每个教学点及中心校以下的学校不能保证每位教师都有自己的周转用房。有的地方虽能保证周转

房，但是周转房屋内设施不全、环境过于简陋，无法给教师创造舒适的居住环境。

（二）师资紧缺，临时代课教师多，教师流动性大

通辽市的民族学校教师招聘制度如下：由各学校报请教育局，教育局根据各学校的需求报送人事局，人事局统计后报送政府部门，最后由政府部门将分配的教师派给学校。从统计数据上看，各学校师资队伍数量安排合理、学历合格，符合教育管理部门规定的各项指标。

但在实际的调研中发现，各学校或多或少存在师资紧缺的问题，几乎每所民族学校都有代课老师。以通辽蒙中为例，数学、政治、历史和地理教师存在结构性缺失，由于教师编制已经满了，所以当出现学科不平衡的问题时就要通过招聘代课老师来平衡。代课教师工资低，没有足够保障，流动性比较大。截至2015年，通辽蒙中拥有50名代课老师，这些代课老师年龄普遍不大，在代课的同时往往在寻找其他的就业机会，当遇到合适的工作会很快辞职。对学生来说，频繁地更换老师将对学业产生很大的影响。另外，当学校缺少某一学科的教师时，通过报送教育部门再编制招聘往往不一定能分配到所需学科的教师，学校为解决日常授课的需要，只能通过招聘代课教师来解决。而这一学科往往因为缺少在编教师、代课教师又不稳定等因素而影响教学质量。

调研组在对甘旗卡第一中学进行调研时还发现，当学校出现某一学科教师短缺的现象后，会有其他上一级学校的交流教师来上课，期限为半年到两年。但是，交流教师的心并不在学校，在政策制定方面又没有对交流教师的监督制度，因此，很多交流教师来学校工作半年甚至几个月就会着急调回，寻找各种理由向校领导递交调回申请，教学效果并不好。这样频繁地更换教师也对学生的心理产生了一定的影响。这些问题虽然在现阶段并不十分明显，但是未来的趋势并不乐观。

（三）教材过于简单、教辅资料缺乏与升学考试之间存在矛盾

"新课改"的实施增强了学生的自主学习能力，提高了学生的口语表

达水平，但也存在一些问题。"新课改"实施后，教材变得简单化，但是应试教育的现状并未改变，这就要求教师在教学的过程中要不断拓展、延伸，自行整合、编排练习题。调研组在对甘旗卡一中教师的访谈中了解到，"新课改"的实施如火如荼，素质教育的脚步一步步前进，但是应试教育的现状又不得不去面对。教材简化后，教师的压力增大，不仅要在课堂中完成教学任务，还要在课后作业以及习题练习中将考试范围内的知识教授给学生。为了使学生们得到充分的练习，做足够的题型，老师需要翻译很多汉文复习资料，以此来应对考试。

在对通辽市蒙古族中学的调研中，老师也反映了同样的问题。学生们拿到的是简单化的教材，但是面对的是和原来考试同等难度的试卷，要取得好成绩，仅仅完成教材中的习题是远远不够的。学生自己买来汉文的习题后翻译成蒙文来做，又容易产生理解上的偏差，因此需要老师的指导。在提倡提高学生自主学习能力的阶段，教材的问题是十分严峻的，学生完成教材中的习题后，如果没有其他的练习，在考试中很容易得到低分，这不仅打击了学生的学习积极性，也对学生成绩的稳定产生了极大的影响。很多学校选择在自习课和晚自习加课，在老师的带领下，做一些教材外的练习题，以此来应对考试。因此，课上所用教材与课后教辅资料问题已经非常突出。

（四）民族语言退化现象严重

调研组在对五所学校的校长、教务处主任以及任课教师的访谈中，多次听到"少数民族语言退化现象严重，学生母语弱化"的声音。教师普遍反映，学生们日常的蒙语口语交流都没有什么问题，不会出现什么语法错误，但是在书写的时候经常出现错别字。

其原因为蒙语的语言环境逐渐变小，学生们学习蒙语的观念也在不断被淡化。随着新媒体时代的到来，学生接触到的是一个丰富多彩的社会。在与这个社会沟通的过程中，双语学生面对的是需要通过汉语来接收新鲜信息的模式。尤其是生活在城市、城镇的学生，在接触社会时多数情况都使用汉语交流，使用母语的使用机会减少。面对这样的问题，家长和教师都愿意积极推进蒙语教学，避免学生因大环境的影响而忽略了母语的学习。但是，仅仅增加蒙古语文课的做法其实并不能从根本上解决这一问题。调研组通过对任课教师访谈了解到，教师们普遍认为，导致母语弱化的原因，除了社会语言环境的影响外，学生在使用语言的思维上的变化更为明显。现代科学技术不断发展，新名词不断出现，学生们习惯直接将某一事物的汉语词汇运用到蒙语交流中去，而不会想通过蒙语来理解并解释这一词汇。日积月累，学生就逐渐被汉语的思维所影响。另外，学生感兴趣的事物多通过电视媒体、网络媒体等方式传播，而学生直观接收到的信息大部分都产生于汉语环境，所以仅仅通过增加蒙语文课来解决这一问题显然是不够的。网络的发展同样也使很多学生在思考毕业后的就业问题时，对上大学、学习本民族语言的想法有变化，有学生认为念不念大学都无所谓，能不能学好母语也不重要，以后不一定用得上。而老师、家长都期望学生学好民族语言，传承民族文化，为民族振兴贡献力量。这就需要合理地、正确地面对并解决母语弱化问题。

四 对策与建议

（一）增加双语教育经费投入，解决办学中存在的困难

均衡发展是双语教育跨越式发展的政策选择。鉴于民族地区自身经济实力落后、教育投入不足、硬件设施长期滞后等现状，建议从以下几个方面加大对双语教育的支持。

其一，增加通辽市民族教育与双语教育经费投入。民族地区财政困难，各牧区与市内经济水平较高地区的差距不断拉大，教育领域更是如此。通辽市委、市政府应确保各地、各级、各类学校基本同步发展，以缩小教学条件的差距。在具体实施中，既要缩小城乡教育差距，也要缩小牧区各地的区域间发展差距。

其二，加强和提高学校软硬件设施建设，包括校舍、现代教学设备（语音室、教室投影仪器、信息技术设备）、远程网络教育（包括双语教学

的网络资源建设)、信息化建设、教师周转房、体育和民族文化设施等，要不断提高建设水平和层次，为其适应现代教育创造条件。

其三，丰富学校对口帮扶的形式和内容。提升对口交流的层次和水平，制订相对发达地区和双语学校的结对帮扶计划，落实对口支援学校教学和管理工作常年化、机制化、务实化，为双语学校管理和教学的发展注入活力。

(二) 注重双语教育与民族特色相结合

双语教学应坚持尊重差异、因地制宜、实事求是、稳步发展的原则，合理安排双语教学工作，必须因地制宜、分类指导、多种模式并行。通辽市各级政府和教育行政部门应将双语教育与民族特色相结合，充分利用当地的语言文化环境和语言使用习惯，促进民族特色文化的发展。同时，少数民族的文化心理和民族性格又可以激发学生们努力学习、接受双语教育。二者相互影响，共同发展，既促进了双语教育的发展，又贴近了生活，使学生学习掌握了民族文化。各学校校本课程的建设不仅可以让学生了解本民族传统文化，培养民族自豪感，又可以使学生从文化的角度理解双语教育的重要性与必要性。因此，双语教育与民族特色相结合是稳步推进双语教育、培养蒙汉兼通的双语人才、发展保护传统民族文化、促进民族团结的重要途径。

(三) 进一步完善师资队伍建设

双语师资是开展双语教学的关键性因素，也是影响通辽市双语教学发展的瓶颈问题。培养蒙汉双语兼通的师资是实现双语教学乃至整个蒙古族教育改革与发展目标迫在眉睫的重要任务。双语师资队伍建设应抓好以下方面的工作。

(1) 各级政府和教育行政部门应采取有力措施，解决双语教师在实际教学中学科分配不均衡的现象，创造合理的编制岗位，合理分配教师到有实际需求的学校补充师资力量，稳定师资队伍。建议将教师的招聘权适当分配给旗县一级的教育行政部门，针对当地学校的实际需求分配教师，避免某一学科师资短缺现象。

（2）对于现有的在编教师，要进一步加大培训力度，不断提高其教育教学能力。教师面对社会发展，也要与时俱进，积极摄取新知识、新力量。在观念上要接受新鲜事物，理解学生所想，了解学生所需。在教师培训的方式上，积极采取进入课堂观摩学习的方式，避免只学习理论、忽略实践，以及培训归来后效果不明显的问题。

（3）在职称评定、工资待遇等方面，尽量做到合理评聘、等额评聘，结合实际工作成绩进行奖惩。规范办学政策实施后，乱收费的现象明显得到整治，但教师晚自习加班的课时费用又不能扣减，因此要建立健全相关政策，体现多劳多得，避免产生"干多干少都一样"的惰性。面向少数民族地区招生的师范类院校，应加大少数民族学生的招生力度，为少数民族双语教师的培养打下良好的基础。这不仅解决了双语教师的选拔、培养问题，又给双语学生毕业后的就业拓宽了道路。

（四）重视民文教材、练习题册和课外读物研发

双语教材与教辅资料是双语教育三大要素之一。不解决这一问题，提高双语教育质量就会成为空话。

（1）要加强民文教材、练习题册和课外读物的研发工作。应成立相应的民族语文教材编译室，加强教材编译工作。一方面组织相关人员进行国家教材的翻译工作，将人教版、苏教版教材翻译成各种不同的版本；另一方面编译适用于本民族的乡土教材，千方百计促进双语教材的发展和完善。为顺利推进通辽市蒙汉双语教育工作，要做到从上至下层层有人抓、事事有人管。建议通辽市委、市政府正式成立教育局蒙汉双语教育办公室，人员配备3人至5人；各县市教育局相应成立蒙汉双语办公室，并配备人员2人至3人。

（2）严格管理民间教育机构对练习题册和课外读物的研发、出版工作。民间的教育研究机构是课辅资料研发和出版的重要组成部分。政府应该出台相关的法规和条例，合理、规范地引导民间教育机构对双语教学课辅资料的编制与出版。这是社会主义市场经济体制的必然要求，也是对教材教辅资料编制工作不足的有效补充。

(五) 重视民族语言教育，加强双语双向教育

基于通辽市双语教育中学生民族语言退化的现象，我们要重视蒙古族民族语言的教育工作，加强双语双向教育。双语双向教育的实质是双语教育，只是双语双向教育更加注重两种语言地位的平等性，既不可只注重民族语言，而忽视国家通用语言的教学；也不可只注重国家通用语言，而忽视民族语言的教学。具体来说应该做到以下几点。

（1）形成明确的双语双向教育工作的指导思想和原则。认真贯彻执行党和国家的教育方针政策，把学习运用国家通用语言作为必备素质，把大力发展蒙古语言文字和传承民族文化作为重要任务，把学习掌握蒙古语作为基本要求，把学习使用外语作为一项发展能力，坚持因地制宜、分类指导原则，尊重学生意愿，加强宣传引导，努力培养适应国家和自治区经济社会发展需要的蒙汉兼通的各类专门人才和外向型应用人才。

（2）建议自治区加快民族教育立法进程，实现民族教育依法办学，保障民族教育事业健康快速发展。建议内蒙古教育厅出台《内蒙古自治区民族教育与双语教育条例》，为整个自治区的民族教育打好基础。

（3）加大力度培养和选拔一大批德才兼备的少数民族干部队伍，尤其是双语人才，并依靠他们团结带领各族人民群众，在各个领域、各条战线上，坚决维护民族团结、社会稳定和国家统一，为自治区与通辽的民族教育事业与蒙汉双语教育的发展提供动力支持。

执笔：苏德、张良、袁梅等

第四章

内蒙古锡林郭勒盟蒙汉双语教育发展现状调查

我国是一个多民族、多语言、多文化的国家,要成为一个富强、民主、文明、和谐的社会主义国家,必须以各民族共同发展为前提。习近平总书记指出:教育是国家发展的基石,教育决定着人类的今天,也决定着人类的未来,各民族教育事业的快速发展仍是促进社会团结进步与繁荣富强的关键。《国家中长期教育改革和发展纲要(2010 - 2020年)》第九章专门论述民族教育,并强调"加快民族教育事业发展,对推动少数民族和民族地区经济社会发展,促进各民族共同团结奋斗、共同繁荣发展,具有重大而深远的意义",[1] 具体到教育战略上着重强调"大力推进双语教育"。由此可见,作为民族教育事业发展的重中之重,双语教育仍是当前民族教育事业探究的焦点和热点。双语教育既能够保存民族文化,又能够保护民族语言多样性。双语教育问题解决得好,不仅能大力推进少数民族文化教育水平的提高,还能使少数民族更有效地投入现代化建设,更顺利地进入主流社会,从而顺利实现民族现代化。[2] 近年来,在党和国家的高度重视与正确领导下,各级领导和教育工作者经过不懈努力,使内蒙古地区的蒙汉双语教育取得了令人喜悦的成就。然而,事物的发展总会不断产生出新的问题和矛盾,内蒙古地区的双语教育也不例外。为更好地把握和发现内蒙古地区双语教育中存在的

---

[1] 《国家中长期教育改革和发展规划纲要(2010 - 2020年)》。
[2] 苏德:《蒙汉双语教育研究:从理论到实践》,民族出版社,2016。

问题和困惑，课题组对内蒙古锡林郭勒盟的民族学校双语教育的现实样态进行了全面的实地考察，深入了解、认真分析并总结了其双语教育中积累的经验及存在的困惑，以期为内蒙古自治区，乃至整个民族地区双语教育发展中的教育政策、民族政策、语言政策和经济政策的制定提供建议，为各级政府和教育行政部门制定决策提供理论和实践依据。

一 基本情况

（一）锡林郭勒地区教育的基本情况

锡林郭勒盟是以蒙古族为主体、汉族占多数、多民族聚居的边疆少数民族地区，总面积20.3万平方公里，总人口104万人，其中蒙古族人口占30%，素有"草原明珠"的美誉，正处于经济社会快速发展期，具有得天独厚的后发优势。

近年来，锡林郭勒盟在国家以及自治区的关怀下，始终把民族教育摆在优先发展的战略地位，不断完善民族教育"优先重点"并适度超前发展的管理体制和运行机制，构建了能够适应全盟经济社会发展需要、有利于民族优秀文化传承、布局结构合理的民族教育体系。全盟现有民族中小学、幼儿园84所，占全盟中小学、幼儿园的36.68%，其中普通高中6所、综合高中5所、初中8所、小学17所、幼儿园48所。现有蒙语授课在校（园）生33065人，占全盟在校（园）生的22.09%，其中普通高中4750人、职业高中499人、初中6632人、小学13858人、在园幼儿7326人。民族学校现有专任教师4086人，占全盟专任教师的36.39%。民族学校住宿生12743人，其中小学3540人、初中3703人、高中5500人（普高4545人、职高955人）。

（二）锡林郭勒盟地区民族学校双语教育的基本状况

近年来，锡林郭勒盟经济社会发展日益加快，民族学校在办学条件和设施设备等方面都得到极大的改善，教育形式和内容也发生着较大的变化。各级政府办学职能增强、投入加大，教育教学质量越来越得到重视。特别是助学方面各项惠民政策的实施，解决了锡林郭勒盟地区，尤其是牧区孩子入学难的问题，实现了学生"进得来、留得住、学得好"的目标。

1. 双语教育模式发展情况

锡林郭勒盟民族教育主要实行蒙语授课加授汉语的一类模式，坚持民族学校"两主一公"的办学形式，依法加大民族教育投入力度，民族学校办学条件不断改善，教育教学质量不断提高。

目前，锡林郭勒盟已经形成了从小学到高中比较系统的双语教育体系：以蒙古语授课为主的中小学开设汉语和外国语课程，民族小学从二年级开始开设汉语课，三年级开始开设英语课。

2. 双语师资的基本情况

（1）广泛开展民族学校教师普及性培训。近年来，锡林郭勒盟坚持把加强教师培训作为提高民族教育教学质量的关键环节，努力为全盟民族教育事业发展培养和造就一支具有先进教育理念、良好职业道德和坚实业务基础的双语教师队伍。

2012年以来，锡林郭勒盟用三年时间完成了一轮蒙语授课幼儿教师、义务教育阶段教师和高中阶段教师的学科培训，累计培训中小学教师4133人次，各位教师普遍接受了不低于240学时的培训。2014年全盟蒙语授课小学、初中、高中专任教师的学历合格率分别为100％、100％、95.43％，蒙语授课小学专任教师专科率达到93.17％，蒙语授课初中专任教师本科率达到78.99％，双语教师的平均水平整体提高。

（2）全面提升民族学校校长队伍整体素质。为了提升民族学校校长队伍整体素质，锡林郭勒盟努力拓宽培训渠道，提升培训层次，先后与国家教育行政学院、清华大学、北京师范大学、内蒙古师范大学建立了培训协作关系。

2012年以来，先后选派142名民族学校校长进行了高级研修培训，占全盟民族学校校长队伍的90%，基本使全盟民族学校校长接受了先进的教学理念、丰富的行政管理经验等方面的学习教育。

（3）教师培训逐渐多元化。在参加国家、自治区及盟三级组织的各类培训学习的基础上，各旗县（市、区）民族学校教师培训也各具特色。西乌珠穆沁旗启动实施"教师队伍建设工程"，采取"名家讲学、导师指导、回访提高"三段式培训模式，引进高端培训资源，实施通识教育、分学科讲学、回访式指导和派出学习四个阶段培训，先后邀请魏书生、冯恩洪等著名教育专家及全国各地名校长、名教师来该旗讲学。东乌珠穆沁旗组织中小学环节干部及骨干教师赴杜郎口中学参观学习，并从北京邀请教育专家和骨干教师对全旗中小学教师进行集中培训。正蓝旗邀请杜郎口中学优秀教师对教师们进行班主任培训和新理念培训等。

（4）基本实现了免费培训。"十二五"开局以来，锡林郭勒盟每年都安排教师培训专项经费，为参加盟级培训的各类中小学教师全部免除培训费、住宿费，并明确要求交通费由任职学校从师资培训专项经费中列支，部分培训项目还补贴了伙食费、资料费，切实减轻了教师的经济负担，提高了广大教师参加培训的积极性和主动性。

（三）锡林郭勒盟民族教育取得的成就

在国家、自治区党委及政府的高度重视下，锡林郭勒盟的民族教育事业，特别是民族双语教育和人才培养工作获得很大的提高和改善。不同的社会发展时期，锡林郭勒盟对民族教育事业发展提出了因时制宜的指导方针，民族双语教育发展更是如此。

1. 逐步落实党的民族教育政策，使民族教育优先重点发展

多年来，锡林郭勒盟认真贯彻执行党和国家、自治区的民族教育政策，从政策到措施、从经费到待遇、从"两基"攻坚到经费保障机制、从师资队伍建设到提高教育教学质量、从改善办学条件到学校管理，对民族双语教育工作给予高度重视和大力支持，使民族双语教育工作不断发展创新。2010年西乌珠穆沁旗被认定为全区第一个实现"双高普九"的牧区旗县。2014年全盟蒙语授课幼儿学前一年（5周岁）入园率达到95%，学前三年（3~5周岁）入园率达到84%，高中阶段入学率达到94%，民族义务教育入学率接近100%。

2. 民族教育投入力度逐年加大，民族学校办学条件得到极大改善

近年来，锡林郭勒盟克服经济实力弱的困难，始终极为关注、优先重点发展民族教育事业，尤其是双语教育。锡林郭勒盟不断提高公用经费保障水平，加大投入力度，"十二五"以来，全盟用于改善办学条件的投入达28亿元，其中投入民族学校的资金达14亿元。目前，全盟所有牧区旗县民族学校的教学用房、学生宿舍、食堂、电化教学设备、计算机、多媒体教室等设施得到极大改善，可达领先水平。

3. 民族教育助学体系逐渐完善，实现了蒙语授课十五年免费教育

近年来，锡林郭勒盟持续加大对民族教育的投入力度，从2010年秋季学期起，实施了蒙语授课学前教育、义务教育、高中阶段教育十五年免费政策，对所有蒙语授课的学前教育幼儿免收保育费和管理费，对所有蒙语授课的高中阶段学生免收学费、书费。2011年锡林郭勒盟行署印发了《锡林郭勒盟义务教育阶段助学管理办法》，在现行国家、自治区义务教育免杂费、书费、住宿费，补助家庭经济困难寄宿生生活费的基础上，免收学生作业本费，并补助家庭困难学生的学习用品费，落实义务教育"四免两补"政策。

4. 民族学校管理逐步规范，双语教育质量有所提高

近年来，锡林郭勒盟每年开展"校园文化建设""师德师风与学生品德建设"等主题活动，从不同方面加强民族学校的管理工作，使其管理基本步入制度化、规范化、科学化的轨道。根据锡林郭勒盟教育教学工作需要及蒙语授课教学存在的问题，2008年制定完善了《锡林郭勒盟中小学教学常规》和《锡林郭勒盟中小学课堂常规》，努力提高双语教育教学质量，建立健全了较为科学的教育教学监督管理评价机制。积极开展民族文化传承教育、民族教育特色教学和校本课程，如马头琴、浩比斯、搏克、民族舞蹈、蒙古象棋、射箭、安代舞、蒙古族传统礼仪等，并结合实际编写了《蒙古族文艺启蒙教育》《新蒙语》《蒙古长调》等教材，促进民族文化在校园里蓬勃发展，实现双语双文化的教学目标。

5. 教育信息化建设大力开展

为实现民族教育的跨越式发展，实施"现代远程教育网络工程"，锡林郭勒盟所有民族中学都建有计算机教室，民族小学配备了远程教育设备，开设了信息技术课程。从 2008 年开始，启动建设了全盟教育城域网，覆盖全盟所有的中小学。2010 年为包括民族中小学在内的所有义务教育阶段学校配备了蒙汉文教学资源网服务器，全面提高了蒙语授课学校的优质教育资源共享能力。

6. 民族团结教育受到重视，民族团结教育工作实效显著

锡林郭勒盟每年都组织民族团结活动月，制订了《民族团结活动月实施方案》，结合学生的年龄特点，通过民族文艺活动、民族知识竞赛、绘画与手工制作、民族团结故事会、演讲比赛、专题讲座等形式，积极开展民族团结教育活动，把各种教研活动和爱国主义教育活动紧密结合起来，努力在全体教职员工和广大学生中形成民族团结的良好氛围，进一步提高了广大师生对党和国家的民族政策重要性的认识，促进了民族团结教育工作取得实效。

二 存在的困难与问题

在各级领导和教育工作者的不懈努力下，近年来锡林郭勒盟的蒙汉双语教育取得了诸多的成功和经验，然而，教育事业的发展总会不断产生出新的问题和矛盾，锡林郭勒盟的双语教育更是如此。调研组通过对锡林郭勒盟地区双语教育的现实样态进行全面深入的了解，发现了锡林郭勒盟的双语教育发展存在以下问题。

（一）对双语教育的内涵与理论认识较欠缺

双语教育研究是研究双语双文化教育现象及其规律的一门跨文化、跨学科的综合性、边缘性学科。① 经过实地调研发现，锡林郭勒盟无论是教育管理者还是教师，对双语教育的认识与理解都较为欠缺，对双语教育工作没有深入地认识和思考，对双语教育的相关理论和政策的了解更是知之甚少，大多停留在语言学习方面。访谈中大多听到的是：我们锡林郭勒盟目前的双语教育工作进行得很不错，现在都是按习惯推行，没有什么指导文件，那都是前些年的事。但值得注意的正是这一点，教育管理者对锡林郭勒盟的双语教育的满意度比较高，访谈发现，很少有人思考锡林郭勒盟当前双语教育推进中是否存在困难和问题。正如访谈中某教育局的 MG - Z 说道："我们的双语教育不存在什么困难，目前做得很好，所以我们也没有仔细考虑还存在哪些问题，要说有问题的话，那就是我们的孩子的汉语水平太好了。"访谈得到的一个普遍的认识就是：我们目前的双语教育工作推展得很顺利，不存在什么困难或问题，相比过去几年，现在的双语教育已经推行得很好了。双语教育几乎成为一种惯性。

由此看出，无论是管理者还是教师，对双语教育的认识仍然存在一定的局限性，只重视了双语言的教育，而忽视了文化的传承和交融。更为突出的问题是，在当前的双语教育推行过程中，双语教育工作只是在惯性地推进，很少有人进行反思，同时也很少有人思考随着社会发展产生的新问题。另外，无论是管理者还是教师，对双语教育政策的了解和把握也相当缺失，例如对旨在促进蒙古语言文字规范化、标准化和学习使用制度化的《内蒙古自治区蒙古语言文字工作条例》和《内蒙古党委、政府关于进一步加强民族工作，加快我区经济社会发展的决定》都闻所未闻。

（二）密集型的课程设置不适合学生学习的认知规律

调研发现，就小学三年级是否应该开设外语课程这个问题，锡林郭勒盟的双语教学模式基本为"123 模式"，也就是一年级学蒙语，二年级学汉语，三年级学英语的模式。对这种密集型的课程设置，不同的群体有不同

---

① 滕星：《中国少数民族双语教育研究的对象、特点、内容与方法》，《民族教育研究》1996 年第 2 期，第 44~53 页。

的看法，尤其是家长与教师及教育部门的意见相左。家长普遍认为外语课程开设得越早越好，孩子学得越多越好。而很多老师及教育管理者认为这样过早地开设外语课程，尤其是对农牧区语言环境相对较差的地方的少数民族的孩子来说，学习压力过大，不仅要学习本民族语言，同时还要学习国家通用语言文字，再加上外语教师的专业水平较低，所打的基础较差，这样的做法往往事倍功半。由于学生的课时总量恒定，外语课的开设反而在一定程度上削弱了本民族语言文字的学习和使用，有的家长甚至反映和不解为什么孩子的母语学习质量有所下降。这不符合儿童的认知规律，给学生的学业造成了严重的负担。

在访谈中，教师们一致认为，这种模式的学习让孩子们很吃力，在汉语基础都没怎么掌握的基础上又要开始学习英语，可想而知其学习效果了。访谈中 SZM-G 老师说道："你是没看到二年级下学期学生的汉语学习水平了，二年级下学期的语文课本难度突然增大，孩子们学习非常吃力，为了完成教学进度，老师们只好把有难度的内容放弃了。还有，我们越来越多的孩子虽然汉语水平越来越好，但那只是口语，他们在书写方面还是存在很多困难。"

此外，调查发现，学生的汉语学习仍然存在困难。虽然学生的口语由于外界环境的改变，说得越来越好，但是他们的书面写作水平还是很低。其实，这也从侧面说明为什么锡林郭勒盟学生的理科学习成绩整体较弱。在访谈理科教师时有教师说道："孩子们之所以理科学习成绩较弱，大部分原因还是汉语水平有限，对题目的理解很困难，即使理解了，再将其用汉语表达出来也是困难重重。"这一点非常值得思考，因为学生的理科学习水平较弱是整个锡林郭勒盟双语教育工作中比较突出的问题。

（三）师资队伍存在结构性短缺

锡林郭勒盟民族教师结构性短缺问题依然存在，师资总体水平有待进一步提高。民族学校师资队伍存在教师年龄偏大、师资短缺和水平不高等问题，双语教学民族中小学、幼儿园专任教师缺编严重。这些学校大多数是在布局调整中整合而成的，一方面教师数量多，但合格教师短缺；另一方面教师年龄老化，学科不配套情况突出。再加上教师编制是十多年前核定的，与目前办学规模不相匹配。此外，双语教学民族中小学多数处于边远落后和经济欠发达地区，教师除正常工资外，无任何福利。造成了合格教师流失，队伍不稳定，严重影响了正常的教学秩序和教育教学质量的提高。

（四）蒙语环境的退化倾向

语言是民族文化、生产生活习惯的重要组成部分，更是区别于其他民族的主要特征之一。学校的语言文化教学包含传承和发扬各民族优秀文化传统的功能。保护和发展民族语言并使之贯彻应用于双语教育实践活动，有利于增强少数民族对中华民族文化的认同感和归属感，有利于提高少数民族对中华民族的向心力、凝聚力，有利于多民族统一国家的巩固和稳定。然而，随着社会经济的飞速发展以及义务教育撤点并校政策的实施，锡林郭勒盟的蒙古族孩子的语言环境大多为汉语环境。访谈中有家长说道："孩子现在说蒙语都稍有些困难了，平时在家经常看电视，上学前基本就汉语说得很不错了，我估计越往后，学习蒙语比汉语更吃力。"不论是哪个民族的语言，都烙印着一个民族的社会文化痕迹，同时还体现着使用这种语言的民族的凝聚力和向心力。一个民族倘若没有了自己的语言，就会失去鲜明的文化特色。语言是民族文化和民族意识的载体，语言又是思维的工具，不同文化历史背景的民族可以用同一种语言交流，却很难用同一种语言思维。

语言是文化传承的重要载体，人们无论是对自己的信仰及世界观的表达，还是对生产生活技能及各种文化知识的习得，都离不开语言。也只有语言才能充分地体现出一个民族的重要特点。语言不仅是人们用来互相交流、互相沟通的重要工具，而且还是一个民族在历史上形成的传统文化的重要载体。因此，推进锡林郭勒盟的双语教育工作在考虑蒙语环境将面临弱化倾向的基础上，应坚持实现多民族语言保护和多文化传承发展的目标，从而维护社会安全稳定，实现国家的长治久安。

(五) 民族文化传承的淡漠化

双语教育不仅是语言使用问题，也是一种文化现象、社会现象，实施双语教育是传承与保护少数民族语言文化的需要。少数民族从自身的发展中深刻认识到要发展本民族的社会文化，必须学习国家通用语言文字。因此，推进蒙汉双语教育，提高蒙汉双语教育质量，有利于培养符合现代社会发展的双语双文化人。如果只懂本民族语言，他只能在本地区工作学习，很难适应到其他地区工作学习。相反，如果他不仅汉语好，还能用汉语处理文书问题、计算机问题、数理化统计等方面问题，那他就优于只懂得单语的毕业生。从实效上来讲，有利于少数民族整体素质的提高，更有利于整个中华民族全面地发展。

双语教育与民族地区文化、社会等密切相关，是民族地区实现跨越式发展和长治久安的重要着力点，是满足少数民族群众多样化、多层次、多方面发展需求的重要途径。锡林郭勒盟双语教育不仅要培养一批面向世界、面向全国、面向未来、面向现代化的人才，也要培养一批在民族地区各条战线熟悉本土、服务民众、视野开阔，又能留得住、用得上的人才，从而推动锡林郭勒盟可持续发展。由于社会经济的发展，牧区的孩子减少，孩子们对自己的民族文化逐渐淡漠，这是锡林郭勒盟双语教育中值得重视的问题。

(六) 民族教育城乡、区域和校际差距比较大，整合后新问题较突出

锡林郭勒盟的民族中小学多为寄宿制学校，在"撤点并校"政策的实施下，牧区的学生不得不寄宿在离家几十公里远的学校，然而由于部分学生年龄太小，出现了大量家长陪读的现象，这一现象带来了许多社会问题、家庭问题，甚至造成了夫妻离异、社会风气不良等严重后果。对白音华牧区实地考察发现，学校整合的隐形影响是家长陪读给家庭带来了诸多麻烦和不便，也造成了很大的经济负担。此外，夫妻长期异地分居使得家庭容易出现矛盾与分歧。如访谈中一位正在干农活的年轻家长无奈地说道："孩子现在才上一年级，从上幼儿园开始就陪读，这给家里造成了很大

的经济负担不说,等于活生生地把一个家分成了两个家,可是这又有什么办法呢!"也有一些家长表示:"自从家长陪读出现以后,很多家庭产生矛盾,不是钱财方面就是感情方面,这使得我们这一块家庭离异的情况越来越多,情况更糟的是,孩子们去了城里念书之后,回来什么农活也不会干了,也不愿给家人帮忙。"学校整合后产生的新问题很多,值得深思。

(七)教学信息化建设及双语教材教辅的开发较薄弱

调研发现,尽管内蒙古自治区非常重视教学资源的信息化建设,并且基础建设的标准较高,但目前锡林郭勒盟民族学校的蒙古语学习的数字化资源仍然相对较少,且利用率相对较低。此外,随着双语教育的稳步发展,学前和中小学双语学生规模不断扩大,市面上供双语学生使用的教辅材料相对较少,学生选择的余地不大,这也是教师们很苦恼的问题,对双语教育质量的提高造成了一定影响。正如访谈中 BT 主任说道:"我们的学生现在最缺的就是教辅资料,仅仅依靠教师们自己印发一些自编资料,教学基本完全围绕教材,学习好的学生吃不饱,学生们很难有很大的区分度,因此也很难教出拔尖的学生。"

三 对策与建议

民族教育是我国教育事业重要的组成部分,也是民族工作的重要内容,民族教育发展的程度是构建民族地区和谐社会十分重要的社会指标。经过几十年的发展,锡林郭勒盟民族学校的办学水平尽管取得了很大成就,但仍然存在一定的困难与问题,这些问题值得我们认真思考总结。在调研的基础上,对锡林郭勒盟学校双语教育中存在的问题进行分析,提出相应的建议和对策,以期为整个内蒙古地区,乃至整个民族教育事业的发展提供一定的借鉴与参考。

(一)立足实际,加强双语教育理论的认识与理解

提高思想认识是根本,正确理解和把握民族教育、双语教育的内涵,科

学合理地选择双语教学模式，慎重稳妥地推进双语教学是非常有必要的。加强锡林郭勒盟教育管理者和教师对民族教育和双语教育的理论认识和理解是迫在眉睫的。认真贯彻执行党和国家的教育方针政策，把学习运用国家通用语言作为必备素质，把大力发展民族语言文字和传承民族文化作为重要任务，把学习掌握蒙古语作为基本要求，把学习使用外语作为一项发展能力，坚持因地制宜、分类指导原则，提高学生的学习积极性。

此外，在锡林郭勒盟打牢双语教育的指导思想，结合锡林郭勒盟的教育实际，切实贯彻"一个目标""两个共同""三个离不开""五个认同""六个相互""八个坚持"的总体要求，打牢各民族团结进步、和谐融合、共同繁荣的双语教育目标和思想基础。

（二）强化对民族教育政策的落实及监督工作

为提高民族地区学校双语教育的质量，必须加强民族教育政策的落实及检查工作。如继续坚持对民族地区学生的照顾政策，在此过程中，要不断对民族学生优惠政策进行反思，更要有明确的认识与理解，在坚持优惠政策实施的前提下，应不断地完善与调整政策。进一步细化民族学生招生政策，制定出更加适合锡林郭勒盟的招生优惠政策，如招生的特殊政策应与加强基础教育、举办民族预科班、发展地方高等教育等政策相结合。总之，通过不断的反思与调整，让民族教育政策更加适切。

另外，在加强执行民族教育政策的同时，应加大对其落实情况的检查与监督，尤其是相关的政府部门应该定期检查民族教育政策的执行情况，及时调整和纠正偏离指导思想和原则的政策，使民族教育政策真正地帮助到民族地区的学生和开展教育。

（三）重视民族文化元素进入课堂的课程开发

多元文化课程旨在分享不同民族文化的特色与贡献，促进不同文化背景的族群和谐交流、相互理解、相互认同与尊重。中共中央、国务院《关于深化教育改革全面推进素质教育的决定》提出试行国家课程、地方课程和学校课程三级课程体系的要求，其目的之一就是利用民族地区丰富多彩的民族文化、多姿多彩的地域文化为我国实行课程改革提供丰富而宝贵的课程资源。民族地区学校需要传承并发扬其民族文化,在此基础上,将民族的文化历史、风俗习惯和生活风俗等文化知识作为双语教育的主要文化内容,开发出教材,保障民族文化传承教育得到更好的发展。锡林郭勒盟应进一步认真贯彻落实国家、自治区发展民族教育的政策措施,重视民族教育事业中长期规划和持续发展,积极营造良好的政策发展环境,积极开展民族文化传承教育、民族教育特色教学和校本课程,进一步推动民族文化教育在校园蓬勃发展。

(四) 加大民族教育投入与扶持力度,改善民族学校办学条件

近年来,锡林郭勒盟不论是在经济实力较弱的时期,还是在全盟经济社会发展爬坡的关键阶段,始终极为关注和重点发展民族教育事业。为加快民族教育事业发展,锡林郭勒盟依法落实"三个增长"。然而,与其他东部和中部发达地区相比,还存在很大的差距。因此,要加大内地对民族地区的教育与师资培训的援助力度,积极开展多层次、多形式的教育交流与合作,让经济扶贫和智力扶贫有机地结合,建立长期稳定的合作关系,走智力扶贫、共同开发、互惠互利、良性发展的路径。从而实现思想观念的更新,管理水平的提升,促进学科建设和师资队伍综合素质的提升。做到长期坚持支援对口民族地区,通力合作,贯彻"长期坚持,努力搞好,不断完善"的思想方针,试行"对口、定点、包干责任制",把民族教育投入与支援工作落到实处。

(五) 大力开展教育信息化建设,积极推进民族中小学现代化进程

为实现民族教育的跨越式发展,民族地区也应加强实施现代远程教育网络工程。锡林郭勒盟地区的民族学校都建有计算机教室,配备了远程教育卫星收视设备,开设了信息技术课程,从2008年开始,启动建设了全盟教育城域网,覆盖全盟学校,2010年为包括民族中小学在内的所有义务教育阶段学校配备了蒙汉文教学资源网服务器。然而,硬件确实到位了,但并非都实现了应有的功能和目标,学会运用信息化设备仍是该地区需要大

力开展的工作。加强教师电子设备使用的培训，使丰富的信息化设备不再形同虚设，真正实现锡林郭勒盟优质教育资源的共享，进一步提高该地区民族教育质量。

（六）加强教师培训，提高师资整体素质

民族地区师资队伍建设的最大挑战在于提高师资整体的素质，应该采取严格筛选、灵活培训的方式，如在民族学校教师全员培训的基础上，开展"派出去、请进来、走上台"的培训工作模式。注重教师培训的时效性和针对性，不断扩大和深化培训内容，如根据教师的培训需求安排培训内容，设置多元文化课程等。充分利用"京锡合作"项目，积极与北京市教委协调，开展更大范围的对口帮扶支援。"请进来"全国知名校长、一线教师，立足全盟实际和民族学校需求，有针对性地开展培训，为本土专家的成长提供平台。

此外，从中央到地方出台特殊的政策，提高教师待遇，"让最基层有好老师，留住好老师"。建议国家对实施双语教学的民族中小学教师实行特殊岗位津贴制度，加大中央财政转移支付力度，保障在基层和边远落后地区工作教师的基本生活条件和合法权益。保证民族地区双语教学师资队伍的持续发展，保证需要培训的教师全部到位，达到预期的培训效果。

执笔：苏德、成丽宁、杨俊生等

第五章
内蒙古呼伦贝尔市蒙汉双语教育发展现状调查

为深入了解呼伦贝尔双语教育发展的现状、困难与问题，2016年6月末中央民族大学教育学院调研组在教育学院苏德院长的带领下，赴呼伦贝尔新巴尔虎左旗（以下简称"新左旗"）与鄂温克族自治旗（以下简称"鄂温克旗"）采取点面结合的方式，通过访谈、座谈会等形式，对呼伦贝尔双语教育展开实地调研，现将有关调研情况汇报如下。

一　基本情况

（一）呼伦贝尔市整体情况

呼伦贝尔是举世公认的蒙古族发祥地，成吉思汗的故乡。全国"三少民族"鄂温克、达斡尔、鄂伦春自治旗均在这里，多年的民族融合形成了以蒙古族为代表，以鄂温克、达斡尔、鄂伦春、俄罗斯等少数民族为特色的浓厚的民俗民风。呼伦贝尔市现有民族幼儿园31所［含蒙语授课（以下简称"蒙授"）5所、蒙汉合园12所］，民族幼儿在园6584人（其中蒙授幼儿3028人）。全市现有民族中小学66所，其中民族小学33所（含蒙授8所）、初中27所（含蒙授8所）、普通高中3所（含蒙授1所）、职业高中3所。全市民族中小学在校生3.17万人，其中少数民族学生1.61万人（含蒙授学生0.86万人）。全市现有民族学校教职工5004人（其中蒙授教职工1531人）、专任教师3895人（其中蒙授专任教师1226人）、民族幼儿园专任教师 899 人（其中蒙授专任教师 230 人）。民族学校布局日趋合理，基本满足了少数民族群众接受优质教育的需要。

呼伦贝尔主要采取两种双语教学模式：一类模式即所有课程使用蒙古语授课，加授汉语文课；二类模式即所有课程使用汉语授课，加授蒙语文课。大部分民族学校采用一类模式进行双语教学。

（二）调研点基本情况

新左旗是以蒙古族为主体的少数民族聚居区，蒙古族人口占总人口的 75%，全旗教育均属双语教育范围，现有中小学 6 所，其中蒙授学校 3 所，汉语授课加授蒙古语学校 3 所；在校学生 2501 人，其中蒙授学生 1719 人（初中 505 人、小学 1214 人）；公办幼儿园 7 所，均为民族幼儿园，在园幼儿 1099 人，学前三年毛入园率 108%。现有教职工 736 人，其中蒙授中小学教师 321 人、幼儿园教师 203 人。

鄂温克族自治旗位于内蒙古呼伦贝尔草原的南端，大兴安岭西麓，是以鄂温克族为主体，汉、蒙古、达斡尔、回、满等 20 多个民族组成的全国三个少数民族自治旗之一。全旗共有中小学校、学前教育机构 46 所，其中普通高中 3 所（含民族学校 1 所）、职业高中 1 所（民族学校）、初中 8 所（含民族学校 3 所）、小学 10 所（含民族学校 5 所）、学前教育机构 24 所（含民族学校 9 所）。中小学、幼儿园在校（园）生 11531 人，其中少数民族 5779 人，占在校生总数的 50.12%；蒙古族 2812 人，占在校生总数的 24.39%；鄂温克族 1407 人，占在校生总数的 12.2%。教职工 2132 人，专任教师 1835 人，其中少数民族 1098 人，占教职工总数的 51.5%；蒙古族 584 人，占教职工总数的 27.39%。

全旗共有民族学校 19 所，其中中小学校 10 所（5 所小学、2 所九年一贯制学校、1 所初中、1 所普通高中、1 所职业高中）、学前教育机构 9 所（其中 3 所为民办幼儿园）。民族学校在校生 4236 人，教职工 982 人，专任教师 849 人。蒙语授课或加授蒙语学校 14 所，其中小学 4 所（其中 1 所加授蒙语）、九年一贯制学校 2 所（其中 1 所学校有汉语授课班级，并加授蒙语）、初中 1 所（有汉语授课班级）、公办学前学校 4 所（其中 2 所有汉语授课班级）、民办学前教育机构3所（其中1所有汉语授课班级）。全旗蒙语授课在校生一类模式1961人、二类模式929人，专任教师一类模式387人、二类模式35人。

二 双语教育的发展现状及主要成绩

多年来，市委、市政府坚持优先重点发展民族教育，在政策制定、规划编制、经费支持等方面予以重点保障，双语教育在办学条件、队伍建设、教学质量、学校管理等方面都有了明显的改善，全市双语教育事业取得了长足发展。

（一）双语教育政策保障不断健全

1. 切实加强民族教育顶层设计

呼伦贝尔市自20世纪80年代开始推行"两主一公"的办学模式（即民族中小学以寄宿制、助学金为主的公办体制），成为全区最早的先进典型。到2009年，全市牧区撤并中小学31所，实现了办学向城镇集中的目标。鄂伦春旗、鄂温克旗、莫旗先后出台了民族教育条例，保证发展民族教育有法可依。2013年，市政府出台了《呼伦贝尔市民族教育人才培养模式改革实施方案》《呼伦贝尔市民族教育发展水平提升工程实施方案》，有力地促进了民族教育持续健康发展。

2. 完善双语教育经费保障体系

为促进双语教育发展，呼伦贝尔市级财政设立了民族教育专项资金500万元/年。各旗市区根据财力情况也都设立了专项资金。2013年以来，各级财政投入资金，实施免除义务教育阶段寄宿制蒙授学生食宿费等助学政策，蒙授高中在全面落实"两免一补"的基础上，对贫困学生进行补助。牧业四旗不同程度实施蒙授学前幼儿资助政策：陈巴尔虎旗（以下简称"陈旗"）免除保教费，新左旗、新巴尔虎右旗（以下简称"新右旗"）根据幼儿园类别减收保教费、伙食费，鄂温克旗减免部分保教费。2015年，市教育局争取上级学前资助奖补资金160万元，其中34万元奖补牧业四旗，惠及在园民族幼儿 1300 人。

（二）双语教育办学条件大力提升

1. 加大投入促进民族教育协调发展

"十二五"期间，各旗市区优先安排资金 1.83 亿元新建、改扩建民族幼儿园 26 所，配齐配足仪器设备、玩教具。各级财政累计投入 4.67 亿元，新建民族义务教育学校 7 所，维修改造民族学校校舍 56 所。累计投入 6062 万元改善民族普通高中办学条件，积极争取自治区财政 480 万元改善民族职业高中办学条件。目前，蒙授中小学全部达到标准化学校要求，93.33% 的学校拥有风雨场馆。蒙授中小学率先实现了"三通"，市教育局利用民族专项资金为全市所有蒙授教师配备电脑，蒙授学校教育信息化设备高于全市平均水平。

2. 强力推进民族地区义务教育均衡发展

市教育局以薄弱学校改造、标准化学校建设为抓手，借力"十个全覆盖"，改善办学条件，促进县域内义务教育均衡发展。到 2015 年底，新右旗、新左旗、陈旗、鄂温克旗率先通过国家义务教育发展基本均衡县评估验收，走在了全市乃至自治区的前列。新左旗始终把民族教育作为先导性、全局性、基础性工作摆在优先发展的战略地位，为全面推进义务教育均衡发展，按照巩固成果，整体推进，均衡发展，打造品牌的发展思路，全面实施校安工程、标准化学校建设工程、薄弱学校改造工程。自 2009 年以来累计投入资金 2.5 亿元，新建和加固维修校舍 4.6 万平方米，高标准完成校安工程三年建设任务，深入推进薄弱学校改造，4 所学校建有体育馆和塑胶运动场地；累计投入资金 969 万元，配齐配足教育仪器设备；投入资金 1288 万元，完成教育信息化建设工程，全旗 6 所中小学高位均衡。2015 年 10 月，顺利通过国家义务教育发展基本均衡旗评估验收。

（三）双语教师素质切实提高

1. 以制度为保障，提升教师整体素质

出台教师考录补充与教师队伍优化长效机制意见、教学能手学科带头人管理办法、高级职称聘任实行动态管理指导意见、教师学历提升管理办法等，落实《关于调整教育系统高级职称聘任工作的通知》、《关于调整学校、幼儿园班主任津贴标准的批复》，对教龄达到28周年以上评定高级职称的教师不占用现有岗位直接予以聘任，中小学、幼儿园班主任津贴分别从每人每月100元、180元调整到300元，教师待遇大幅提高；落实《关于建立教师考录补充与教师队伍优化长效机制的意见》，在有空编的情况下，优先安排民族学校紧缺学科教师考录，2013年以来，公开考录教师350余人，且在职称评聘、评先表彰等方面向民族学校、民族教师倾斜。

2. 以培训为抓手，提升教师整体素质

积极开展"走出去、请进来"，加强民族干部、教师学习培训，开展送教下乡教研活动，近三年来，各旗市区累计投入资金450万元，培训双语教师4382人次。新左旗三年累计培训2201人次，教师人均培训385学时；评选名师、优秀教师、学科带头人、骨干教师55人；参加国家、自治区、市级各类教学技能竞赛活动450人次；教师新课程改革通识全员考试和教学基本功达标，并通过市、旗两级验收，达标率100%。

3. 以评优为动力，提升教师整体素质

新左旗现有特级教师3人，自治区、市级名师6人，自治区、市级以上教学能手、学科带头人38人，国家级优秀教师5人，自治区级优秀教师9人，市级以上优秀教师、模范教师62人；6所学校获得市级以上表彰奖励117项，全市双语教师整体素质全面提升。

4. 以行评为准绳确保教师队伍风清气正

贯彻落实中央八项规定，深入实施"爱与责任"主题活动，落实教育部"六条禁令"，以"争做人民满意教师"为主题，开展师德教育系列活动，激发教师学习先进、勇创佳绩。全旗师生无违规违纪行为，师生和家长无信访、上访事件，近几年，在全旗行风评议中排名前列，树立了教育系统良好形象。

（四）双语教学管理水平稳步提升

1. 加强教学常规管理

制订实施意见、制度 6 项，为加强管理、提高质量提供了制度保障；建立学校"一把手"抓教学常规管理机制，进一步强调学校"一把手"抓教学常规管理的重要作用。

2. 加强"三语"教学

汉语授课学校开设的蒙语教学有创新，蒙语授课中小学认真推进新课程改革，深化有效课堂教学改革，教学实验取得新进展，教学质量稳步提高。

3. 提高课堂效率

加强有效教学模式的研究和提炼，量身制订适合学科教学、学生主动学习的高效课堂教学模式，改革课堂结构的设计，推广自主、合作、探究的学习方式，注重学生知识获取的全过程，在提高教育质量、学生能力素质和成绩上狠下功夫。

4. 开展有效教研

新左旗 2011 年起，申报立项国家、自治区、市级研究课题 48 项，结题 10 项并获得自治区、市级课题研究成果奖。阿木古郎第一中学被评为全国蒙语授课中小学双语教学改革先进学校（全国仅 8 所）、阿木古郎第一小学被评为内蒙古自治区教学研究基地学校、全国先进学校，嘎拉布尔学校被评为自治区民族教育先进集体。

5. 构建特色课程体系

依据实际和学生学习经验，构建学科实践、文明礼仪、书法艺术、社团活动、校园节日、民风民俗等课程体系，充分挖掘民族特色教育，出版以民族文化、体育、艺术为内容的校本教材，如阿木古郎第一中学的《蒙古族优秀文化荟萃》、阿木古郎第一小学的《巴尔虎游牧文化》、嘎拉布尔学校的《蒙古族风俗礼仪教育》等校本课，并广泛应用于教学。开展蒙语教师"听说读写基本功展示大赛"、中小学校幼儿园阳光校园"蒙古敖敦"播音主持大奖赛，重视蒙古语言文字的继承、保护和发展，开展蒙古语标准音水平测试活动，举行蒙古语标准音宣传、演讲、研讨等活动，推动蒙古语文工作繁荣发展。

6. 有序推进教育对外合作交流

一是与蒙古国开展活动,每年互派教师广泛开展教学、艺术、体育等方面的合作交流,促进教育文化、体育艺术方面的合作,相互学习先进教育理念,促进教育文化交流。二是加强各旗间的合作交流,广泛开展民族传统文化教育展示活动,推进传统文化教育活动的规范化和制度化。全市召开蒙语授课中小学校本课程课堂教学观摩活动,促进各旗间交流,阿木古郎第一中学开设了《巴尔虎传统婚礼》《马奶酒的制作工艺文化》《蒙古包文化》等民风民俗展示课,丰富了地方课程的内容和形式。

(五)民族教育特色体系日趋完善

1. 各项制度建立健全

加强制度建设,建立和完善制度管理体系,依法规范学校、幼儿园的决策体制,完善决策过程和工作规则,实现决策的程序化、科学化,特别是重大问题决策的民主化,充分发挥制度在学校管理中的作用,逐步形成以制度管理人的良性运行机制和"一校一章程"的格局。完善资助体系,设立民族教育专项资金,对义务教育阶段中小学生实行"两免一补"制度,新左旗三年发放义务教育阶段住宿生生活补助金569万元;实行蒙授幼儿政府资助政策;关注进城务工人员随迁子女,制定《进城务工人员随迁子女入学管理办法》《进城务工人员随迁子女义务教育工作实施意见》,将进城务工人员随迁子女入学纳入财政保障体系;关爱留守儿童,制定《广泛关爱留守儿童管理办法》,构建政府主导,学校、家庭、社会各方面广泛参与的留守儿童关爱体系和动态监测机制,满足入学儿童入学住宿需求,营造全社会关爱留守儿童的良好氛围;保障三类残疾儿童全部入学,制定《特殊教育提升计划》《三类残疾儿童入学保障制度》,推进全纳教育,切实维护残疾儿童基本权益,保障三类残疾儿童全部入学。

2. 校园文化建设彰显民族特色

发挥环境育人的隐性功能,对学校、幼儿园功能区进行科学规划,结合民族传统文化布置环境,张扬特色、积极创新,体现民族特色的装饰随处可见；突出教学区、生活区、文体活动区功能作用，还原蒙古族游牧生活场景，创设真实环境，完善各功能区服务职能；充分将传统教育、"三心三德"、感恩教育等活动融入校园文化建设当中，体现浓厚的文化氛围，形成"一校一品"、各具特色的校园格局。

3. 学生综合素质全面提高

呼伦贝尔全市各级各类民族学校坚持立德树人，传承中华民族优秀传统文化，深入挖掘民族特色，大力培育和弘扬社会主义核心价值观，维护民族团结和社会稳定。一是开设传统文化课堂。各民族学校因地制宜开设蒙古象棋、搏克、民族舞蹈、歌曲、手工制作、绘画等校本课程，加强民族语言课教学，丰富教学内容。各中小学设立民族传统文化教育日、民族文化宣传月，中小学开设蒙古长调、蒙古象棋、搏克、射箭、马头琴、民族传统乐器火布思、民族舞蹈、蒙古书法等特长班，以活动课的形式开展丰富多彩的教育实践活动。二是开展各种赛事。组织全市民族学校歌舞表演赛、播音主持人大赛，承办全区蒙古语授课高中生文科、理科竞赛，开展与蒙古国艺术教育交流，推进素质教育，促进学生全面发展。三是创建民族传统文化教育基地。学校、幼儿园图文并茂地展示蒙古族历史中的重要人物、蒙古族部落及人物关系，让学生直观地了解并学习蒙古族历史，增强民族教育活力。校外教育蓬勃发展，青少年活动中心、"乡村学校少年宫"发挥重要作用。

4. 开展特色体育活动

连续六年举办全市民族中学生综合运动会。开展民族传统体育项目学校的创建活动，命名项目学校28所。民族学校校园足球蓬勃发展，全市63所国家级足球特色学校中民族学校占39所，海拉尔第一中学及牧业四旗部分学校足球队在自治区主席杯联赛中均取得优异成绩。

三 存在的问题与困难

（一）蒙古语教学面临严峻考验

1. 二类模式蒙古语学习效果不理想

二类模式双语教育是在汉语授课的基础上加授蒙古语，蒙古语学习时间少，加之有学校断层现象，如鄂温克旗有一所二类模式授课民族中学，而全旗无二类模式授课高中，因此，该校毕业的学生只能选择普通学校继续就读，不能进一步在民族高中学习蒙古语，做不到层层衔接，学生蒙古语水平令人担忧。

2. 蒙古语基础不扎实

一年级开始学习蒙古语、二年级开始学习汉语、三年级开始学习外语的课程设置导致学生的第一语言基础不稳定，加之汉语拼音与外语音标易混淆，增加了学生的学习负担，教学工具用语掌握不好，进而导致其他学科理解障碍、困难重重，对学生传承民族文化以及今后发展造成严重影响。陈巴尔虎旗民族小学是一所寄宿制学校，学生80%～90%来自农牧区，接受城市化教育，放假后大多不会再从事游牧生产，毕业后高不成低不就，成为"有文化的流浪者"。

3. "哑巴"蒙古语的现象日益严重

学生蒙古语表达能力下降，一是由于很多家长对民族语言学习的重视不够，对孩子过分要求汉语流利，以期孩子未来走出内蒙古，寻求发展；二是在大环境冲击下，学生接触电视媒体信息都以汉语为主，汉语学习环境好，民族语言使用机会不断减少。一类模式学生的蒙古语应试成绩下滑并不明显，但教师反映大多学生在课间很少使用蒙古语进行交流。十多年前，为牧区孩子学习汉语想尽办法，现今形势逆转，蒙古语学习成为双语教育难点。

（二）双语师资队伍建设存在的问题

1. 教师教学质量无法保证

目前没有统一的教学标准、评价体系和学科专业培训，缺乏对双语教育教学的研究和"双语双师型"教师的培养培训，双语课程体系不健全。

2. 教师超编，缺授课教师

受编制所限，学校所需的一线教师无法得到及时补充，这使得整个双语教师队伍年龄结构和知识结构趋向老化，一线双语教师的工作负担较为沉重。新左旗阿木古郎第一中学在职教师的平均年龄为47岁，鄂温克小学的在职教师平均年龄也达到44岁，全校87名教职工中仅有6名"80后"教师。鄂温克中学学生不到600人、教师编制182人，整体上不缺教师，但教师老龄化严重。加上高级职称教师可延至60岁退休，带编制做宿管的教师增多，导致一线授课教师严重短缺，却补充不上。

3. 教师考录制度不合理

政府组织考录工作，必须按照相关要求达到一定规模，才能组织考录，而不能及时补充短缺教师会造成教学安排紧张，增加在职教师压力。

4. 双语教师待遇不如意

民族幼儿园、中小学校教师工资与非民族学校教师工资标准相同，但双语教师要求熟练掌握民汉两种语言且对民族文化与民族团结有较为深刻理解，对教师造成不小压力，导致民族学校教育人才吸引力不足，优秀人才不愿进、留不住。

（三）寄宿制民族学校办学困难

1. 经费保障不足

义务教育阶段民族学校的经费保障标准与非民族学校相同，但绝大部分民族学校地处边远牧区，有食堂、宿舍，还要开展传承民族语言文字和优秀民族文化传统的专题教育，办学成本相对更高。

2. 家校合作缺失

家庭教育具有不可替代性、持久性，是子女健康成长过程中极为重要的因素，良好的家庭教育对个体的身心健康十分重要，家校合作是普遍的教育方式，共同为学生的成长负责。但调研过程中发现，很多家长外出务工，过度依赖学校教育，对学生不关心，使学校单方面承受过大压力。鄂温克中学教师反映学生放假无处可去，联系不到家长的现象非常普遍，不仅使学校肩负重担，对孩子心理健康、情感健全成长有很大影响。

（四）鄂温克族、达斡尔族、鄂伦春族等人口较少民族的民族语言、文化传承有中断的迹象

在鄂温克族自治旗，鄂温克族只有语言没有文字，无法形成以民族语

言为教学用语的教育体系。如鄂温克旗第一实验小学,目前在校学生有 736 人,其中鄂温克族 343 人、蒙古族 355 人、达斡尔族 37 人、满族 1 人。学校课堂使用以蒙语为主的双语教学模式,鄂温克语至多作为辅助教学语言,还要以教师能熟练运用鄂温克语为前提。

四 对策与建议

(一)科学安排蒙古语教学体系

《内蒙古自治区蒙古语言文字条例》明确规定:要使用规范字、推广蒙古语标准音、加强蒙古语文的规范化、标准化、信息化工作。各级政府及其有关部门应当研究制订更加科学有效的蒙古语教学政策,全力推动民族语言教育的科学发展。

一是建立授课模式长效机制,增加一类模式学校办学优势,确保双语教学取得实效。一类模式与二类模式都应形成从幼儿、小学、初中、高中的长效双语教育机制,立足实际,科学合理地选择双语教学模式。在少数民族聚居地区,强调一类模式为主,增加选择优势,要求以蒙古语授课为主的幼儿园实行公办体制,加快发展,为蒙古语授课教育提供稳定的生源;加强一类模式中小学学校管理;重点培养一类模式所需的高素质双语师资队伍;开发一类模式教学用教材教辅,提升一类模式学校升学率。各级政府应当进一步拓宽一类模式学生的创业就业渠道,建立健全民汉兼通人才的培养、选拔和使用机制,增加一类模式双语教育吸引力,培养更多蒙汉兼通人才。

二是科研先行、实验开路,优化"民—汉—外"课程设置。针对民族学校"民—汉—外"课程设置引发母语障碍问题,建议建立由心理学、语言学、教育学、民族学等学科专家以及蒙古语、汉语、英语专业教师组成的科研团队进入民族学校,对"一年级开设蒙语,二年级开设汉语,三年开设英语"的课程安排进行教学质量评估与跟踪调查,并基于民族文化传承重要性、教育规律和语言学习规律的原则,通过实验改革,提出合理的课程设置方案,提高双语教学质量,进而为其他少数民族三语学习提供参考依据。

三是开发蒙古语会话教材,积极倡导"先语后文",家、校、课堂多创造蒙古语交流环境。语言是文化的重要组成部分,在重视民族语言应试成绩的同时,应倡导学好民族语言,能够流利表达。中央及地方政府要加大蒙古语会话教材、教辅、读物等经费投入,召开家长会传递对民族语言学习的正确认识,转变家长观念,为学生提供良好的蒙古语交流环境。课堂中教师应转变课程理念和教学方式,把主要精力放在精练地学、实用地学好蒙古语上,积极倡导"先语后文"的教学思路,大力强化口语训练,努力培养学生的语言表达能力。学校应积极组织蒙古语演讲比赛、辩论赛、蒙古语交流会等活动,为学生全面发展奠定基础。

(二) 加强高质量双语师资队伍建设

高质量双语师资队伍建设包括教师的培养、教师的招聘、教师的岗位设置、教师的培训、教师的工作激励机制等。

一是建议建立一套符合双语授课教师提升自身修养、提高教学能力的培训模式。建立民汉双语师资培训基地。民族高等院校和其他有条件的高等院校应当设置少数民族语言文学专业。报考少数民族语言文学专业的考生,应当按照语种进行少数民族语言文字水平和能力的考试,成绩合格的,按照语种与高考招生同步单列录取。报考师范类专业的考生,熟练掌握一种少数民族语言并经少数民族语言测试合格的,适当降低录取分数线,采取定向培养的方式,优先录取。

二是出台教师考录制度由当地教育行政部门负责的相关政策。

三是建立更加科学的教师绩效考核激励机制。双语教师中高级教师职称比例提高2%～3%,扶持力度还需加大。加强在职深造或培训教育工作,更加提高民族学校双语师资队伍整体素质,进一步提升少数民族双语教育水平。

四是适当放宽民族教师编制。从中央到地方,教育部门要与人事部门协商,将教师编制向民族地区双语教师倾斜。具体而言,按照民族地区的实际情况,对农牧区寄宿制学校,在保证国家、地方、校本三级课程开足开齐的情况下核算所需的双语教师人员。

(三) 重视解决寄宿制民族学校办学问题

自治区及各地方政府在落实"两免一补"(免学杂费、免教科书费、补助寄宿生生活费)政策的同时,进一步落实"两主一公"的办学模式(以寄宿制为主,以助学金为主,"一公"是指公办学校)。一要全面改革学校教育经费拨付机制,不能简单以在校生人数作为唯一标准,以免实施双语教育的民族学校因学生人数少而导致经费短缺,影响学校教学工作的正常运行。二要加强寄宿制学校的建设,增加教职员工数,提高学校的管理和服务水平。三要设立民族学校双语教师特岗补贴专项经费,建立合理的薪酬标准,注重提高双语教师的社会地位,有效解决农村牧区民族学校缺乏高学历、高素质双语师资力量的实际问题。

(四) 需要进一步加大对鄂温克族、达斡尔族、鄂伦春族等人口较少民族的民族语言、文化传承的扶持力度

一是建议中央及地方进一步加大对人口较少民族传统文化保护的教育投入,设立人口较少民族传统文化教育专项经费,重点培养人口较少民族教师队伍,解决民族传统文化教育中的特殊困难和问题。

二是建议国家支持人口较少民族建设一个博物馆或传习馆并给予经费补助,用于宣传展示人口较少民族的传统文化,开展文化传承和对外文化交流,组织学生参观,提升本民族学生的民族认同感,提高自身发展创新能力,还可使其他民族学生相互了解、学习。

三是建议扶持人口较少民族非物质文化遗产的数字化保护工作,建立文献档案和数据库,用文字、图片、视频等手段进行记录,作为学习民族传统文化的宝贵资料,定期组织学生观看。

执笔:苏德、朱金玲、袁梅等

第六章

吉林省延边州朝汉双语教育发展现状调查

延边朝鲜族自治州成立于1952年,位于吉林省东部,是我国最大的朝鲜族聚居区,也是国内最早实行民族区域自治的地方之一。目前全州总人口为219万人,其中朝鲜族80万人,占全州人口的36.5%。全州有延吉市、图们市、龙井市、敦化市、珲春市、和龙市(6市)、汪清县、安图县(2县)。

新中国成立以来,在党和国家的高度重视与正确领导下,在民族理论与政策的指引下,朝鲜族继续发扬民族的优良教育传统,结合区域优势,发展特色教育,形成了从幼儿教育、普通中小学教育、中等职业教育到高等教育的门类齐全、层次完备、相互衔接、协调发展、水平较高、特点鲜明的民族教育体系,构建了适合延边州实际的"质量加特色"的朝鲜族教育改革模式。尤其是双语教育,呈现出良好的发展态势,取得了巨大的成绩,积累了宝贵的经验,为我国其他少数民族教育的实践树立了榜样,成为向世人展示我国民族教育政策成功的样板和窗口。但在新的历史转型时期,朝鲜族教育也遇到不少新的问题,面临新的挑战。

当前,在复杂的、不均衡的双语教育发展现状中,找到一些双语教育发展与实践的典型(内蒙古、延边),梳理其脉络,厘清其现实,探寻其规律,以指导其他少数民族的双语教育发展,对于推动我国民族教育事业的发展有着极其重要的意义。同时我们广大的双语教育实践者、研究者,特别是教育行政部门要深入实践,不断调查、研究新形势下双语教育改革和发展的有效策略。基于此,中央民族大学教育学院课题组于2015年1月赴延边朝鲜族自治州就双语教育发展的经验与现状展开了实地调研,形成报告如下。

一 基本情况

(一)延边州教育的基本情况①

全州有中小学 349 所、在校生 164700 人;幼儿园 300 所、在园幼儿 39000 人;中小学教师 21000 人,其中专任教师 17000 人。2014 年全州学前三年毛入园率达到 81.3%;新建公办幼儿园 4 所、总投资 1611 万元;改扩建幼儿园 13 所、总投资 961 万元。小学学龄儿童入学率达到 88.24%。制订并实施了《延边州特殊教育提升计划》,全州三类残疾儿童入学率达到 100%。

2014 年,全州高中重点、二本和三本上线率分别达到 15.5%、52.3% 和 84.0%,上线率文科为全省第一名,理科为全省第二名。

2014 年,全州落实中小学校舍新建项目 62 个,总投入约 3.7 亿元,提前完成 100 所"校园校舍建设与标准化学校"建设任务,中小学生均面积高于国家规定标准。中小学食堂及营养餐工作逐步规范,州政府出台《关于加强义务教育阶段学校食堂管理工作的意见》,依法依规管理,全面落实。各县市投入 607 万元全面免除朝鲜族学前一年管理费,全州发放 957 万元中职学校助学金,发放 2400 万元农村中小学生营养餐改善计划资金,全州投入 100 万元资助 333 名新考入大学家庭经济困难学生,教育资助体系日益完善,教育环境日益优化。

(二)延边州朝鲜族教育的基本情况

延边朝鲜族学校办学类型为专设朝鲜族学校和民族联合学校两种,实行除汉语文学科外均使用朝鲜族语言授课教育模式。全州有朝鲜族

---

① 本文的数据主要来源于延边州教育局。

中小学80所（其中民族联校24所）、在校生27579人、教师4974人。现有朝鲜族幼儿园86所（其中民族联合园44所）、在园幼儿7629人、幼师958人。目前，朝鲜族教育基本普及学前三年教育，小学、初中入学率均达到100%，初中教育完成率和升学率分别达到100%和95%，基本普及高中阶段教育，朝鲜族同龄人口高等教育入学率达到95%。

（三）延边朝鲜族双语教育发展的历史沿革[①]

朝鲜族学校的双语教育始于20世纪初，是与朝鲜族近代私立学校教育同时出现的。解放以前，朝鲜族中小学就已经实施朝鲜语、汉语、日语、俄语、英语等两种或两种以上的语言教育，解放后，朝鲜语教育和汉语教育作为在基础教育阶段同时进行的双语教育，确立其地位。在党的教育方针和民族政策的指导下，朝鲜族以国家教育政策为本，实施了民族教育，恢复并发展单一民族形式的朝鲜族学校，恢复并加强朝鲜语、朝鲜历史与地理等教育，重视干部教育，实现干部民族化。据1949年统计，延边有朝鲜族小学647所，民办占86.7%；中学31所，其中朝鲜族学校28所，民办占70.9%，分别比日伪时期增加了16.1%和72.2%。[②]

新中国成立后朝鲜族教育大体经历如下阶段。

1. 健康发展时期（1949～1957年）

这一时期延边朝鲜族教育工作的突出特征是其教育性质的根本改变。早在1945年，朝鲜族人民推翻了日本帝国殖民地教育制度，以新民主主义教育制度取而代之。从新中国成立到社会主义改造基本完成（1956年）阶段，借鉴苏联经验，又进一步把新民主主义教育转化为社会主义性质的朝

[①] 该部分内容主要根据延边大学许青善教授、姜永德教授的访谈以及东北朝鲜民族教育科学研究所俞永虎主任的陈述及提供的相关资料整理而来，特致谢忱。

[②] 黄龙锡、金英虎、金明钟主编《辉煌十载，创造卓越》，延边教育出版社，2012，第174页。

鲜族教育并初步建立和完善民族教育制度。现将这一阶段的具体措施按照时间线索归结如下。

表 6-1　朝鲜族教育政策措施（1949~1957 年）

时　间	政策措施
1950 年	形成了较完整的师范教育体系；对延边大学进行院系调整，将文学、理学、工学合并为师范学部
1951 年	依据第一次全国民族教育工作会议精神及当地政府提出的朝鲜族教育总方针，在基础教育方面采取"巩固与提高，适当发展高中"的思路，改民办中学为公办中学，建立了四所高中和一所中国语专门学校；在课程方面取消朝鲜地理科，将中国语课更名为汉语课；将韩语课更名为朝鲜语课；在高等师范教育阶段增设了师范专科
1952 年	开始使用朝鲜语课本，取消朝鲜语文中的汉字并改变了以往竖写的排版格式；基本普及小学教育
1953~1956 年	取消朝鲜历史科，在中国历史课中教授朝鲜族历史（1953 年）；增设高等函授部，形成了较完整的师范教育体系

资料来源：黄龙锡、金英虎、金明钟主编《辉煌十载，创造卓越》，延边教育出版社，2012，第 174 页。

从这个阶段可以看出，朝鲜族教育从新中国成立之初的借助、借鉴到高等学校院系的调整后的全面、系统学习，经历了一个逐步完善的过程。在当时，借鉴学习苏联的经验取得的效果是积极的，这些措施对延边地区从新民主主义教育过渡到社会主义制度、坚持社会主义政治方向、提高教育水平和质量无疑是有益的。

2. 严重受挫时期（1957~1976 年）

在这一阶段的主要问题在于对苏联教育经验的照搬照抄，盲目、机械地"拿来就用"，给朝鲜族教育工作造成了一定的损失，现对朝鲜教育制度与措施略做回顾。

1956 年到 1966 年，这 10 年的朝鲜族教育，是在实践检验党的教育方针、民族教育工作指导方针，这期间提出了一些正确的学校工作条例、教学改革举措，具有很大的实践意义，朝鲜族教育在曲折中得到较大的发展。

表 6-2　朝鲜族教育政策措施（1957~1976 年）

时　间	政策措施
1956~1957 年	以苏联为鉴，探索社会主义道路开展整风运动、反右斗争、民族整风运动
1958~1959 年	教育战线掀起教育"大跃进"（教育革命）；提出"两种教育制度，两种劳动制度，两条腿走路"的方针及实验取得了一些成功经验；普及了初中教育、基本扫除了青壮年文盲、建立了第一所盲聋哑民族学校、建立了三大民族院校、建立了第一个农民大学；但提出"民族融合论"、靠拢汉校等"一刀切"的办学模式妨碍了教育生动活泼的局面
1960~1965 年	召开中共中央工作会议（1960 年）；朝鲜族教育转入以调整为主，贯彻调整、巩固、充实、提高的方针，恢复单一朝鲜族学校，加强民族性，调动了知识分子及教师的积极性
1966~1976 年	朝鲜族教育严重受挫、教育质量严重下降：否定民族特点和地域特点、破坏民族教育体系、摧残干部和教师队伍

资料来源：黄龙锡、金英虎、金明钟主编《辉煌十载，创造卓越》，延边教育出版社，2012，第 174 页。

3. 恢复和调整时期（1976~2002 年）

这个阶段发生了教育工作重点的历史性转折，重新提升了教育工作的地位。特别是十一届三中全会（1978 年）冲破"两个凡是"，使党的工作重点转移到社会主义现代化建设中来，停止"以阶级斗争为纲"，以发展生产力为中心，延边朝鲜族教育由"文化大革命"期间封闭、墨守成规转变为开放与积极创新。其主要政策措施如表 6-3 所示。

4. 稳步推进改革时期（2002 年至今）

进入 21 世纪以来，延边朝鲜族中小学加大对双语教育的改革力度。2002 年 10 月，中共延边州委、州人民政府颁布了《关于朝鲜族教育改革和发展的若干意见》（以下简称《意见》），指出"深化改革，努力提高朝鲜族教育教学的整体水平"，"优先要在双语教育为重点的整体改革上实现新的突破"，"积极进行双语教育改革，逐步实现朝鲜族学校教材、教学用语双语化"；提出了"精化朝语、强化汉语、优化外语"的总体要求。"精化朝语"就是要改革和克服原朝鲜语文课程内容繁、难、偏、旧以及与汉语教材重复的现象，改进教学过程和方法，使学生学得精，学得实用；"强化汉语"就是致力于汉语教材改革和教学改革，改变学习方式，实施部分学科用汉语授课,积极创设校内外良好的语言环境,提高学生实际运用汉语的能力;"优化外语"就是要优化外语语种结构,优化学习外语的语言环境,拓展学生接触外语读物的条件和渠道,规范教学行为,提高教学质量。

表6-3 朝鲜族教育政策措施(1976~2002年)

时 间	政策措施
1976~1979年	恢复之前的教育体制和民族性质,表现在:恢复朝鲜单一民族学校;巩固与普及小学教育;实行发展初中、稳定高中的教育结构;职业技术教育也得到发展;高等教育由单一的本科专业教育转向专、本、硕多层次教育;通过科研、期刊建设等方式加强了国际交流与合作
1979~1982年	民族教育方针的确立;加强思想政治教育;增加教育经费;调整和发展职业技术教育;在高等教育领域,贯彻"质量第一,两条腿走路"的方针,建立和完善了学位制度。延边州政府召开了第二次朝鲜语文工作会议并把朝鲜语确定为该地区的第一通用语言(1980年)。教育部规定"在高等院校入学考试中,用本民族语文授课的考生,可以用本民族语言考卷,考本民族语文并加试汉语文"(1981年)。教育部颁发了《全日制学校民族中小学汉语文教学大纲(试行草案)》并确定汉语文课教学是第二语言教学,也是工具课教学
1982~1992年	中共十二大的召开(1982年9月)标志着我国进入教育全面改革时期。中共中央颁布《关于教育体制改革的决定》并确立了指导思想,依据指导思想,延边州率先完成九年义务教育的任务(小学于1985年、初中1986年分别完成了义务教育的任务)。延边州组建教育改革办公室,以双语教育改革为突破口,在课程、教材、教法方面进行探索与尝试,并把"朝鲜族学校双语教育改革实验与研究"确定为教育科学重点课题(1987年),教学与研究结合,显著提高了教育质量
1992~2002年	中共十四大和十五大先后明确了20世纪90年代教育改革的目标、任务,并制定了《全国民族教育发展与改革指导纲要(试行)1992-2000年》以及《关于深化改革加深发展民族教育的决定》(2002年)的相关纲领性文件,为朝鲜族教育改革提供了机遇与动力。2002年,中共延边州委、州人民政府发布《关于朝鲜族教育改革与发展的若干意见》,提出:必须充分认识和正确把握朝鲜族教育的特殊规律,坚持民族性,突出适应性,力保先进性,不断扩大民族间和地区间的开发交流,大胆吸收和借鉴不同民族、不同地区和人类社会的优秀文明成果,积极探索出既符合时代发展要求,又体现朝鲜族特点的教育发展新路子

资料来源:黄龙锡、金英虎、金明钟主编《辉煌十载,创造卓越》,延边教育出版社,2012,第174页。

表6-4 朝鲜族双语教育政策措施（2002年至今）

时间	政策措施
2002~2003年	延边州进行第四次课程改革：加大小学阶段汉语教学力度，汉语授课时数增加了258课时，适度减少朝鲜语授课时数，比过去减少41课时；探索行之有效的双语教育模式；以自治州教育部门制定的《延边朝鲜族中小学"双语"教学改革实验方案》为准绳，进行双语教育改革实验
2004~2005年	进行三语教育实验：主编了汉语和朝鲜语教材并投入使用（2004年），并由延边州教委、延边教育学院及延边出版社等多家联合开发了适应当地中小学的应用型英语教材
2005~2006年	依据《关于延边州朝鲜族中小学双语教学改革实施意见》的通知，继续深入探索富有延边特色的双语教育模式，进一步挖掘该地区双语教育教学中存在的问题并制定了相应的措施，明确了该地区双语教育的理念、课程、教材、教学等一系列问题。以"教学质量年"活动为契机，探索小班化教学及少数民族文化传承活动等问题（2006年）
2007~2008年	延边州教育局印发《关于在全州朝鲜族中小学实施小班化教育的指导意见》，对指导思想、小班化教育实施原则、小班化教育实施步骤、小班化教学策略、小班化教学评价体系、小班化教育师资培训工作及小班化教育资源配置等方面提出了具体要求（2007年）。2008年，延边州教育局又印发《全州朝鲜族小学小班化教育实施方案》（延边朝鲜族自治州政府〔2008〕8号），制定目标任务、实施步骤及要求、保障措施等，并成立延边州小班化教育改革工作领导小组，确定延边州朝鲜族小学小班化教育改革样本校11所，制定《延边州县市朝鲜小学小班化教育改革工作评估暂行标准》等
2009~2011年	延边朝鲜族自治州教育局印发了《关于进一步深化全州双语教学改革工作的指导意见》，并建构出了"一主四辅"式双语教育模式。州政府主持召开全州朝鲜族教育工作总结表彰大会，全面总结教育改革工作发展十年来取得的成绩和基本经验，表彰一批在朝鲜族教育改革工作中涌现出来的先进单位和个人，明确今后延边州朝鲜族教育改革发展的目标、重点和方向。延边州教育局、延边州教育科学研究所共同出版了《辉煌十载，创造卓越——新世纪朝鲜族教育改革发展十年成果文集》（延边教育出版社，2012年12月第1版），编入十年改革政策文件、理论与实践论文等
2012年至今	延边朝鲜族自治州教育局与《中国教师报》签约，制订《中国区域教育样本延边（基地）建设实施方案》，聚焦双语课堂教学，不断讨论双语教学模式的创新机制与方法

资料来源：黄龙锡、金英虎、金明钟主编《辉煌十载，创造卓越》，延边教育出版社，2012，第174页。

从上述发展历程可以看出，朝鲜族双语教育在经历了艰难与曲折之后已经开始积极、健康、稳步发展。在"多元一体"的中国社会文化背景下，逐渐形成了主流文化与少数民族文化相结合的"两面适应""两面兼顾"的双语教育特色。

（四）取得的成绩

1. 增加经费投入，不断加大对朝鲜族教育的扶持倾斜力度，保障朝鲜族教育发展

调研得知，朝鲜族学校生均公用经费专项补助，由过去的每生15元增加至100元，州本级朝鲜族教育改革实验和教育科研专项资金，由原来的15万元增至100万元，全州民族教育专项资金整体规模从"十五"期间的150万元增加至目前的300余万元。2011年州委、州政府出台朝鲜族教育"三免一提"政策，即朝鲜族幼儿学前一年免保育费，朝鲜族普通高中统招生免收学费，朝鲜族中小学寄宿生减免食宿费，朝鲜族义务教育阶段学生生均公用经费标准高于汉族学校50%～100%，各县市积极落实政策，有效改善了朝鲜族教育环境。2011~2014年，全州新建改建朝鲜族学校校舍38.7万平方米，小学、初中生均校舍面积均超过了国家的规定标准，校园环境得到进一步优化。

2. 拓宽教师培养培训渠道，着力提高师资队伍建设

近年来，延边州结合农村特岗教师招聘等工作，积极拓宽民族师资来源渠道，为朝鲜族学校教师聘用、培训等方面提供更多的政策和资金支持。以改善农村教师队伍状况为重点，设立班主任津贴、农村一线教师岗位津贴，按照教师年工资总额1.5%～2.5%的标准落实培训经费，加大教师培训工作力度。2012年投入70万元、2013年投入75万元进行基于少数民族教育中央补助专款的中小学教师培训工作，整合资源、统筹规划，在提高教师专业素养方面起到积极作用。朝鲜族学校校长、骨干教师队伍建设得到加强，朝鲜族在职教师学历层次和专业水平大幅提升。

3. 加大双语教材教辅的基本建设

延边州建州以来，州内所有朝鲜族中小学和朝鲜族幼儿园均使用由延边教育出版社出版的朝鲜族民族文字教材、教辅类图书。据延边教育出版社统计，目前延边州朝鲜族中小学教材品种达383种，总发行量61.7万册，平均每种发行1700册左右；朝鲜族学校教辅图书达290种，总发行数42.8万册，平均每种发行1500册左右。近年来，朝鲜文课外读物发行种类逐年增加，延边教育出版社出版的朝鲜文少儿图书种类从十年前的81种提升至目前的346种，平均每种图书发行量500册左右。

4. 大力开发双语教育多媒体教学资源和网络资源，加大教育信息化建设

2009年延边州电化教育馆开发制作了21集大型朝鲜族民族文化教育系列视频资源；2010年开发制作了可供朝鲜族小学朝鲜语言学科使用的多媒体教学资源包，编译了中小学心理健康教育专题视频资源等，结束了朝鲜文多媒体教育资源为零的历史，开辟了朝鲜族教育资源开发新途径。此外，当地州委、州政府与教育行政部门高度重视教育的信息化建设，目前全州朝鲜族中小学教育的信息化建设程度普遍较高，得到广大一线教师的认可与高度评价。

5. 延边朝鲜族对中华民族共同体的高度认同

中国朝鲜族是近代从朝鲜半岛迁入中国东北地区的跨境迁入民族。延边朝鲜族自治州具有特殊的地理位置，地处中俄朝三国交界，靠近日本海。东与俄罗斯滨海边疆区交界，南与朝鲜咸镜北道隔江相望，西邻吉林市、白山市，北接黑龙江省牡丹江市，是我国边境开发开放的重要区域，也是东北亚各国不同意识形态、宗教、政治文化影响汇集的敏感地区。研究跨境民族对民族、国家的认同不仅对边疆地区的稳定、对国家的安定繁荣，而且对构建多元民族文化与国际交流都有很重要的现实意义。

随着近年来我国综合国力的大幅度提升以及党和国家制定的一系列民族政策，尤其是朝鲜民族区域自治政策的执行，延边朝鲜族对国家形成了高度的认同。通过与当地一线教师的访谈得知，目前延边州的教育发展情况使得大部分赴韩国交流考察的教师普遍有一种自豪感，同时吸引了大量的韩、朝教师赴延边考察，汲取经验。

二 双语教育改革的经验

通过梳理朝鲜族双语教育发展的历史沿革以及所取得的重大成绩，我们发现，其改革与发展的经验体现在以下几个方面。

（一）加强领导，强化措施，依法推进双语教学改革

深入推进延边州朝鲜族双语教育改革，关键在领导，重在抓落实。延边州于1994年正式颁布实施了《延边朝鲜族自治州朝鲜族教育条例》，是全国30个少数民族自治州中最早制定少数民族教育条例的自治州，尽可能从各个层面保障对朝鲜族双语教育帮扶的力度。此外，延边州教育局成立朝鲜族教育改革领导小组办公室，统一领导延边州朝鲜族双语教育改革，统一规划和管理朝鲜族中小学双语教育改革实验，多次组织双语教育改革实验观摩教学，召开现场会议，及时总结双语教育情况。

（二）加强双语师资队伍与教材教辅的基本建设

双语师资队伍与教材教辅两大基本建设是决定双语教育改革与发展成败的关键。延边州相关部门紧紧围绕这两个突破口，不断探索，想法子、出实招，在不同的阶段根据实际情况，做了大量的工作与调整。1.改革延边大学师范学院的学科体系，大部分课程用汉语授课（但是，在新的形势下，该举措有待进一步地研究探索），其目的在于从源头上培养双语教师。2.以校本培训为载体，大力加强在岗教师的双语培训。3.提倡朝鲜族中小学聘用一定数量的汉族教师。4.以教育部制定的《基础教育课程改革纲要（试行）》精神为指导，以《义务教育朝鲜族学校汉语课程标准》和《全日制民族中小学汉语教学大纲（试行）》（2002）为依据，编写朝鲜语文和汉语新编教科书，改变了以往朝鲜语文教材繁、难、偏、旧以及朝、汉语教材内容相互重复的现象等。

(三)重视双语教育教学改革的研究工作

一直以来,延边州基于科研先行、实验开路的原则,努力探寻一条适合延边州朝鲜族中小学双语教育的最佳途径和学生双语水平最佳发展道路。在每一个阶段都注重研究探索双语教改的路子,规范、落实朝鲜族中小学双语教学实验,依据实验的结果不断地调整具体的教学实践指导思想。经过多年的努力,延边州已初步摸索出了双语教改的路子,汉语实验班、部分学科用汉语授课实验、朝鲜族高中 MHK 实验等都收到良好的效果,基本上构建了以双语教学为形式和手段培养学生阅读能力、写作能力、现代交际能力和其他必要能力的人才培养模式。学生的双语水平特别是汉语水平有了明显提高,得到家长及社会的广泛认可。

(四)加大信息化的建设与利用

信息化社会的到来和现代信息技术的迅猛发展对基础教育提出了新的要求。在国家宏观指导和相应政策的良机下,普及现代信息技术,建立数字化校园,并加快教育信息化环境建设,是延边地区实现培养高素质人才、建立高质量师资队伍的根本条件和实现延边地区基础教育又好又快发展的重要保证。"十一五"期间,延边州将加强教育信息化建设、提高现代信息技术的应用水平作为教育发展战略重点。[①] 农村学校已于 2005 年末全面完成了远程教育建设任务,开始与城市学校共享优质教学资源,乡镇中心校以上学校建成计算机室的占 100%。延边州教育信息化发展取得的成绩是有目共睹的。

(五)大力推进小班化教育和民族文化教育,进一步推动双语教学改革

近几年来,延边州紧紧围绕构建"质量加特色"的朝鲜族教育发展模

---

① 《延边朝鲜族自治州教育事业发展"十一五"规划》。

式，把朝鲜族学校办学的着眼点放在学生学业水平和综合素质的提高上，深入开展小班化教育和民族文化教育，不断加快质量建校、文化立校、特色兴校的改革步伐，努力提升朝鲜族学校办学水平和办学品位，进行许多有益的探索和实践，取得了较好的成效。2004年，小班化教育被写入《延边朝鲜族自治州朝鲜族教育条例》，并被列为延边教育事业发展十年规划的重要目标任务。州教育局先后制定和下发关于全州朝鲜族中小学小班化教育工作的指导意见和实施意见，并从2008年下半年开始在全州朝鲜族小学起始年级和其他年级实验班全面普及小班化教育，保证每班30名的班额，大力开展小班化教育培训和教学研讨活动，全州朝鲜族小学小班化教育改革基本做到整体推进。此外，为积极促进学校文化特色建设，2007年延边州把民族文化教育纳入统一规划的地方课程当中，出版发行《朝鲜族民族文化教育》（朝文）教材，在全州朝鲜族中小学广泛开展民族文化教育，初步构建了以学生实践活动为教学方式、以增强学生文化底蕴为教学目的的民族文化教育教学模式。民族文化教育的实施，不仅给广大朝鲜族学生提供了传承民族文化、提高自身文化涵养的平台和渠道，还使学生接受系统的朝鲜语文情感教育和语言实践训练，积极培育和激发了学生热爱本民族语言文字的思想感情，为提高学生的朝鲜语文素养起到积极作用。

三 目前存在的特殊困难与突出问题

（一）师资队伍现状无法满足朝鲜族教育优先发展的需求

延边州朝鲜族教育师资队伍老龄化现象严重，面临师资来源少、补充难、平均年龄偏大、专业结构不合理、一线教师不足等问题。

据调查，今后的3~5年内，将有大量教师进入退休年龄，朝鲜族学校教师队伍亟待补充。2009~2014年，全州共需朝鲜族教师286名，但实际只招聘了123名教师，满足不了学校师资需求。例如，珲春市朝鲜族学校2011~2013年退休教师共计143名，而新聘的教师仅为17名。长此以往，朝鲜族学校陷入生存危机，也是可能的，而双语教育更将不容乐观。

（二）双语教育教学配套用书、课外读物严重紧缺

由于朝鲜族学生人数少、印书量不多等的局限，朝鲜语文图书出版事业一直面临着成本高、盈利少、进展慢等困难。目前，全州朝、汉学生之间课外读物供应量差距已达到1∶67，朝鲜族学生课外读物紧缺问题严峻。随着国家课程改革进程的不断推进，教学内容也在不断发生着变化，但是由于编译工作需要投入大量人力、物力，以及编译版权受限，朝鲜文图书在绘图、设计、用纸、印刷等各项技术上都处于落后地位，难以满足知识更新和新时代青少年读者的需求。因此，朝鲜族师生普遍感到有失公平。

（三）朝鲜族语言文字显性地位下降，双语学科教学失衡

改革开放以来，延边州的社会语言环境和教育发展水平发生了巨大变化，人们对朝鲜语的地位、价值、功能逐渐失去了正确全面的认识。朝鲜语价值和功能丧失主要表现在朝鲜族毕业生的上升通道不宽不畅，以及朝鲜语文逐步被社会边缘化。尤其是朝鲜族学生在高考升学、进修深造、就业招录、报考教师资格证等具体环节，以及朝鲜族在岗教师在职称评定考试、面试环节上受到很大的限制，给朝鲜族语言教育和文化传承带来了很大的障碍。

（四）学校规模布局不尽合理，城乡教育结构失衡，办学成本压力过大

朝鲜族出生人口的减少加上城镇化的不断推进，导致边境乡镇"空心化"问题十分严重，突出表现在朝鲜族教育城乡结构失衡。尽管加大了朝鲜族教育投入，但因为生源数量少，经费依然捉襟见肘。目前，在全州80所朝鲜族中小学中，在校生不足50名的学校有32所（18所为民族联校），生均办学成本明显高于汉族学校。尤其是朝鲜族高中面临的办学困难更加严重，全州9所朝鲜族高中学生数不足300名的有5所，导致大多数朝鲜族高中办学经费不足，严重影响了朝鲜族高中的正常办学和朝鲜族教育的长远发展。

四 对策建议

（一）从中央到地方出台相关政策，着力加强师资队伍建设，提高待遇，吸引优秀的朝鲜族人才爱教、从教

具体如下：1. 建议加大当地师范院校招收朝鲜族考生的力度，优先安排少数民族地区紧缺学科教师定向招生计划；2. 建立相关的政策措施，加快实行朝鲜族毕业生从教代偿学费制度等，吸引更多朝鲜族人才从教，从而进一步拓宽朝鲜族师资来源渠道；3. 就朝鲜族教师补充难、结构不合理等问题，建议将朝鲜族教师招聘权适当下放给县市教育行政部门，由教育行政部门根据朝鲜族教师总量需求和特殊情况合理配置教师资源；4. 建议由政府出面为朝鲜族学校设置机动编制，单列朝鲜族教师继续教育经费，争取更多培养培训指标、职称评定指标向朝鲜族学校倾斜。

（二）从中央到地方要设立专项经费，大力支持和加强朝鲜语言文字教材教辅的出版和编译

加大投入确保全州出版单位每年出版200种、每种5000本左右的朝鲜族教育相关教辅类图书，以保证每种图书能够分配到每所朝鲜族学校；建立朝鲜族教师教学用书和教辅材料开发专项资金，提高朝鲜文教材编译工作人员待遇，为朝鲜族学校配齐教师教学用书；建立朝鲜文多媒体教育资源开发专项资金，促进朝鲜族中小学多媒体音像教材、信息化配套课程资源、双语资源数字化学习平台建设，为朝鲜文图书出版事业开辟新途径。

（三）以政策为抓手，扩大少数民族语言文字的使用范围和权限，提高本民族语言文字的吸引力

建议对用本民族语言文字授课并用民语参加考试的少数民族学生，在延边地区的公务员、事业单位录入考试中的笔试和面试上，尤其是对朝鲜族学生报考教师资格证、在岗朝鲜族教师职称评定考试、面试等环节上，增加语种选择，试行特定标准，拓宽和丰富朝鲜族人才的升学、进入、晋升、培养渠道等，从而赋予使用民族语言文字公平合法的社会权益。

五　结语

双语教育是随着民族交往和社会进步而产生和发展的必然产物，中国自古以来就是一个多民族国家，以语言为媒介的多民族文化交融铸成中国古代灿烂的文明。可以说，中国少数民族双语教育源远流长，是世界上最早实施双语教育的国家之一。在新的形势下，进一步推进双语教育，使少数民族学生实现民汉兼通，是加强各民族交流、交往、交融的必然要求，也是缩小各民族教育差距、提高少数民族素质、培养少数民族人才的迫切要求，更是促进各民族共同团结奋斗、共同繁荣发展，推动少数民族及民族地区经济社会又好又快发展和国家长治久安的重要途径。我们要不断完善现有双语教育理论体系，建立科学的双语教育管理体制，创新双语教育模式，力求为双语教育工作的科学发展提供新思路。

（一）自上而下，统一对双语教育功能及其本质的认识

我国《宪法》、《民族区域自治法》、教育部门及教育行政法规从不同的角度对少数民族双语教育进行了原则性的规定。可以说，我国的少数民族双语教育是在法律保障下进行的。但是，由于对双语教育的功能及其本质认识不统一，在处理民族语文教育与汉语教育的关系上，时而发生一些偏向。

改革开放以来，国家采取把汉语纳入高考科目、制定统一的课程标准、研究制订少数民族汉语水平等级考试、为一些民族地区培训双语教师等措施，加强了少数民族的汉语教育。应当说，这反映了少数民族群众的要求。但自20世纪90年代后期起，民族语言文字教育被冷落，且未能及

时引起应有的关注。

随着市场经济的不断发展和民族间交往的日益频繁,加上现代化传媒手段的迅速普及,汉语的社会文化功能不断得到加强,汉语的使用范围不断扩大,人们对少数民族语言的使用及其教育产生了一些模糊的认识:在有限的基础教育阶段让学生花费大量的时间去学习功能在衰退的民族语言,会不会影响学生更好地学习汉语,影响将来在主流社会求得更广阔的发展空间?少数民族地区一般经济不发达或欠发达,教育经费紧缺,而实施双语教育耗费昂贵的费用,这是否合算?鼓励少数民族学习民族语言会不会影响国家认同?"无用论""负担论""隔阂论"等错误观点影响了双语教育的正常发展。

此外,当前部分地区的少数民族双语教育改革存在着基本上靠行政手段方式运行的倾向。如果我们承认教育是一门科学,特别是少数民族教育是一门复杂而敏感的科学,那么不改变这种落后的教育运行方式,少数民族教育的质量就会大打折扣,难以取得预期的效果[1]。

(二) 拓展双语教育理论与实践研究的维度与深度

目前在双语教育的实际教学活动中,教师选择教学语言是十分自由的。到底何时采用民族语言何时采用汉语教学是科学的,对此尚未有一个明确、科学、合理的答案。双语教育涉及民族心理学、社会语言学、心理语言学中的民族文化认同,学习兴趣、动机、态度,语言习得和发展的"最佳期""关键期",语言实践的"优势期",智慧积累的"快速期",语言的"临界期",母语在第二语言习得的干扰,语言转换及语言交际研究,语言中介理论等多领域的研究。这就要求我们的研究必须采取教育学、心理学、语言学、民族学等多学科的视角,综合立体式地考察双语教育,探究其内部的规律,为少数民族双语教学沿着科学的轨道发展提供理论依据,从而把握规律,提高双语教育的质量,促进少数民族学生身心的健康发展。

---

[1] 李得春、金哲俊:《延边朝鲜族双语教育研究》,延边大学出版社,2012,第132~133页。

（三）加大宣传教育的力度，注重社会层面的双语学习，营造全社会互学语言文字的良好氛围

社会层面的双语学习是学校双语教育的大后方，不能忽略。应把社会层面的双语学习纳入学校双语教育的范围，统筹规划，营造全社会互学语言文字的良好氛围，为学校双语教育提供强大的社会基础。建议由语言文字工作部门牵头，实施双语环境建设工程，编写适合成人学习的双语对照教材（含音像制品），开办双语学习实用技术培训班，开播双语学习广播电视讲座，表彰双语学习模范集体和先进个人。

执笔：苏德、袁梅、朱金玲

第七章
青海省藏汉双语教育发展现状调查

青海省藏区藏汉双语教育是我国藏汉双语教育的重要组成部分，其改革与发展的效果是关系青海藏区跨越式发展与青海省长治久安的重大问题，具有重要的政治和战略意义。

青海是一个多民族省份，2017年年末全省常住人口598.38万人，少数民族人口285.49万人，占47.71%。青海有藏族、回族、蒙古族、土族、撒拉族5个世居少数民族，除回族外，藏族、蒙古族、土族、撒拉族都有自己的语言，其中藏族和蒙古族既有语言又有文字，土族和撒拉族只有语言没有文字。少数民族聚居的6个自治州和7个自治县占全省总面积的98%以上。

一 青海藏区藏汉双语教育基本情况

青海现有民族双语中小学568所，其中小学494所，占全省小学总数的65.2%；中学74所，占全省中学总数的20%；在校生20.69万人，占全省学生总数的26.3%。其中，以国家通用语言文字授课为主的学生9.87万人，以民族语言授课为主的学生10.58万人。全省现有开展双语教育的中职学校8所，占中职学校总数的20.5%；在校生10677人，占全省中职在校生总数的14.2%。

截至2017年年末，青海省共有独立设置幼儿园1735所，其中双语幼儿园598所，占全省幼儿园总数的34.5%。双语幼儿园在园幼儿4.64万人，占全省在园幼儿总数的 22.4%。其中，接受以国家通用语言为主开展保教活动的幼儿 2.17 万人，接受以少数民族语言为主开展保教活动的幼儿 2.47 万人。

全省双语幼儿园、中小学和开展双语教育的中职学校共有专任教师 1.69 万人，占全省学前、中小学、中职学校教师总数的 25.8%。其中，学前 2313 人，占 21.7%；小学 8243 人，占 30.2%；初中 4008 人，占 24.9%；高中 1973 人，占 21.7%；中职 317 人，占 13%。藏文中小学教材主要由五省区藏族教育协作领导小组组织编写和翻译。

（一）藏汉双语教育语言环境

对青海省双语环境进行分析，总体而言，在交通便利、社会开放、经济相对发达的地区，兼通汉语与藏语的藏族人口所占比例较大；在自然经济比重较大的地区，仅懂藏语的藏族人比较多。具体来说，青海藏族使用语言的情况有以下四种类型。一是只用藏语，不懂汉语。这种类型藏族在青海省所占的地域和人口比例最大，主要居住在纯牧区，语言使用单一，母语交际十分突出，也是藏汉双语教学遇到困难最多的类型。二是主用藏语，兼通汉语。其特点是大部分居住在民族交融程度较高的城镇和半农半牧区，各民族在生产生活中交往较多，具有一定的汉语言环境，藏族使用和掌握汉语程度较高。三是主用汉语，兼用藏语。主要是居住在城镇和交通沿线的农牧区藏族，在社交活动和公共场所习惯用汉语，在本民族交往和家庭生活中仍使用藏语，对双语价值的认可程度较高。四是只用汉语，不懂藏语。主要是居住在青海省东部农业区的部分藏族，由于缺少学习使用藏语的环境和习惯，随时间的推移，藏语逐渐被淡化。

（二）藏汉双语教育模式

依据党和国家的少数民族语言政策，结合藏族使用本民族语言文字及汉语言文字的具体背景，青海省大致形成了以下几种类型的藏汉双语教学模式：第一类，开设汉语文课程，其他课程均用民族语文授课；第二类,部分课程用汉语文授课,部分课程用民族语文授课;第三类,开设民族语文课程,其他课程均用汉语文授课。青海省的海南州、海北州及海西州天峻县各民族学校、基层寄宿制学校中第一类与第二类教学模式并存。小学主要采用以藏语文授课为主、单科加授汉语文的教学模式,民族初中和高中基本采用以汉语文授课为主、单科加授藏语文的教学模式。在黄南州、果洛州的各民族小学、基层寄宿制学校,基本沿用以藏语文授课为主、单科加授汉语文的教学模式,民族初中和高中两种教学模式并存。

(三) 藏汉双语教育的基本情况

2013年,青海省共有各级各类学校2921所,在校生110.46万人,其中:各级各类民族学校1255所,少数民族在校生58.63万人,占青海省学生总数的53.08%,超过少数民族人口占青海省总人口的比例。

表7-1 青海省各级各类学校的基本情况

学校类型	学校数量(所)	学生数量(万人)	教师数量(人)	图书(万册)	校舍面积(万平方米)
幼儿园	1245	16.67	4668	46.05	77.09
小学	1250	47.46	26974	898.95	329.90
中学	365	30.90	23598	1104.89	3888.00
中等职业学校	38	7.78	2567	115.64	95.14
高等学校	11	6.63	3951	484.58	164.01

资料来源:青海省教育厅民教处提供。

2010年以来,全省累计安排六州藏区教育投资69.73亿元(中央专项资金14.23亿元,省级补助25.19亿元,州县自筹30.31亿元),建设学校及幼儿园1687所,建筑面积354.01万平方米,使民族地区学校办学条件得到极大改善,办学效益显著提高。六州藏区教育经费由2010年的37.97亿元增加到2012年的82.07亿元,分别占当年全省教育经费总投入的35.75%和41.75%。为逐步提高民族学生学习使用国家通用语言文字的能力,青海省六州藏区民族中小学均开设了汉语文课程,全面推进国家汉语水平等级考试（MHK考试）。同时，为满足西藏及四省藏区民族中小学开展双语教学的需求，已编译完成所有中小学国家课程藏文版教材，青海省每年的使用量接近400万册。目前，可供全国藏区学校选用的藏文教材品种已经达到695种，使用范围覆盖全国3000多所藏区民族中小学，受益学生达82万人以上。

在加强教师队伍建设方面，为建设一支高素质的中小学校教师队伍，全面提高教育教学质量，推动青海省教育事业可持续发展，青海省委、省政府出台了《关于加强中小学校教师队伍建设的实施意见》（青发〔2013〕12号）。为认真贯彻落实省委12号文件精神，青海省教育厅结合民族地区教师队伍现状，采取了切实有效的措施。

一是探索建立了以市州为单位的区域性教职工编制总量动态调整机制，基本编制实行了城乡统一标准，并对民族地区增设了双语教师、教学点、政治辅导员专项编制。在青海省中小学新增的2137名中小学教师编制中，六州藏区的新编人数为2105名，占全省新增编制人数的99%。

二是"十二五"期间，依托国培计划、省培计划，通过集中培训、远程网络、置换脱产、送教下乡等方式培训六州藏区15000余名教师。利用民族教育中央补助专款，培训双语教师5000余名，重点加强了民族地区小学数学、汉语文和初中理科双语教师培训，有效提高了六州双语教师教育教学水平。

三是自2013年秋季学期以来，西宁、海东共选派331名教师赴青海南部地区的16所中小学开展为期1年的支教。青海省各地以不低于专任教师2%的比例，组织开展区域内城镇教师支教工作。为稳定教师队伍，在提高工资待遇的同时，2010年青海省将农村牧区教师周转宿舍建设工程列入"十二五"期间青海省十二项重点工程之一，计划投资10.39亿元，建设教师周转宿舍15526套。

二 存在的主要问题

青海藏汉双语教育发展较为迅速，但整体水平比较落后，还不能满足广大少数民族群众接受高质量教育的迫切愿望，还不能适应实现社会跨越式发展和长治久安的需要，存在一些亟待解决的问题。

（一）学前藏汉双语教育需要加强

学前教育是双语教育的奠基工程。然而，青海省藏区学前教育仍是薄弱环节，硬件设施及专业师资缺乏，办学资源还不能满足需求，保教质量亟待提高。青海省六州藏区学前教育幼儿园建设标准与国家规定差距较大，除了县城由原有托儿所改扩建成幼儿园之外，大部分农牧区学前儿童均在小学附设的学前班接受教育，缺乏独立设置的幼儿园。学前教育教师缺编严重，六州藏区幼儿园教师主要由地方政府统一聘用，无正式编制，专业素质低，工资待遇差，师资队伍极不稳定。现有幼儿园保教方式落后，"小学化"倾向严重，办园条件简陋，保教不规范，严重制约了藏区学前教育的发展。

（二）中小学教育存在的困难

一是小学教学点校舍存在安全隐患。按照国务院办公厅《关于规范农村义务教育学校布局调整的意见》和青海省《关于进一步规范农牧区义务教育学校布局调整的实施意见》精神，2012年以来，部分地区教学点相继恢复和增加，但在保证边远地区适龄儿童就近入学的同时，一些教学点还是存在校舍安全隐患。二是中小学配套设施建设滞后。青海省从2012年开始实施中小学标准化建设工程。由于资金缺乏，学校设施陈旧，运动场地、围墙、大门、校园绿化硬件和水电暖等配套设施尚未被列入标准化建设范围。三是农牧区教师周转宿舍尚有缺口。"十二五"期间教师周转宿舍建设工程计划投资10.39亿元，目前已累计落实建设资金4.78亿元，建设周转宿舍6535套，尚有5.61亿元资金缺口。加之2013年六州藏区新增教师编制2105人，按80%赴乡镇及以下学校、20%在县城以上学校任教的比例测算，需在原规划基础上增加教师周转宿舍面积7.5万平方米、资金1.65亿元。三是寄宿制中小学公用经费补助标准偏低。国家对农村义务教育阶段学校生均公用经费补助标准,只按小学和初中区分,寄宿生和非寄宿生采用同一标准,使寄宿制学校公用经费标准偏低,运转困难。四是县城学校农村学生享受不到营养改善计划政策。按国办发〔2011〕54号文件规定,学生营养改善计划政策享受范围为农村(不含县城)义务教育学生。各地特别是六州藏区县城义务教育阶段中小学大部分学生为农牧区生源,且有很多为家庭经济困难学生,由于政策限制,这部分学生无法享受学生营养改善计划补助资金。

(三)双语教学衔接不规范

课题组在调研中发现,一方面,由于双语教学模式衔接不顺畅,很多学生在进入初中以汉语文授课为主的二类模式后,其汉语水平多数在小学程度,很难适应初中及以上用汉语授课的要求,教师在双语教学课堂上经常用藏语口语释义,帮助学生理解汉文。但是,长期在教学中使用这种办法,不进行两种语言能力独立的系统训练和学习,不仅干扰了教学进度和教学质量,学生应用两种语言思维的平衡能力也会受到影响。另一方面,在以汉语授课为主的学校,由于藏语文师资力量薄弱,藏语文在升学和就业中"指挥棒"作用降低,学生学习藏语文的动力和兴趣不断下降,致使许多藏族学生汉文不过关、藏文学不好,直接影响了实现培养"民汉兼通"双语人才的教育目标。

(四)双语教材建设仍需加强,教辅材料和相关教学资源匮乏

第一,部分教材内容脱离藏族学生的生活实际。部分教材中的案例来源于以汉语为载体的汉族地区的生活内容,一定程度上脱离了少数民族传统文化和农牧区生活现实,与藏族儿童的直接经验相差较远,影响学生的学习兴趣和主动性。

第二,藏文翻译教材需进一步改进。在数学、物理、生物、地理等现代学科的藏文教材中,有些翻译还不太准确,存在错译、漏译现象,有的译文表达不清,不易理解,教师需借助汉文课本对照译文内容,影响了广大师生使用藏文教材的积极性。

第三，藏语文教材所选篇目不能充分反映藏民族文化的丰富内容。一部分课文是同年级汉语文教材中名著名篇的翻译作品，有学生重复学习的现象，教师的教学热情不高，学生的学习兴趣不强，直接影响了藏语文教学效果。

第四，同一教学模式下的各学科教材不能很好地相互协调支撑。尤其是汉语支撑其他学科教学的功能性有待进一步完善，部分理科课程中的专业术语超出了汉语学习进度，从而直接影响了双语教学效果。

第五，教辅材料数量少。各学科教学必须使用的教参、教辅、自读课本等不能配套，与藏语言文字授课的学科教材相配套的教学资源更少。教师很难找到针对双语教学的指导用书和参考书，不容易把握课程的教学目标和教学重点。此外，现有两套教材还缺乏能适应藏族学生的教辅材料和资源，农牧区儿童生活以藏语为主的语言环境中，在双语学习和适应上存在更多的困难。

第六，远程教育资源薄弱。课题组发现，远程教学系统硬件设备虽已逐步到位，但受到地区用电条件的限制，许多农牧区中小学无法有效使用远程教育设备，加上受网络条件和校园网络建设程度的影响，"班班通"设备使用率不高，远程教育资源不能发挥应有的作用。此外，可供播放的优质双语教学资源比较匮乏，相应的软件资源还有待进一步开发。

（五）双语师资问题突出

1. 双语教师质量不高

从总体上看，现有双语教师队伍虽然多数学历达标，取得了教师资格证书，但从严格意义上讲，双语教师使用双语教学能力总体不强，具体表现为藏族教师汉语口语表达能力较差，汉族教师不懂藏语，不能按照双语教学要求组织教学；部分学科教师专业知识水平不高、教育观念滞后、教学理念和教学方法落后，无法胜任学科双语教学工作；中小学双语师资来源多样，非师范生居多，其业务水平和教学能力不能在短时间内得到提高。

2. 双语教师队伍学科结构不合理

全省普遍紧缺音乐、体育、美术、英语等专业教师，中学物理、化学、生物、劳动技术、信息技术等学科双语教师总量不足，一个教师兼任几门课程教学、所学专业和任教科目不一致的情况普遍存在。与此同时，民族小学汉语文双语教师较多，民族中学藏语文双语教师较多，且在职双语教师离岗外流现象严重。

3. 双语教师培养能力不足

青海省培训藏汉双语教师的机构目前仅有青海师范大学民族教育学院和青海民族大学藏学院。而且由于许多现实原因，培养出来的兼通藏汉双语的人才不愿到基层民族学校任教。同时，由于社会其他部门的需要，培养的双语毕业生被有关部门层层截留，甚至有从现有双语教师中选优、提拔、调任人才的现象，使得原本不足的双语师资队伍更加紧缺。

4. 双语教师培训工作亟待加强

调研发现，大部分基层一线双语教师没有接受过非常正规的双语教学培训。只有为数不多的双语教师接受过地区级和校级培训，很少有机会参加较高层次的学习培训。大部分参加过短期培训的教师，其汉语水平和学科专业水平达不到双语教学的要求，无法保证双语教学质量。

三 对策与建议

新时期，青海藏汉双语教育的发展要立足于当地教育的实际，以解决发展过程中的突出问题和特殊困难为切入点，站在维护社会稳定、建设和谐社会的高度，实现跨越式发展。

（一）树立新时代双语教育理念

当今时代，在提高全体国民科学文化素养的教育过程中，少数民族双语教育问题不容忽视。必须认识到我国"多元一体格局"和民族多元文化并存的重要价值，及时调整管理策略、途径、方法、思路和资源配置，为民族地区双语教育的发展创造更理想的环境和条件。

双语教育的目标选择，必须适应多元文化共同发展的多民族统一国家的要求。应树立多语言和谐共存的理念，鼓励民族地区各类人才提高双语能力。区域性的语言环境，表现出该区域的语言关系和民族关系。这种关系呈双向、互动的架构，它对民族语言的使用和发展具有双重作用。这种双重作用表现在，两种语言既有相互制约、相互平衡的作用，也有相互融合、相互促进的作用。因此，应树立多元文化的基本理念，为保持多种语言和谐发展创造条件。少数民族积极学习汉语，外来人员积极学习当地民族语，形成和谐的语言生活环境，促进社会和谐发展。

学校教育应尊重当地语言环境、语用习惯、学生语言能力及家长意愿，确保双语教学的质量和效果。课堂教学语言的选择和使用与当地语言生活、文化传统以及学生语言能力等有关。教育中要采取相对稳定的措施，确保双语教学积极稳妥地推进。

（二）立足实际推进双语教育

第一，应发展符合当地实际和需求的双语教育。青海省藏汉双语教育既要考虑民族语言平等和各民族交流等因素，也要考虑民族地区语言环境的现实应用情况；既要着眼于民族教育的特点和地区实际，又要着眼于少数民族的未来发展。应该从民族地区社会经济基础、发展发育水平、教育需求出发，分类指导、分区规划、分步实施、积极推进，建立多层次、多结构、多类型、多功能的适应性强、特色突出的双语教育体系，保证民族教育统筹兼顾、因地制宜、突出重点、整体推进，全面提升双语教育发展水平。

第二，应立足于双语化现实，稳妥推进双语教学。双语教育工作的关键是从民族地区的实际情况出发，根据民族地区双语发展变迁的趋势和需求，以及双语发展缓慢性和渐进性的特点，立足于民族文化传统和语言使用环境，正确处理民族语文授课与汉语文授课的关系，实现教学用语同学生语言基础及全国语言环境的双向衔接，从而消除教学语言的障碍，最终达到提高教育教学质量的目的。青海藏汉双语教育发展具有自身特点，在教育中，应制订符合当地实际的措施和办法，稳妥推进双语教育。

（三）解决双语教师的数量和质量问题

双语师资是开展双语教学的关键性因素，也是影响青海省双语教学的瓶颈问题。培养藏汉双语兼通的师资是实现双语教学乃至整个藏族教育改革与发展中迫在眉睫的重要任务。对此，双语师资队伍建设应抓好以下方面的工作。

其一，加大双语师资培训力度，有计划、有步骤地培训双语师资。培训要以提高教师教学能力为目的，把掌握双语教学能力作为双语教师应具备的基本素质。在培训过程中，应结合教材和教学内容，提高培训效能。培训内容应从当前以语言为主的培训，逐步过渡到以教材教法为主的专业知识培训。

其二，针对目前双语教师结构性缺编、在岗双语教师数量不足的现实，重视双语教师校本培训，加强双语教师在岗期间专业的持续性发展。在给予双语学校更大培训空间的同时，加强对校本培训的支持、指导和督察，避免"走形式""搞突击"等现象，充分发挥校本培训的优势。

其三，有关师范类院校要针对双语教师的需求，实行免费教育，面向双语学生扩大理科类、信息技术、英语、音乐、体育、美术等各科招生。其他院校及专业继续定向培养预科毕业的"民考民"学生，以调整双语教师专业结构。

其四，根据青海省各地双语教育师资建设的实际需求，扩大双语教师招聘计划，扩大定向培养免费师范生计划，多招收师范类院校和"民考汉"毕业生，确保新聘任教师素质符合双语教学要求。应建立健全双语教师的职业准入标准和评价标准，保障双语教师的教学水平。

其五，提高教师待遇，包括工资待遇、绩效奖励、周转住房、子女上学、职称评定和晋升等内容。尤其要突破制度性、地区性的职称限制措施，制定符合牧区实际和教师流动交流的机制及其落实措施，推行骨干教师留得住、优秀人才愿意来的政策，以满足少数民族地区教育对双语教师的需求。

（四）推动双语学校硬软件建设

均衡发展是双语教育跨越式发展的政策选择。鉴于民族地区自身经济实力落后、教育投入不足、硬件设施长期滞后等现状，建议从以下几个方面加大对双语教育的财政支持力度。

其一，增加民族教育投入。民族地区财政困难，各个领域与发达地区的差距不断拉大，教育领域更是如此。中央政府应确保各地、各级、各类学校基本同步发展，以缩小教学条件的差距。在具体实施中，既要缩小城乡教育差距，也要缩小藏区各地的区域间发展差距。

其二，加强学校软硬件设施建设，包括校舍、现代教学设备（语音室、教室投影仪器、信息技术设备）、远程网络教育（包括双语教学的网络资源建设）、信息化、教师周转房、师生洗澡场所（防止集体传染病、培养卫生意识）、体育和民族文化设施等，要不断提高建设水平和层次，为其适应现代教育创造条件。

其三，丰富学校对口帮扶的形式和内容。提升对口交流的层次和水平，制订相对发达地区和双语学校结对帮扶计划，落实对口支援学校教学和管理工作常年化、机制化、务实化，为双语学校管理和教学的发展注入活力。

（五）促进双语教育内涵式发展

双语教育涉及教育、民族、语言、文化与心理等诸多领域，是集理论性、实践性和跨文化特点的教育活动。而目前双语教育质量不高的重要原因之一在于教研工作滞后。国家和地方应进一步加强双语教育教研员的配备和培训，逐步改变基层教研条件差、教研手段落后、工作任务繁重等问题，积极组织双语教研员深入教学一线，开展具有实践性、指导性的教学研究活动。发挥基层学校学科带头人和骨干教师的力量，开展双语教育实践交流活动，共享提升双语教学质量的宝贵经验。

各级政府应健全和完善双语教学的管理机构和研究机构，着重研究城镇、农村、牧区、散杂居地区等不同类型，以及环湖、青南、东部等不同区域内少数民族群众的不同现状和需求，分层次、分地区召开多种双语教学研讨会、交流会、观摩会，积累经验、提升理论，并以此制订和实施符合实际的双语教学政策。要建立和完善科学的双语教育考核和评价指标体系，教育教学用语、用材监测体系，积极探索，深入研究，慎重、稳步、科学地推进双语教学。

执笔：苏德、达万吉等

第八章
四川省凉山彝族双语教育发展现状调查

四川省凉山州是全国最大的彝族聚居区，也是典型的少、边、穷地区，同时是全国唯一的由奴隶制社会"一步跨千年"进入社会主义社会的特殊地区。

双语教育是民族教育的重要组成部分，是实现民族平等、提高民族素质的重要途径。开展双语教学是贯彻落实国家民族及民族语言文字平等法律原则的具体体现；是传承和弘扬民族优秀传统文化的客观需要；是研究、挖掘、开发丰富的民族文化资源，实现民族文化资源向民族文化资本转变的实际需求；是增进各民族文化交流，促进各民族团结和共同繁荣，实现地方经济和社会发展的必然要求。

2014年11月，中央民族大学教育学院课题组一行五人对凉山彝族自治州双语教育发展现状和双语使用情况进行了实地考察，根据实地调研情况，结合党的民族语言政策和民族教育理论，形成如下调研报告。

一 基本情况

四川省凉山彝族自治州是全国最大的彝族聚居区，现有人口506.4万人，彝族人口259.7万人，占总人口的51.3%。全州现有中小学校点2655所，在校生80.06万人（其中，小学校点2437所，在校生53.49万人；初级中学、职业初中171所，在校生18.27万人；完全中学37所，在校生

6.73 万人；职业高中 10 所、在校生 1.57 万人），中小学教职工 4.06 万人，其中专任教师 3.72 万人（小学专任教师 2.37 万人、普通中学专任教师 1.35 万人）。

（一）凉山州民族教育的历史沿革

凉山州的少数民族教育事业一直是在国家民族政策和教育方针的关怀和指引下发展壮大的。自 20 世纪 90 年代开始，全州积极贯彻国家《义务教育法》和《扫除青壮年文盲工作条例》，大力推进"两基"工作，到 2000 年底，全州共有 14 个县市（除金阳、美姑、布拖三县）实现"普初"和基本扫除青壮年文盲目标，"普初"地区人口占全州人口的 96.8%，全州青壮年人口非文盲率为 94%。1998 年西昌、德昌两县市在全州率先实现"普九"，到 2000 年底"普九"地区人口占全州总人口的 29.4%，少数民族中小学在校生达到 20.74 万名，其中小学生达到 18.53 万名，比 1990 年增加了 25.80%；初中学生达到 1.85 万名，比 1990 年增加了 23.33%；少数民族学龄儿童入学率达到 83.66%，比 1990 年提高了 28.86 个百分点。

为了提高全州的教育质量，党中央、四川省委、省政府及当地的有关部门做出了大力扶持民族地区教育发展的英明决策，并且颁布制定了一系列重要的政策法规等，为民族教育事业的发展保驾护航。例如，2000 年 12 月，四川省委、省政府批转了《四川省民族地区教育发展十年行动计划》（以下简称《十年行动计划》）（川委发〔2000〕53 号），文件确定省政府每年筹集 3 亿元，连续 10 年协调落实 30 亿元资金，用于发展四川省民族地区"两基"攻坚和各类教育事业。2001 年 2 月 9 日，省委、省政府在成都隆重召开了四川省民族地区教育工作电视电话会议，《十年行动计划》正式启动并付诸实施。2004 年又开始实施《国家西部地区"两基"攻坚计划（2004－2007 年）》等。

总之，经过五十多年几代人的艰苦努力，凉山民族教育事业有了长足的发展，逐步建立起从幼儿教育到高等教育，从普通教育到职业教育、成人教育，各类教育协调发展的较为完备的具有民族特色的凉山州教育体系。尤其是实施"两个计划"14年以来，中央和省政府在财力、人力、物力上给予凉山州教育极大的扶持，为全州民族教育的快速发展带来了生机和活力，取得了有目共睹的巨大成就，为全州教育事业的全面、协调、可持续发展奠定了坚实的基础，积蓄了勃发的后劲，孕育了光明的希望，普遍增强了全州各级党委、政府办教育的责任心，充分激发了群众求知识、求发展而送子女入学的积极性，重教、兴教、支教的社会氛围基本形成，民族教育的内外部环境得到根本性改善，办学条件显著改善，民族寄宿制教育快速发展，教育对口支援广泛开展，教师队伍建设和现代教育技术得到加强，教育事业发展步伐明显加快，为凉山经济发展和社会进步提供了强有力的智力和人才支持。

（二）双语教育的发展历程及成绩

彝族具有悠久的历史和自己的语言文字，古老彝文在记录、保存、传播和发展彝族文化的同时，促进了彝区经济、社会的变迁和发展。社会主义制度的建立，为我国发展平等、团结、互助、共同繁荣进步的新型民族关系开辟了一条广阔的道路，各民族都有学习使用和发展自己语言文字的自由，各民族的语言文字一律平等。解放后，凉山彝文得到规范和广泛的使用，在"扫盲"和促进彝区"两个文明建设"方面发挥了突出的关键性作用。特别是1980年国务院批准推行《彝文规范方案》后，彝文更加放射出灿烂的光辉，为彝区学校开设双语教学奠定了坚实的基础。

州内少数民族聚居县大部分是山区，自然条件差、交通不便、信息闭塞、缺乏汉语言环境，在这些地方教育教学，离开了双语教学就行不通。针对这些实际困难并经过多年的积累和准备，凉山州于1978年开始实施双语教学二类模式（即各科以汉语文为主要教学用语，同时开设一门少数民族语文的教学形式），这是对全州广大地区普遍采用的用少数民族语辅助教学方法的提升、发展和规范，是少数民族地区教育教学观念和方法的一次跨越。在二类模式取得明显效果的基础上，为了进一步推进和深化双语教学，1984年又实施了双语教学一类模式（即各科以彝语文为主要教学用语，同时开设一门汉语文的教学形式）。

凉山州开展双语教学三十多年来，双语教学从无到有、从小到大，经历了艰难曲折的发展历程，走通了从小学到大学的办学路子，探索和总结了"母语起步，汉语会话过渡，双语并重"，"双语教学，两类模式，四级规划，两次分流，两次接轨"的办学经验，培养了大量民汉兼通的少数民族人才，进一步完善了全州的办学模式，为促进全州社会进步、经济发展、民族团结，推进全州教育事业的全面发展起到积极的推动作用。

此外，也有相关政策层面的保障。例如，从2005年起，根据四川省招生委员会、四川省教育厅联合下发的《关于一类模式高中毕业生参加全国普通高校招生统一考试的通知》（川招委〔2005〕8号）精神，凉山州狠抓一类模式高中毕业生高考接轨工作，通过MHK考试、单列计划、单独划线录取等办法，取得了很好的成绩。顺利实施一类模式高考接轨工作，拓宽了学生的升学渠道，极大地调动了学生的积极性，有效地巩固了一类模式学校建设，促进了一类模式的办学和教育教学质量的提高。2002年10月，州教育局出台了《关于全州民族中小学一、二类双语教学模式贯彻实施基础教育课程改革的意见》，进一步规定了精心组织，扎实做好一、二类双语教学模式，实施课程改革的各项工作。2005年1月，州政府出台了《关于进一步加强和改进双语教学工作的决定》（凉府〔2005〕3号），力争到2015年建立起适应全州经济社会发展需要、具有一定规模、质量较高、与全国普通高等教育相衔接的双语教学体系。2009年7月，州教育局出台了《关于进一步加强双语教学工作的意见》（凉教〔2009〕73号）等文件，使得凉山州的双语教育取得了巨大的成绩。

表8-1 凉山州双语教学开设面基本情况

单位：所，名

开设面年度	一类模式				二类模式				小学专任教师	中学专任教师
	小学	初中	高中	学生数	小学	初中	高中	学生数		
1991	117	9	2	7390	498	63	9	49093	527	174
1995	217	8	2	11660	490	67	7	41133	718	374
2000	119	6	2	8283	509	60	5	65014	828	342
2006	51	7	2	5952	650	87	11	139127	1059	252

续表

开设面 年度	一类模式				二类模式				小学专 任教师	中学专 任教师
	小学	初中	高中	学生数	小学	初中	高中	学生数		
2007	65	8	2	5295	525	30	3	113806	1023	234
2008	58	8	2	5173	498	35	5	124607	1134	262
2009	50	7	2	5589	523	40	7	164613	1465	304
2010	42	7	2	6737	546	48	7	216741	1579	366
2011	38	6	2	7828	696	71	8	236479	1646	476
2012	36	6	3	8246	724	80	8	247925	1697	517
2013	34	6	3	8368	751	88	8	258089	1706	528
2014	17	5	3	8505	863	80	10	252335	1783	532

资料来源：四川省凉山州教育局提供。

二 存在的特殊困难与突出问题

（一）制约彝汉双语教育事业发展的最大瓶颈在教师，具体表现为数量少、质量差，理科教师更是薄弱中的薄弱

1. 最为突出的一个症结为师资来源差，尤其是偏远地区的基层学校，加之培养渠道不畅通，形成双语教师培养渠道不畅的怪圈

调研发现，目前大部分从事彝汉双语教学的教师专业化程度普遍较低，导致所培养的学生质量偏低，而日后这些学生中的一部分又要从事双语教学工作，如此循环必然导致整个彝族地区的双语教育质量低下。

2. 针对理科教学，当地学校普遍力不从心，且十分无奈

调研发现，目前凉山州的绝大部分双语教师主要依托西昌学院和西南民族大学两所院校培养，但数量十分有限。再加上这两所院校针对理科教学设置的专业并不多，根本无法满足彝汉双语教学的实际需求。此外，目前的录用、进人、招考政策与方式导致很多有专业背景的毕业生无法进入学校补充师资队伍，反而都挤入了公务员的行列。

3. 工资待遇低，吸引力差，留不住合格的教师

通过与当地学校校长、教师的大量访谈得知，目前老师的工资待遇普

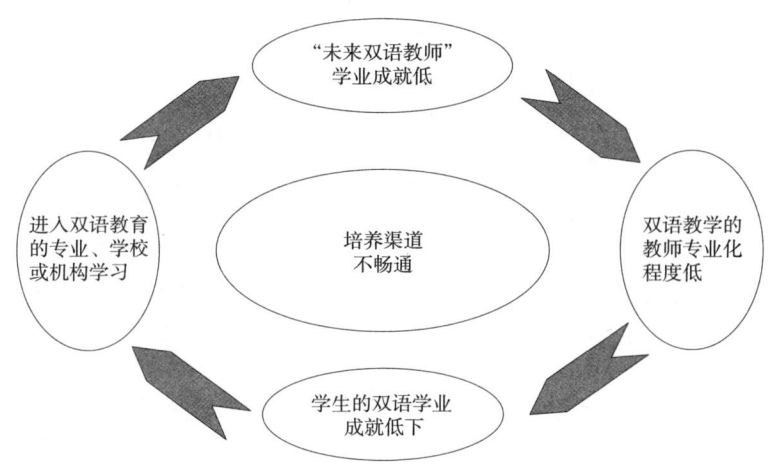

图 8-1　双语教师培养渠道"恶性循环"情况

遍偏低,甚至无法满足基本的生活保障。凉山地区尤其是农牧区的大部分教师家里都有两个到三个孩子需要供养、读书,而有的老师已经工作了 16 年,目前每月仅拿 2500 元左右的工资,根本无法做到养家糊口。很多教师迫于生存的压力,根本无法安心教书育人。

(二) 寄宿制学校目前存在的问题与困难仍然复杂、多元

实施《十年行动计划》、"两基"攻坚和"两免一补"政策以来,全州寄宿制教育规模不断扩大,办学条件明显改善,标准(规范)化管理深入推进,办学效益和教育教学质量稳步提升,寄宿制教育取得了跨越式发展。凉山州寄宿制学校共有 646 所,其中小学 490 所,初中 156 所;寄宿制学生共 264287 人,其中小学生 123747 人,初中生 140540 人;享受生活补助的学生共有 227739 人,其中小学生 106834 人,初中生 120905 人。但是,目前存在的问题与困难亟待解决,具体表现为以下四点。

1. 寄宿制学生"食"方面的情况

在全州 646 所寄宿制学校中,有规范食堂(厨房、餐厅、储藏室等)的有 270 所,占 41.80%;有厨房但无餐厅的有 271 所,食堂设施设备不配套、不完善的有 370 所。在全州 646 所寄宿制中小学校中,饮水困难的

有 270 所，占 41.80%。

2. 寄宿制学校学生"住"方面的情况

在全州 646 所寄宿制中小学校中，住宿拥挤、宿舍达不到适用、够用的有 482 所，占 74.61%。据这次调研统计，全州寄宿制中小学校需要更换和补充免费卧具 16.49 万套。在全州 646 所寄宿制中小学校中，无浴室的有 439 所，占 67.96%；在有浴室的学校中，浴室需要改扩建和完善设施设备的有 196 所。因厕所小、蹲位少，上厕所需排队、夜间学生上厕所远或影响环境卫生需要改建扩建的有 397 所，占 61.46%。

3. 寄宿制学校活动场地、小农场、医务室、学生人均住宿面积等情况令人担忧

在全州 646 所寄宿制中小学校中，运动、活动场地小，设施设备和文体器材欠缺的有 479 所，占 74.15%。有小农场的有 221 所，占 34.21%，其中小农场建设搞得好的有 53 所、搞得一般的有 128 所。设立了医务室的有 40 所，占 6.19%；无医务室和校医的学校大多采取请当地医院、卫生院协作来防治常见病、流行病，对师生的小病小痛医治不方便。而校内的卫生保健工作主要靠行政、后勤部门和班主任共同承担。

4. 高海拔地区学生取暖工作难以保障

凉山州地处海拔 2500 米及以上地区的寄宿制中小学校有 138 所，地处海拔 2000 米至 2500 米地区的寄宿制中小学校有 164 所。尽管 2013 年起四川省政府对全州海拔在 2500 米及以上地区的义务教育阶段学校学生实施冬季取暖补助工作，补助标准为每生每年 200 元，全州 14 个县市的 188 所学校实施了这一惠民工程，共获得补助资金 2088 万元，受益学生 104435 人，但大部分高寒山区因缺电、缺燃料，无法实施这一取暖工作，这部分学校只能采取为学生添置防寒服、被子、绒毯等方式。总之，全州寄宿制学校学生生活基础设施严重不足，寄宿制学校学生生活条件仍是凉山州基础教育发展的薄弱环节。学校超负荷运转、教师超负荷工作，严重制约了全州基础教育的健康持续发展。

（三）很多农牧区学生对一类模式的呼声仍然很高，但是由于当地师资条件等的限制，这类教学模式无法开设

目前凉山州采用二类模式的学生近26万人，而采用一类模式的学生仅仅8000多人，远远不能满足偏远农牧区校点的需求。实践证明，在广大民族聚居地区，采用二类模式甚至完全用汉语文教学，脱离当地语言环境和学生语言基础的实际，违背儿童学习语言的规律，不利于学生接受教育、掌握知识和开发智力。因此，针对民族教育教学的实际，必须实事求是，要认真选择适合本地区教学的双语教学模式，达到有利于教师教、学生学，有利于教学质量的提高，有利于双语兼通初级人才的成长。

（四）双语教材单一、更新慢、配套差，尤其是必需的教参、教辅、自读课本、同步练习册、音像制品等极度匮乏，几乎一片空白，致使教师教学难度大、学生知识面狭窄，制约了整个教学质量的提升

调研发现，针对目前双语教材、教辅的编译、出版、使用情况大家颇有微词，其中，反映最为强烈的问题是2008年，出于对中小学生减负的考虑，四川省教育厅下发"双八条文件"，禁止编译出版教辅材料。当地的教师、家长、学生等普遍认为这种对教辅"一刀切"的做法不切实际，甚至与汉族学生相比，出现了不公平、被边缘化的现象。大家普遍表示，汉族学生获取学习资料的方式与渠道很多，而针对彝族学生的学习资料与资源本来就少，经过这样的"一刀切"后，更是雪上加霜。彝语文教学辅助资料相对于汉语文材料用量小，出版社积极性不高，致使双语学校教学辅助资料严重缺乏。此外，彝族学生与汉族学生使用同一教材，不符合彝族学生学习汉语（第二语言）的实际，不利于提高彝族学生的汉语文水平。

（五）学前双语教育严重滞后，绝大部分农牧区地区尚无幼儿园

《国务院办公厅转发教育部等部门（单位）关于幼儿教育改革与发展指导意见的通知》（国办发〔2003〕13号）要求，双语教学应紧紧抓住幼

儿学习语言的关键时期，坚持从幼儿入手，以农村教育为重点，大力推进幼儿、学前"双语"教学工作。而四川省凉山地区由于地广人稀、居住分散、交通不便，学生接受教育大多需在校寄宿，而目前国家和省教育经费基本上都不能用于学前教育阶段学校建设和发放生活补助，需靠收费筹措办学经费，使得凉山地区尤其是农村地区的学前教育难以开展。

（六）升学渠道狭窄，"出口"瓶颈有待突破

目前，凉山地区双语学生高中毕业后，报考高校与专业选择面都很窄，只有西南民族大学和西昌学院的部分专业招收双语毕业生，形成"千军万马"过独木桥的局面，使得"读书无用论"有所抬头。

（七）办学条件亟待改善

凉山地区人口多、学生多、财力差，基础教育阶段的"大班现象"普遍存在；生均校舍面积、师生比、图书使用情况等均不达标。此外，双语学校普遍缺乏现代化、信息化基础设施，导致大多数双语教师对现代教育教学理念的理解、认识和掌握差，对现代教育教学方法、手段和技术运用不够，课堂教学效果不理想。

三 对策与建议

我们承认，由于历史遗留问题，提高凉山地区双语教育、民族教育的质量必然是一个长期而艰巨的任务，并非一朝一夕的事。但我们必须紧紧把握当前国家民族教育事业发展的大好机遇，实事求是，抓住重点、难点，科学合理地想法子、出实招，各个击破，最终赢取攻坚克难的伟大胜利。

针对调研发现的特殊困难与问题，本课题组成员认真思考、研究，努力探索，并且不断请教、咨询一线的教师、相关部门有经验的工作人员，以及该领域较有影响力的专家学者，共同探讨研究，以期为提升凉山彝族地区的双语教育乃至民族教育的质量建言献策，具体如下。

（一）从中央到地方，必须要下决心、花大力气解决师资队伍存在的问题

第一，凭借好的政策导向，让广大民族地区的教师能够安居乐业。首先，在工资待遇方面，国家要着力提高教师，尤其是少、边、穷地区教师的社会地位，大幅度提高他们的工资待遇，吸引好的教师从业上岗。具体而言，这些地区的教师工资可以由两部分组成：教师工资＝基本工资＋绩效工资。基本工资是他们的基本生活保障，而绩效工资可以充分调动他们的积极性，也就是按劳分配，干得多、干得好就应该工资高。其次，为教师做好周转房、安居房的建设工作，努力改善他们的住宿条件，同时必须重视医疗保障问题，尤其是处于高海拔地区的教师，让这些教师在投身工作的同时有足够的安全感。

第二，有效解决教师的编制问题。必须创新用人编制机制、调整结构、优先保障教育。尤其是农村、山区等特困地区，村小必须保留，这样在教师编制的核算方式上，不能采用全国通用的生师比"一刀切"的方式，必须采用生师比与班师比相结合的方式，补充壮大教师队伍，从而改变目前主要依靠代课教师进行教学的落后面貌。

第三，加大教师的培养、培训力度，创新方式，提高教师培训的有效性、针对性、时效性，尤其侧重教学、教法、技能方面的训练。

（二）国家要高度重视，大力支持，进一步加强和提高民族院校服务地方社会经济发展的能力

首先，国家要重点支持和扶持民族高校的学科建设，提高生均经费的投入，设立专项经费，明确规定民族院校与师范院校必须承担起培养当地教师的使命与责任。实践证明，若想根本性地改变凉山彝族教育落后的面貌，尤其是要提升师资队伍的整体水平，必须高效地借助当地民族院校的力量，依托当地的民族院校与师范院校培养、培训双语教师。因此国家要出台特殊的政策，引导、动员、鼓励当地的民族院校与师范院校积极、自觉地承担双语教师培养与培训的责任。

其次，民族院校的专业设置需要调整结构，改变目前"大而全"的专业设置模式，必须实事求是，针对当地社会经济发展的实际需求而制订人才培养的目标、设置专业、发展学科等，使最终培养的人才能够"用得上、靠得住、留得下"，从而高效地补充壮大师资队伍。在调研过程中，当地的师生与教育行政官员等强烈呼吁中央民族大学这所为培养少数民族专门人才的"985""211"高校，恢复彝语文专业的设置与招生工作，为大小凉山彝族的优秀学子进京学习与接受优质教育资源提供机会与平台，从而带动当地的师范院校及其他高校，如四川师范大学、四川大学、西南大学等承担起相应的使命与责任。

最后，当地的民族院校、师范院校要同民族中小学结对帮扶。为了进一步提高高校帮扶的效率，建议教育部及当地有关部门协调并且统筹规划、安排，落实民族院校对中小学校的结对帮扶工作，例如对口支援培训教师、开展实训基地、"送教下乡"考察指导与培训、进一步提升中小学教师的学历与专业化发展的程度等。

（三）寄宿制学校存在的困难与问题亟待改善

办好寄宿制学校教育既是发展民族地区教育的有效途径，又是解决民生问题和办好惠民工程的重要内容，为了改善目前凉山州寄宿制学校面临的诸多问题与困难，提出如下建议。

1. 实施民族地区寄宿制学校学生生活条件改善工程，增加资金投入

按照寄宿制学校标准化建设和"适用、够用，留有余地"的配套建设要求，民族地区要制订相关规划，分步实施，用五年的时间使民族地区寄宿制学校真正达到"建一所，成一所"的目标。此项工程应包括寄宿制学校食堂建设、饮水工程包括开水和热水供应配套设施设备建设、学生宿舍新建和改扩建、浴室及配套设施设备建设、厕所改造、活动场地拓展和设施设备建设等。

2. 增加享受寄宿制学生生活补助的名额，提高补助标准

目前凉山州义务教育阶段寄宿制学生有24.89万人，其中享受寄宿制生活补助的学生为21.517万人，建议省政府酌情增加补助名额，并将凉山州寄宿制学生生活补助标准提高到每生每月 300 元。目前凉山州有普通高中在校学生 6.73 万人，其中寄宿制学生 6.14 万人，享受国家助学金的有 2.4 万人，而全州普通高中贫困学生有 3.6 万人。建议省政府扩大凉山州普通高中贫困学生享受国家助学金的覆盖面。

3. 为民族地区寄宿制学校设置校医和工勤人员编制

在全部寄宿制学校设立医务室，根据寄宿制学校规模配置 1~3 名校医，切实加强寄宿制学校常见病、流行病防治和卫生保健工作，减轻学校对师生发病、治病的后顾之忧，确保师生健康。增设工勤人员编制，使寄宿制学校后勤和食堂从业人员中正式职工达到一定比例，发挥骨干作用，保证学校正常运转。

4. 扩大高海拔在校生取暖实施范围

在实施海拔 2500 米及以上地区在校学生冬季取暖工作的基础上，将实施范围扩大到海拔 2000~2500 米地区的在校学生。

（四）从中央到地方，要调整有关政策，设立专项经费，鼓励编译、出版配套的彝文教辅材料；同时提升四川省凉山彝文编译室的层次与规格，加大投入力度，增加编制，引进更多的人才，保障双语教学中彝语文教材教辅顺利供给

调研发现由四川省教委和凉山州教委双重领导的四川省凉山彝文编译室承担了整个四川省彝语文教材教辅的编译工作，同时辐射云南省的某些彝汉双语学校。自 1977 年成立以来，发展到目前为止，现有职工 36 人，其中，在职职工 28 人（译审 1 人，副译审 7 人，翻译 15 人，助理翻译 4 人，主任科员 1 人；女 16 人，男 20 人；少数民族 33 人，汉族 3 人；研究生 2 人，本科 16 人，专科 16 人，其他 2 人）；借用 2 人，退休职工 7 人。内设五个科，即语文政治教材编译科、历史地理教材编译科、数学物理教材编译科、生物化学教材编译科、行政秘书科。大家普遍反映工作任务繁重、压力大、缺人手，而且目前所开设的教材编译科室远远不能满足一线教学的实际需求。尽管为了解决人少任务重的矛盾，编译室的领导班子想尽了一切法子充分调动大家的积极性，但是效果有效。很多编译室同志对目前单位的情况很是担忧，认为自己"干的是良心活，愿意拼命干"，但毕竟个体的力量是有限的，需要国家、四川省政府及相关部门出台相关文件，提升编译室机构规格、加大投入力度、引进优秀人才，保障彝语文教材教辅的顺利供给。

（五）加大投入力度，借助信息化，引进、消化、吸收优质教育资源到偏远地区

目前整个凉山州的教学信息化使用程度仍然普遍很低，很多学校尤其是偏远、高海拔地区的学校几乎没有信息化教学设备，形势十分严峻，令人担忧。因此，从中央到地方，必须加大投入力度，改善教学设备，借助信息化技术，将优质的教育资源引入凉山地区。

（六）科学合理、稳妥、慎重地选择双语教学的模式

首先，要以当地语言环境为基础，考虑社会发展的需要与群众的意愿。总的原则是在不懂汉语的彝族地区，实行以民族语文教学为主的一类模式；在平坝、杂居或交通较方便且有一定汉语基础的地区，实行以汉语教学为主的二类模式。其次，要以国家颁布的教学大纲和教学计划为指南，同时结合民族语文自身的特点，确定和处理好双语教学两类模式学校各学科的教学要求和进度，既防止完全照搬照套，又防止另搞一套的做法。双语课时开设的比例要根据教材容量及学生接受情况确定，不同年级可以适当调整。在重视和加强民族语文课和汉语文课教学的同时，也要按教学计划的规定，开齐其他课程，确保民族生获取知识的系统性和完整性。最后，双语教学两类模式的发展速度，一定要与师资状况相适应，不可超前发展，也不可随意让不合格教师充当双语教师。

执笔：苏德、袁梅等

第九章
四川省甘孜阿坝藏汉双语发展现状调查

双语教育是民族教育的重要组成部分,是实现民族平等,提高民族素质的重要途径。为了深入了解四川藏汉双语教育的发展现状、突出困难与特殊问题,2016年8月中下旬,中央民族大学教育学院苏德教授带领其课题组一行四人对甘孜、阿坝两州藏汉双语教育发展现状和双语使用情况进行了实地考察。根据实地调研情况,结合党的民族语言政策和民族教育理论,形成如下调研报告。

一 四川省民族地区双语教育基本情况

(一)四川省民族地区双语教育基本情况

四川省双语教育有藏汉双语教育和彝汉双语教育两种。四川省藏区、彝区双语教学工作经历20世纪50年代初步开展、六七十年代长期停顿、70年代末期以来恢复发展的曲折过程,已形成了两种模式(即以民族语文为主要教学语文,同时开设汉语文课的一类模式和以汉语文为主要教学语文,同时开设民族语文课的二类模式)并行的基本框架。特别是通过近十几年来的认真实践,双语教学稳步发展,质量不断提高,实现了由初创到与全国、全省教育全面接轨的历史性突破,取得了突破性的进展。具体来说,四川省双语教育的基本情况如下。

截至2015年年底,四川省藏族、彝族地区共有1605所学校开展了两类模式双语教学,在校生 46.28 万人、专任教师 2.04 万人。其中:一类模式小学 102 所、在校生 2.98 万人、专任教师 1864 人,初中 21 所、在校生 1.53 万人、专任教师 933 人,高中 14 所、在校生 0.93 万人、专任教师 512 人;二类模式小学 1329 所、在校生 30.1 万人、专任教师 1.16 万人,初中 109 所、在校生 9.09 万人、专任教师 0.43 万人,高中 30 所、在校生 1.63 万人、专任教师 0.11 万人。具体情况见表 9-1。

表 9-1 四川省双语教育开展情况统计

	学 段	学校数量(所)	在校生数(万人)	专任教师数(人)
一类模式	小 学	102	2.98	1864
	初 中	21	1.53	933
	高 中	14	0.93	512
二类模式	小 学	1329	30.1	11600
	初 中	109	9.09	4300
	高 中	30	1.63	1100
合 计		1605	46.26	20309

资料来源:四川省甘孜州教育局。

(二)阿坝州双语教育情况

阿坝州地处青藏高原东南缘、四川省西北部,面积 8.4 万平方公里,辖 13 个县市,总人口 92 万(其中藏族占 57.3%),是四川省第二大藏区和我国羌族的主要聚居区。

近年来,在党的民族政策下,阿坝州紧紧围绕"建设民族教育典范区"的目标,向内挖潜力、向外借智力、向上求助力,在四川省率先实施十五年义务教育,全州教育事业快速发展,建成了层次完备、规模适度、富有活力、具有阿坝特色的教育体系,为全州经济社会发展提供了重要的智力支撑和人才保障。目前,全州有各级各类学校 650 所、在校学生近 14 万人、教职工 1.3 万余人,共有独立设置幼儿园 322 所、在园幼儿 27876 人、学前三年毛入园率为 75.7%,共有小学 264 所、在校学生 63073 人、小学适龄儿童入学率 99.89%,初中 38 所、在校学生 28648 人、初中阶段入学率100.99%，共有普通高中19所（其中：省级示范性高中3所、州级示范性高中2所）、高中在校生16039人、高中阶段毛入学率75%，共有中等职业技术学校4所、在校学生3247人、内地"9+3"学校在校学生4450人。2015年州内中职应届毕业生696人，初次就业率达94%；内地"9+3"应届毕业生2926名，初次就业率达到96.7%。

就双语教育而言，目前，在全州13个县（市）中，双语教育已覆盖10个县（市）（小金县、理县、茂县没有双语教育，理县计划在今年秋季开始实施双语教育）；有独立设置的双语幼儿园171所、在园幼儿7739人；一类模式的中小学69所、在校学生2.7万人、专任教师1732人；二类模式的中小学56所、在校学生8940人、专任藏语文教师134人。全州区域内形成了从幼儿园到中小学、高中、中职、大学贯通的双语教育体系。

二 阿坝州推进双语教育的主要措施及成效

（一）争取项目，加大投入，改善双语学校办学条件

近年来，阿坝州除积极向上争取国家、省的专项投入外，州级财政也加大了对牧区教育的投入力度，项目和资金的投入极大地改善了双语教育学校的硬件设施，为牧区农牧民子女接受教育创造了良好的条件。仅2011年以来，该州壤塘、阿坝、若尔盖、红原四县的教育硬件建设投入达5.5亿多元，占全州13县教育硬件投入的54.6%。

阿坝州若尔盖县的冻列藏文中学于2012年投入资金169万元新建食堂和厕所，于2013年投入资金652万元，新建了教学楼、浴室、水房和大门，硬化了运动场，目前能够满足学生的教学和生活需求，2015年还规划新建了教师宿舍。2013年若尔盖县的纳木初级中学投入资金743万元，新建了学生宿舍和食堂，该校教学楼和运动场的建设也纳入行动计划规划。2012年若尔盖县藏文中学新建了教学楼，2014年还修建了学生宿舍和食堂，投入使用后满足了全校学生教学需求。同时，2014年秋季，阿坝县双语寄宿制中学在阿坝县新区建成并已投入使用。

（二）科学规划，合理布局，推进牧区双语中学发展

2003年，阿坝州委、州政府提出"州办高中，县办初中，初高中分离，创办优质高中"的一类模式中学办学思路。根据该州双语中学发展的实际情况，结合中师改制，在马尔康民族师范学校创办了阿坝州民族高级中学，在全省民族地区率先开办了州级一类模式高中，全州一类模式优质高中师资得到有效的整合和利用，一类模式高中长期因生源不济、办学规模小、办学条件差、专任合格教师奇缺而导致教育资源浪费和办学效益低下的问题基本得到解决。通过整合和利用，为牧区学生提供了优质教育资源，高中双语教育质量得到提升。

随着双语高考升学率的不断提高和牧区"普九"任务的全面完成，双语初高中生源有了大幅度增长。为了让牧区学生有机会接受良好的初高中教育，2008年秋季，若尔盖藏文中学恢复一类模式的高中招生，2009年秋季开始实施"9+3"免费职业教育。2010年在茂县、汶川两县三所中学开办异地双语初中班，2012年秋季又在阿坝县开办了一类模式高中教学，2014年秋季在汶川水磨中学开办了一类模式高中教学点。通过推进双语初中异地办学、恢复和创办一类模式普通高中、提高双语学生接受职业教育比例等措施，较好地解决了该州牧区初高中生源猛增与学校现有办学能力不足的矛盾，双语学生继续接受中学教育的愿望基本得到满足，牧区高中阶段教育逐步走上健康发展的轨道，为牧区普及高中阶段教育奠定了良好的基础。

（三）拓宽渠道，加强培养，强化优化双语师资队伍

教育大计，教师为本。教育发展，教师是关键，没有高素质的教师队伍就没有高质量的教育，强化优化双语教师队伍是推动牧区教育发展的动力和源泉。为了切实抓好全州双语教师队伍建设，应主要采取以下几方面的特殊办法。

一是加大双语教师跨省招聘力度。目前，全州中小学有双语教师1954人。自2010年以来，采取跨省公招、考核招聘等办法，4年内共计招聘教

师737人。针对省内民族院校双语专业设置单一，导致双语中学教师供给不足的现状，阿坝州于2010年，全面启动跨省招聘一类模式高中紧缺学科教师工作，广开师源，引进优秀双语教师，先后从青海师范大学、青海民族大学等民族院校招聘本科层次双语教师239人，一类模式高中教师总量增加，队伍整体素质得到全面提升，数、理、化、生等学科专任教师逐步配套和改善。自2013年以来，通过省内高校免费师范生培养，全州培养了双语教师87名，其中专科层次50人，本科层次37人。

二是强化了双语教师的在职培训。阿坝州依托西南民族大学、威州民族师范学校、马尔康民族师范学校、阿坝师范高等专科学校等教师培训机构，以提高双语教师师德修养和业务能力为核心，以提升培训质量为主线，积极开展全州中小学双语教师培训工作。首先，认真落实教育规划提出的"加强教师职业理想和职业道德教育，增强广大教师教书育人的责任感和使命感"，将师德教育作为双语教师培训的重要内容，在培训科目中开设师德师风的专题教育。2014年又将师德师风、爱国主义教育作为主题教育进行远程培训，培训时间达到50学时。同时加强业务培训，三年内培训规模达到2498人次，其中一类模式中小学藏语文、藏数学教师通识培训500人次，小学藏数学4~6年级教材培训100人，小学、初中藏文语法培训120人，省级民族地区藏语文（一、二类模式）教师培训220人，中央财政补助专项双语骨干教师培训225人，少数民族双语教师普通话培训335人，师德师风培训250人，信息技术应用能力提升培训150人，高中新课程改革培训64人。通过培训，广大双语教师的师德修养得到进一步加强，业务能力有了较大提高。

通过拓宽招聘渠道和加大培训力度，阿坝州双语教师的规模不断扩大，结构不断优化，队伍整体素质得到全面提升，中学专任教师奇缺的数、理、化、生等学科教师逐步配套和充实。通过培训，双语教师的教学观念得到有效转变，教育教学技能全面提升。2012年全省双语小学教师教学技能大赛中，阿坝州一类模式参赛教师获得综合一等奖3名（全省一等奖共设4名），二等奖5名的好成绩；2013年全省双语初中教师教学技能大赛中，阿坝州一类模式参赛教师获得综合一等奖3名（全省一等奖共设

4 名)、二等奖 6 名的好成绩。

(四) 规范管理，推进改革，全面提升双语教学质量

一是规范管理中小学双语教育模式。2005 年，州委、州政府召开全州牧区教育工作会，明确"牧区学校必须坚持依从学生第一语言选择双语教育模式"的原则，规定若尔盖、阿坝、红原、壤塘、松潘实行一类模式双语教育。通过规范管理，若尔盖、阿坝、红原、壤塘四县双语中小学随意选择模式和随意更改模式的行为得到纠正，双语教育模式乱象得到根治。

二是全面推进一类模式汉语教学改革。汉语教学介入时间迟、教材内容的汉语文化和教学方法的母语化是阿坝州一类模式汉语教学质量难以提升的重要原因。2001 年秋季，该州抓住落实教育部《全日制民族中小学汉语课程标准》试点的契机，对全州一类模式汉语教学进行了专项改革：将全州一类模式汉语课介入时间从原来的小学三年级提前到小学一年级、增加汉语课时、改用人教社《汉语》教材（供藏区使用版）、聘请人教社汉语教学专家对全州汉语教师进行国家级培训、遵循第二语言教学规律推进汉语课堂教学改革、推广"一体两翼"汉语大课堂的教学模式、小学毕业考试和初中毕业暨高中阶段招生考试推行教育部考试中心的"民族汉考（MHK）"。通过一系列改革措施，全州一类模式汉语教师落后的教学理念和方法得到改进，第二语言教学理念深入人心，新的教学方法得到推广，汉语教学质量明显提高。2014 年全州高中一类模式汉语国家等级考试达标率为 73.33%，较 2007 年上升 26%。

三是积极推进双语中小学考试制度改革。2005 年，为了适应全省一类模式高考与汉文普通类接轨，阿坝州县城一类模式小学毕业统考、初高中非毕业年级期末的调研测试、初中毕业考试暨高中阶段学校招生考试等考试改变过去双语教学考试单独命题、单独考试的方法，将双语教学考试与州内普通中小学考试实行试题并轨，达到以考促教，以考促学的目的。2011 年，结合一类模式高中课程改革，与全省汉文类高中同步实施一类模式高中学业水平测试。2013 年，阿坝州开始组织全州一类模式高考诊断性考试，通过考试指导高三后期教学复习工作，提升一类模式高考上线率。

双语中小学考试制度的改革，有力地推进了阿坝州双语教学的规范化管理和教学质量的全面提升。

近3年来，阿坝州全州双语一类模式高中毕业生有470人考入各类本科院校，本科3年平均上线率达到28.64%，本科录取率位居全省同类地区第一。

三 阿坝州开展双语教育存在的主要困难及问题

（一）四川省双语教育保障措施不到位

1. 十五年免费教育经费保障困难

为促进四川省内民族地区教育的发展，四川省实施了十五年免费教育政策。但这些有限的经费对于困难重重的民族地区来说仍然显得杯水车薪。第一，十五年免费教育经费减免标准较低，阿坝州学前教育保教费每生每年仅为750元，这使得偏远地区人数偏少的农村幼儿园运转相当困难。第二，高中教育学杂费减免标准偏低（每生每年省级示范中学为900元、州级示范中学为620元、普通高中为520元），与初中相比分别低100元、380元、480元，庞大的学生数量与较少的补助费用形成巨大反差，使一些民族中等学校运转困难。第三，学前教育未纳入义务教育营养餐计划。学前教育和高中阶段学生均无取暖费，这使得高原地区的学生很难度过漫长而寒冷的冬季，从而严重影响学校正常教学。

2. 教育信息化建设滞后，学校信息化程度低

在地广人稀、优质教师和优质教育资源缺乏的高原藏区，推广教育信息化不仅是保证优质教育资源均衡的必要因素，更是促进民族教师发展的有效途径，但调研过程中我们发现还存在两个问题。一是一类模式学校信息化建设总体水平很低，从信息化设备配备来看，除县城一类模式学校配备了少量多媒体设备外，广大农村一类模式学校几乎没有多媒体设备，已有的远程教育设备也因年久失修基本无法使用。从信息化教育资源共享来看，由于四川省藏文信息化资源建设长期滞后，几乎没有可供利用的教育

教学资源。二是"三通两平台"建设资金缺口大。基本建成优质资源"班班通"共需投入资金7000万元；基本建成网络学习空间"人人通"，共需投入资金1000万元；基本建成全州所有学校校园网共需投入资金8125万元。

（二）双语学校基本办学条件仍需提高

1. 牧区县和部分农区县学校办学标准低

牧区县和部分农区县学校办学标准低，远远达不到县域内义务教育均衡发展的要求。以若尔盖县、黑水县为例，学校教学仪器设备、体育运动场馆、音体美器材、计算机等基本办学条件严重不达标，黑水县小学综合差异系数高达0.99，若尔盖县初中差异系数高达0.67，均处于不达标、不均衡的发展状态。其他牧区县学校办学情况与若尔盖县基本一致。硬件条件的缺失无法为双语学校发展提供强有力的保障。

2. 学生生活条件令人担忧

在一些藏区学校，学生生活条件令人担忧。一是学生住宿条件艰苦，目前学校虽然已经没有了"大通铺"的现象，但一些寄宿制学校尚未能做到"一生一铺"，很多学生都是两人共用一床一铺。二是学生安全饮水问题突出，以红原县为例，县城内所有学校均未能向学生提供饮用热水，不论是在炎热的夏季还是在寒冷的冬季，学生只能饮用冷水，这对学生的健康成长无疑是一个巨大隐患。三是学生洗浴条件不健全，虽然很多学校修建了浴室，但由于没有取暖措施及热水服务，这些设施基本处于空置状态，就算在夏季很多学校都无法提供洗澡的条件。

3. 后勤人员配置矛盾显著

因甘孜、阿坝两州条件艰苦，工资待遇较低，学校教师编制有限，所以后勤人员配置方面问题突出，很多学校后勤人员都为学校教师兼任或者请当地老乡帮忙。在访谈中一位教师这样谈：

访谈者：X老师，你们学校后勤配备人员情况如何？

X教师：我们学校后勤配备人员这块几乎是空缺。以学校校医为例,我们学校没有正式的校医,唯一的一名校医还是由我们的藏语文教师兼任的,该教师有课的时候去班里代课,没课的时候在医务室坐诊,条件非常艰苦。

访谈者:那咱们学校的安保人员呢?

X 教师:我们学校安保人员是聘请当地老乡担任的,有两个人,其余安保人员就由我们学校的教师自己充当,每天晚上10点下课后到第二天早上上课之前,我们代课教师配合这两个安保人员轮流守夜。因为没有相应的编制,所以我们只能从学校办学经费里面出钱聘请,这就出现安保人员数量少、流动性大、素质低、专业性不强的状况。总而言之,我们学校的后勤保障情况令人担忧。(木雅祖庆学校 X 教师访谈)

阿坝州红原县教育局行政官员也谈到这个问题:"我们红原县全县只有两所学校配备了校医,心理教师、安保人员等后勤人员都存在很大空缺"。

4. 取暖问题突出

甘孜、阿坝两州地处高原地区,平均海拔在3000米以上,冬天学生取暖问题尤为突出,表现为取暖费用紧缺、取暖设备短缺。以阿坝州红原县为例,红原县平均海拔在3600米以上,年平均气温在1摄氏度左右,冬季气温在零下25摄氏度左右,极寒天气气温为零下37摄氏度,属于高寒牧区。义务教育阶段学校取暖费为生均200元/年(高中和学前教育没有纳入取暖费补助范围,县级财政给予生均50元/年的补助),只能基本满足,而且取暖方式极其落后,只能以烧火炉的方式进行取暖。此外学生寝室、食堂等场所无取暖设施(县城城关小学和两所中学教室、学生寝室去年接通了城市集中供暖),一到冬季学生生活极其艰难。

(三) 双语教师队伍建设问题

1. 教师队伍不能适应双语教育发展的要求

(1) 一类模式中学教师总量不足。现有双语师资现状,还不能满足双语教育日益发展以及阿坝州实现十五年义务教育的需求。据统计，近5年内该州还需要新增一类模式教师411人。师资总量不足的主要原因有四点：一是双语学校生源激增，学校规模迅速扩大；二是寄宿制学校多，管理人员需求量大；三是教师进修学习量大，工学矛盾突出；四是双语学校教职工编制紧缺。

（2）师资学科不配套。教师学科结构不合理，专业化程度低，教非所学的问题突出。根据统计，该州一类模式中学学科专业不对口的教师比例为政治95.83%、地理58.62%、历史54.29%、生物33.33%，教师专业与学科不配套极大地影响了教学质量的提高。归结起来有以下几个主要原因：一是本地办学水平低，高学历人才极度短缺；二是省内民族院校双语专业单一，特别是一些紧缺学科（如数学、物理、化学、历史、地理、生物、政治等）的专业教师培养较少，双语师资来源主要依赖青海省；三是双语教师专业学习、培训、进修机会少；四是编制紧缺，州内定向培养力度不够。

（3）教师队伍整体水平偏低。双语教师队伍整体业务能力弱。其中藏文中学现有学科教师个体的藏文和学科专业知识水平参差不齐，难以满足一类模式中学的教学要求，原因有四方面。一是双语全日制本科和专科毕业生中多数优生进了公务员队伍。二是在职教师第二学历比例高，这些学历虽合格，但教师实际学科教学水平和业务能力没有得到提高。有的教师虽然解决了语言工具问题，却不具有系统专业的学科知识。三是地处偏远，平时观摩学习、交流、培养培训机会少。四是部分教师自学能力较差、终身学习意识还未形成，平时又很少与其他教师进行交流、学习。

（4）双语教师引进难、留不住。由于川内学校双语师资培养专业单一，导致阿坝州一类模式的中学教师队伍长期存在学科结构性矛盾。为了调整教师的学科结构，阿坝州自2010年起实施了跨省招聘双语教师的工作，这一举措拓宽了该州双语师资来源，教师学科结构得到明显改善。但是，由于招聘的双语教师很多是青海籍（2010年招聘的239名教师中，有102名为青海籍），难以适应州内工作和生活，教师流失严重。2010年招聘来的青海籍双语教师调离、辞职或考研的共33人，占招聘双语教师的 14%。

2. 双语教师培养体制不健全

一类模式的中学教师培养过度依赖省外。由于四川省高等师范大学尚无一类模式的中学教师培养基地，阿坝州一类模式中学数学、物理、化学、生物、地理、历史、政治等学科教师只能依赖省外培养，省外高校又存在专业结构不合理、招生计划有限、专业水平不高的问题，无法解决阿坝州一类模式中学教学师资需求的问题和矛盾。

3. 双语教师培养培训方式亟待改革

（1）培训内容缺乏针对性，培训形式单一。培训资源严重缺乏，授课教师的师资力量弱，课程设置专业性不强，缺乏针对性和实效性。双语师资培训基地发展后劲不足，双语培训师资平台路窄面小，授课专家大多从省外高校聘请，培训基地缺乏一线优秀双语教师。培养方式融入教学实践不够，参训教师吸收消化不好。授课模式大多仍是讲座的形式，互动性不够，没有达到参训教师预期培训效果。

（2）网络培训的硬件支持不完善。远程网络培训具有容量大、资源足、学习便捷等优点，能在一定程度上缓解工学矛盾。但阿坝州部分乡村学校没有电脑、网络，尤其是草地四县因各种因素时常断电、断网，无法保障教师正常参培，极大影响了参培效果。

（四）双语理科教学问题突出

高考作为基础教育的出口，其成绩直接体现基础教育质量的高低。近年来，阿坝州高考成绩呈现整体提高的良好态势。2013～2016 年，全州理科硬上线人数分别为 440 人、463 人、437 人、516 人，年均增长 5.5%。其中：普通模式（含二类模式）理科本科硬上线人数分别为 360 人、374 人、335 人、386 人，年均增长 2.4%；一类模式理科本科硬上线人数分别为 80 人、89 人、102 人、130 人，年均增长 17%，硬上线人数和硬上线率均为四川藏区第一。

但与全省平均水平相比，阿坝州理科教育质量仍然较低。在调研中一位双语学校理科教师这样说道："据高考反馈的信息来看，学生理科成绩普遍较低，以数学成绩来看，我们学生平均分只在 50 分左右"。由此可见，阿坝州理科教学情况堪忧。据阿坝州相关数据，2013～2016 年，普通模式（含二类模式）文科数学得分率为全省平均分的 60%～65%，理科数学得分率为全省平均分的 70%～75%，理科综合得分率为全省平均分的 70%～90%，且波动幅度较大；一类模式文科数学得分率为全省平均分的 35%～42%，理科数学得分率为全省平均分的 38%～42%，理科综合得分率为全省平均分的 36%～42%。总体来看，普通模式优于二类模式，二类模式优于一类模式。

（五）双语教材教辅问题

四川省的藏文教材 1981 年以来由藏、青、川、甘、滇五省区协作编译，全国藏文教材审查委员会审定，各有关出版社出版。目前已编译出版了中小学全部课本和部分参考书，其中大部分已在四川省发行。但双语教材仍然出现不符合当地教学实践、教材难度尤其是理科教材难度过大的现象。

此外，调研中发现，各学段教师对双语教学中的教辅问题反映强烈，总结起来可以分为以下三点。一是教辅资料不适应民族地区各科教学需求。目前，阿坝州使用的教辅资料主要针对内地的中等及以上学生学习基础编撰而成，轻基础、重难点的现象突出，不符合民族地区实际。二是教辅资料相对陈旧。部分新印的成套教辅资料虽然年年再版，但改动极少，练习题繁、难、偏、旧。三是双语各学段藏文版教辅资料严重缺乏，无法满足正常的教育教学需求。

（六）双语学前教育严重滞后

根据《国务院办公厅转发教育部等部门（单位）关于幼儿教育改革与发展指导意见的通知》（国办发〔2003〕13 号）文件精神，双语教学应紧紧抓住幼儿学习语言的关键时期，坚持从幼儿入手，以农村教育为重点，大力推进幼儿、学前双语教学工作。但在实际调研中发现，四川藏区学前教育严重滞后，有些地区甚至空白，具体表现为以下几个方面。

第一，藏区双语幼儿园开办数量少。虽然阿坝州已独立设置双语幼儿园 171 所，但在地广人稀的藏区，仍然显得杯水车薪，无法满足大多数藏区学前幼儿入园的愿望。红原一位教育官员这样说道："在我们红原双语学前教育仍是一片空白，究其原因，还是双语幼儿园开办数量少。由于孩子太小，家长不愿把孩子送到学校寄宿"。

第二，学前双语师资数量少。经测算，阿坝州学前教育尚需 600 余名双语教师，目前阿坝师专和马尔康师范学校联办的学前双语班规模小，不能满足阿坝州对学前双语教师的需求。

（七）双语授课学生"出口"难以保证

随着双语高考升学率的不断提高和牧区"普九"任务的全面完成，双语初高中生源有了大幅度增长。为了让牧区学生有机会接受良好的初高中教育，2009 年秋季开始实施"9+3"免费职业教育。初中毕业后实行教育分流，一部分学生进入高中，继续进行普通升学教育；另一部分学生进入职业技术学校，进行职业教育。但调研中发现，很多藏区家长不愿让学生进入职业技术学校学习。以红原县为例，2015 年教育分流的比例为 5∶5（即进入普通高中的学生数占学生总数的 50%，进入职业技术学校的学生数占学生总数的 50%），2016 年教育分流的比例为 5.5∶4.5。但这仍然无法满足藏区学生家长对孩子进入普通高中接受普通升学教育的愿望。

四 对策及建议

（一）加强四川省双语教育保障措施

外部保障不仅是扎实推进四川民族教育事业的有效外部因素，更是四川省双语教育快速发展的强大动力，加强四川省双语教育的外部保障措施关乎四川省民族地区人民的切身利益。我们认为应从双语教育专项经费及信息化建设两个方面为四川省双语教育的发展保驾护航。

首先，设立双语教育专项经费，为双语教育发展提供充足资金。一方面，建议在地方财政和国家财政中设立双语教育专项经费，合理增加双语教育经费及设备维护费用，适当提高十五年免费教育经费标准，保证专项经费专项落实，同时将高中教育学杂费用也纳入相关减免标准。另一方面设立督察机制，保证专项经费合理、有效地运用在急需的地方，为四川省双语教育的快速发展提供经费上的保证。

其次，加大信息化建设力度。一是增加双语学校信息化建设的资金，建议设立藏区学校信息化建设省级专项资金。各州要优化财力，设立信息化建设、维护州级专项资金。二是加强双语信息化资源建设。积极与双语信息化资源发达的地区开展交流合作，在对现有的双语信息化教育资源进行补充、完善的基础上，不断丰富双语信息化资源，为开展双语信息化教学提供资源保障。三是强化对双语学校信息化专业管理人员和教师的培养、培训。有针对性地对管理人员、双语教师开展信息化专业培训，提高管理人员管理水平，提升双语教师运用和驾驭信息技术的能力，为开展双语信息化教学提供人才保障。

（二）努力提高双语学校基本办学条件

努力提高四川省民族地区双语学校基本办学条件既是发展民族地区教育重要而有效的途径，又是解决目前民族地区、民族学校面临的诸多问题与困难的必由之路，依据调研提出如下建议。

1. 提高牧区县和部分农区县学校的办学标准，实现优质教育资源的均衡发展

政府单位及相关教育部门要按照全州教育发展规划，重点向牧区县及部分农区县学校倾斜，提高其办学标准，加快缩短牧区县和部分农区县学校教育硬件设施上的差距。

2. 努力改善学生生活条件

在四川省的民族地区，应加强各级学校校舍、浴室等硬件设施的标准化建设。此项工程应包括寄宿制学校校舍和食堂建设，饮水工程和开水、热水供应配套设施设备建设。

3. 解决后勤人员配置矛盾

针对后勤人员缺乏的现状，一方面省内、州内要增加后勤人员的编制，在社会上公开招聘拥有专业技能的后勤管理人员；另一方面可以增加政府购买服务的数量，以解决短期内后勤人员缺乏的问题。

4. 解决学生取暖问题

建议进一步提高高寒牧区学生取暖费标准，将高中和学前教育纳入学生取暖费补助范围。改造学校取暖设施，采用合适的取暖方式，使学生寝室和食堂能安全取暖，改善学生生活条件。同时，要依据具体情况提供取暖费用，即不能用平均海拔的计算方式来核定学生及教职工的取暖费用。

（三）加强双语教师师资队伍建设

1. 努力建立一支高水平、高素质，适应四川省双语教育发展的特色化双语教师师资队伍

四川省双语师资队伍建设中存在的教师总量不足、部分学科专业不对口、教师整体素质不高、外省教师留不住等问题是制约藏汉双语教育质量提升的主要因素。因此，培养一支数量充足、质量合格、结构合理的本土化双语教师师资队伍迫在眉睫。针对四川省双语教师师资队伍建设的紧迫性和特殊性，建议采取以下特殊措施。

第一，增加双语学校教职工编制。牧区双语学校教职工编制总量已难以满足当前的需求，建议充分考虑牧区气候恶劣、条件艰苦、地域宽广、人口居住分散的实际困难和校点分布较多、课程设置冗杂、寄宿制管理人员多的实际情况，增加牧区学校双语教师和寄宿制管理人员编制，以推动双语教育事业蓬勃发展。

第二，借助免费师范生平台，促进双语教师学科配套。立足本地学生，借助免费师范生这个培养平台，通过定向培养扩充双语师资队伍，促进双语教师学科配套工程的推进，提高双语师资队伍的整体水平，满足双语教育发展需要。

第三，加大双语教师培训力度。首先，充分利用青海师范大学、西南民族大学、西昌学院、四川民族学院、阿坝师范学院等省内外高校的教学

资源,采用"送出去、请进来"等方式,培训双语教师。其次,加大双语教师引入力度,继续从省内外高等院校直接招聘双语教师。

第四,加强政策扶持,改变双语优秀教师引进难、留不住的现象。高原地区条件艰苦、待遇偏低是双语教师引进难,留不住的主要原因,因此要在政策上为在此地区工作的双语教师提供一定扶持,解除其后顾之忧,以保证双语教师引得进、留得下。

具体而言,一是从国家层面制订鼓励教师终身从教的奖励办法。二是制订"教师任职满十年可享受上一级工资和医疗待遇"等政策。三是适当提高中高级职称在岗位设置中的比例,设置特设岗位,解决业绩特别突出教师的岗位聘任问题。四是参照西藏工资福利政策,设立川甘青交界地区教师特殊津贴。五是国家制订统一的教师绩效工资标准,避免区域间差距过大。

2. 建立健全双语教师培养体制

基于四川省双语教师紧缺的现状,应建立双语教师应急培养体制及长期培养体制,具体情况如下。

(1) 应急措施

随着四川省双语教育规模的扩大,教师的需求量不断增加,教师总量严重不足。以阿坝州为例,州民中、水磨中学、阿坝藏文中学等一类模式高中专任教师已"告急",只有采取应急性培养措施才能解决该州教师紧缺的燃眉之急。

应急性培养措施之一:选拔初中优秀教师进行培养。从2016年秋季开始,从全州一类模式初中政治、历史、地理、数学、物理、化学、生物等学科教师中遴选部分优秀教师,委托威州中学进行1年的强化性培养,连续3年培训各科教师,以补充近5年内一类模式高中教师的不足。

应急性培养措施之二:选拔优秀应届大学毕业生进行培养。青海师大、青海民大、西北民大、甘肃民族师范学院是阿坝州一类模式中学师资的主要来源高校,也是阿坝州籍一类模式本科师范生较多的学校(根据统计,以上大学2015年毕业生中阿坝州籍有数学18人、物理14人、化学8人、英语3人、历史2人、藏语文5人)。每年秋季,从以上师范院校四年级的阿坝州籍学生中选拔政治、历史、地理、数学、物理、化学、生物专业的部分优秀学生，利用实习时间（8月~次年4月），在马尔康中学组织"顶岗实习"，以培养学生学科专业技能为主，加快学生教学技能的提升，作为当年该州一类模式中学新增教师的主要招聘对象。

（2）长期性培养措施

四川省双语教师师资来源长期依赖四川、青海等民族、师范大学，因此，要依托省内普通高等民族、师范院校（西南民族大学、四川民族学院、四川师范大学、西华师范大学）办班，定向培养紧缺学科教师，尤其是理科教师。

具体来说，一是由国家研究制订川甘青交界地区基层双语教师的特殊补充机制，即放宽准入条件。对自愿回乡从事教育且具备双语能力的中职等一般学历人员，经考试选拔后，安排其到高等师范类院校进行订单式培养，充实基层教师队伍。二是在国家重点师范院校实施免费双语师范生专项培养计划，加大对理科教师的定向培养力度。同时，参照军校学生培养方式，委托中央民大、西南民大、阿坝师院、四川民院等国内民族院校定向培养一类模式紧缺学科教师。

3. 完善双语在职教师培训机制

（1）加大小学一类模式数学教师州级培训力度。一类模式小学数学教学质量是一类模式小学阶段教学质量的学科短板，小学阶段数学教学质量偏低不仅一直影响一类模式初高中理科教学质量的提升，还严重影响学生的升学和就业。重点培训小学一类模式数学教师是当务之急。建议在马尔康师范学校开办全州一类模式数学"二月制轮训班"，重点培训数学基础知识、基本思想和方法，两年内完成400人轮训任务。

（2）加强初中一类模式教师跟岗培训。安排初中数学、英语、历史、地理、思想品德、物理、化学、生物等8科任课教师分期分批到州内汉文初中进行跟岗培训，两年内完成230人跟岗培训任务。

（四）想方设法解决双语教学理科薄弱的问题

理科教学是双语教学中的薄弱环节，这一问题在四川藏区双语学校中尤为突出，针对当地实际情况，我们应采取以下几方面措施，解决双语教学理科薄弱这一困难。

一是配齐理科教师。在国家重点师范院校及四川当地院校实施民族地区免费师范生培养计划，主要对理科教师实行定向培养。同时，参照军队院校学生培养方式，签订定向培养合同，委托国内民族院校定向培养一类模式理科教师。二是整合理科教学资源。在国家民族教育出版社增设专门机构，牵头整合藏区现有人才资源，成立集藏汉双语教材、教辅研发和出版于一体的双语教材教辅研发出版机构。同时加快推进教材教辅信息化，供教师和学生免费下载使用，并及时予以更新。三是加大民族地区现有理科教师课程培训力度，加快推进新课程改革，提高理科教学质量。

（五）设立藏汉双语教材教辅研发机构

在国家层面，由民族出版社下设一个专门机构，牵头负责整合藏区现有人才资源，成立集藏汉双语教材、教辅研发和出版于一体的双语教育教材、教辅研发出版机构，重点解决五省区学前教育双语教材匮乏、中小学双语教材质量不高、中小学教辅资料奇缺等问题。

在地方层面，出台民族地区教研员配备标准，配齐并着力加强双语教育教研员队伍，充分发挥县级教研室的基础性作用。同时，指定一批民族教育研究机构和民族地区高校加强藏汉双语教材、教辅的开发研究工作，确保藏汉双语教材符合当地的教学实际。

（六）促进藏区学前双语教育的快速发展

针对藏区学前双语教育空白的现状，我们应从政策、经费、设施、教师四个方面予以扶持。在政策方面，对藏区学前双语教育予以相关政策倾斜。在办学经费方面，建议中央、省在"十三五"规划，特别是川甘青交界区域教育发展规划中，进一步加大对藏区学前教育事业发展的支持力度，增加学前双语教育的保教费及相关建设费用。

（七）确保双语授课学生"出口"畅通

初升高学生的"出口"问题实质是教育分流问题，解决学生"出口"问题要从改变家长观念及灵活调整普通高中升学率与职业学校升学率两方面进行。

首先要引导藏区学生家长改变固有的陈旧观念，使其明白普通升学教育与职业教育都是可以发展学生的教育，毕业后都可指引学生找到一份好工作。这方面的改变一方面要通过政府及相关部门的引导与宣传，另一方面要透过学生对父母进行观念的传达与影响。其次，要灵活调整"初升高"学生的分流比例。依据当地每年普通高中及职业技术学校的学生容量，结合藏区学生家长的主观诉求，灵活调整"初升高"学生的分流比例，确保每个学生都有学上，上好学。

执笔：苏德、袁梅等

第十章

四川省甘孜藏族自治州藏汉双语教育政策成效的调查研究

当今世界信息技术革命风起云涌，打破了局部与地区的隔阂，合理利用与发掘世界文化资源是实现全球化与本土化、多样性与共同性、民族性与世界性有机统一的有效渠道。作为交流与思维的工具，语言积淀着丰厚的文化底蕴。学校教育是系统传授语言文化知识的主要场所，对主体民族语言不甚熟悉的民族地区学生采用何种语言授课是亟待关注与探讨的问题。[①]

我国民族地区的双语教育在实践中取得了丰硕的经验成果，但政策缺失、立法滞后、研究方向驳杂、相关政策配套落实经验不足等问题比比皆是。时代的进步对民族双语教育提出了新的挑战，与时俱进和实事求是的双语教育政策是提升双语教育质量的重要砝码和有力保障。当前，甘孜藏区的双语教育正处于从实践中总结经验的探索期，双语教育政策的制订与执行也处在试验与改革的攻坚时期，双语教育相关利益群体进步的趋势与政策的实施成效息息相关。目前的研究多着眼于建设双语师资队伍、提升双语教学理论与技能、灵活运用双语教育模式等维度，通过政策执行层面来透视甘孜藏区双语教育面临的困境的研究甚少。现阶段，甘孜藏区中小学双语教育政策的执行仍存在诸多阻力，如双语教育的升学率有待提高、双语师资队伍量少质弱、双语教材和课外读物乏善可陈等。因此，反思双语教育政策的实施困境和对策之举是实现当地双语教育跨越式发展的迫切

---

① 董艳：《文化环境与双语教育》，民族出版社，2002。

需要。

甘孜州雅江县中小学双语教学起步较早，也积累了许多丰富的双语教学经验，但由于课程体系、教学时间、教师规模、教材质量等客观条件的限制，学校在教学中面临着协调汉语与少数民族母语教育合理平衡，且依托国家藏汉双语教育政策，因势利导，从而探索一条广受各族民众拥护、能促进少数民族语言教学模式现代化的道路的实际问题。基于此，课题组奔赴雅江县进行藏汉双语教育政策实施情况的相关调研，涉及的学校有甘孜州雅江县中学、城关一小。本次调研得到了雅江县委办公室、雅江县教育局的大力支持。

一 甘孜州双语教育基本情况

甘孜藏族自治州（以下简称甘孜州）位于四川省西部，面积为 15.26 万平方公里，辖 18 个县、27 个镇、298 个乡、49 个社区和居委会、2736 个村委会。2010 年第六次全国人口普查公报数据显示，全州常住人口 109.18 万人，其中藏族人口 85.49 万人，占总人口的 78.30%，是四川省第一大藏区。[①]

全州中小学皆采用双语教学模式。目前，我国少数民族地区双语教学模式主要分为两类，一是以少数民族语言（母语）为主，加授汉语语文的一类模式；二是以汉语语文授课为主，加授少数民族语文的二类模式。不同模式适用于不同的现实情况，通常日常生活交流中以少数民族语言（藏语）为主的地区采用一类模式，以汉语交流为主的地区采用二类模式，我们所考察的甘孜州雅江县中学和城关小学则是采用的二类模式。

《四川省"十二五"教育事业发展规划》对双语教育师资队伍的培训与考察、双语教材体系的建设、双语教学科研工作的深入开展进行了明确规划。甘孜州教育部门立足当前、着眼未来，对该地区双语教育工作的基

---

① 陈光军：《藏区青少年群体社会主义核心价值观教育研究——以四川省甘孜藏族自治州为例》，《广东青年职业学院学报》2015 年第 2 期，第 73～77 页。

本做法做出了示范。一是努力探索双语教育发展规律。根据区域语言基础与环境，甘孜州可以划分为三大片区（康东片区、康南片区和康北片区），全州学校遍布三区。康东和康南的双语教学格局以二类模式为主、一类模式为辅；康北的双语教学格局则以一类模式为主、二类模式为辅。二是按层次分区，遵循分散与集中相结合的办学原则。义务教育阶段的双语教育由县举办，高中阶段则由州统一集中办学。三是加强师资队伍建设，积极培训在岗教师和引进双语教师。四是确保小学到高中的试题衔接，规范各类统测、直译中考试题。五是加强校本课程教研工作，规范双语中小学的课程标准和课时计划。六是正确认识双语教育与高考接轨的重要性和必要性。

（一）甘孜州双语教育发展历程

甘孜州的双语教学在解放后大致经历以下四个阶段。

1. 探索启动阶段（20 世纪 50～70 年代）。50 年代初，初步建立了州双语教学机构，在全州试办藏民小学，藏文教师多为具有藏文功底的藏民。当时的西康省藏族自治区人民政府在1952年成立教材编译委员会，全面安排部署了藏文教材与读物的编写。同年创办甘孜师范校（现康定民族高级中学的前身），旨在通过短班专训等方式培养一批小学藏文教师。康定师范学校（1958 年创办）通过开办中师班来解决州内各县高小以上教师短缺难题。

2. 总结完善阶段（20 世纪 70～90 年代）。1979 年，甘孜州根据群众意愿、居住地区和语言环境分类实施双语教学计划，各县（除泸定、九龙两县外）都设置了双语教学的学校和班级，双语教育得到广泛普及和推广。① 首先，进一步夯实双语师资教育培训机构，陆续创办了巴塘师范校（现康南民族高级中学前身）、四川省藏文学校、康定民族师范专科学校。其次，加强农牧区双语师资培训力度，严格考察一线藏文教师学

---

① 唐永生：《加强双语教学工作 推进民族教育科学发展—甘孜州双语教学现状与对策研究》，《四川民族学院学报》2009 年第 3 期。

历达标率和双语兼通率。最后，探索与规范契合本地区实际情况的双语教育模式。

1989年召开首届甘孜州双语教学工作会，就思想认识进行了深化与统一，构建了分类规划、指导与办学的初步框架。1995年，州教育局颁布了《甘孜州普及中小学双语教学计划》，因地制宜规划出一、二、三类双语教学模式。全州的双语教育工作在实践中不断总结经验，成为四川省民族教育的典型。①

3. 萎缩弱化阶段（20世纪90年代后期到2004年）。全州双语教学跌入低谷，大部分县放弃以藏文为主的教学模式，转而在双语教学中开设一门藏文课，导致藏文教学形同虚设。② 导致甘孜州双语教学与科研工作滞后的原因可以归纳为以下几点。一是双语教育规划缺乏全局思想，小初高的衔接得到了暂时解决，但高中毕业后双语教学的"通车"问题仍悬而未决，接受三类教学模式的藏族学生仅限报考省内西南民族大学、康定师专等院校的藏文专业，能实现本科深造的农牧区学生更是凤毛麟角。二是受限于国家的招生就业政策，"读书无用论"和"学藏文无用论"在农牧区甚嚣尘上。三是双语教师量少质弱且待遇差，生存困境逼迫部分藏语文科研工作者和专任教师择木而栖。

4. 深化改革与恢复发展阶段（21世纪初至今）。2004年后，州政府和教育局牢牢把握"民族教育发展十年行动计划"和国家"西部地区两基攻坚"计划，将双语教学看作民族教育的生命线，深入甘孜州各县校对双语教学现况重新把脉诊断，厘清双语教学发展思路，加快建设学校基础设施和双语师资队伍，合理规划和调整学校布局，推动全州双语教育规模和效益的整体提升。③

---

① 唐永生：《加强双语教学工作 推进民族教育科学发展—甘孜州双语教学现状与对策研究》，《四川民族学院学报》2009年第3期。
② 唐永生：《加强双语教学工作 推进民族教育科学发展—甘孜州双语教学现状与对策研究》，《四川民族学院学报》2009年第3期。
③ 唐永生：《加强双语教学工作 推进民族教育科学发展—甘孜州双语教学现状与对策研究》，《四川民族学院学报》2009年第3期。

自十一届三中全会以来，甘孜州的双语教育经历了四十年的曲折发展，在实践和探索中形成了"双语教学、两类模式、两次分流、三级规划、二十年分三步走"的双语教育体制基本框架。历经几十年的探索实践，甘孜州的双语教育事业目前正处于提高质量、完善体制的关键革新阶段。

（二）样本学校双语教育开展情况

课题组调研的个案点位于雅江县中心区域，经济水平较高。但总体而言，相对落后的经济条件制约着雅江县的基础设施建设和社会事业发展，尤其是基础教育质量堪忧。

1. 雅江县中学

雅江县中学创办于1959年9月，是甘孜州内办学较早的中学之一，至今已有六十年的历史。雅江县中学的创办，结束了雅江无中学教育的历史，标志着雅江教育划时代的发展。1988年3月，四川省教委批准雅江县中学为州县重点中学。目前雅江县中学已发展成拥有31个教学班、131名教职工、2700多名学生、占地29476平方米的高级完全中学。根据甘孜州的地域和学校所在地的语言基础与环境，不同的片区实施不同的双语教育模式。其中，雅江县中学所处的雅江县属于康南片区，实施的是二类双语教育模式。

雅江县中学双语教学起步较早，也积累了许多丰富的双语教学经验，但由于课程体系、教学时间、教师规模、教材质量等客观条件的限制，学校在教学中面临着依托国家藏汉双语教育政策，因势利导，探索一条广受各族民众拥护，又能促进少数民族语言教学模式现代化的道路的实际问题。

该校根据师生自身情况，每学年都制订符合学校实际的藏汉双语教学工作计划，做到在教学生学习藏语的同时，努力提高学生的汉语水平；利用各种渠道和方式努力营造双语学习氛围，多管齐下，大力宣传语言文字规范化，在全校师生中达成共识，掀起热潮；在每年九月的第三周认真组织开展形式多样、丰富多彩的"推普宣传周"活动；根据学校和学生的具体情况，由本校藏文教师牵头，编印校本藏文教材；学期末由任课老师对学生进行考核；征订民族类报纸杂志供师生们阅读，提高师生对藏族传统文化的了解；以在职培训为主，加强师资队伍建设，保证藏汉双语教学质量。

2. 城关一小

城关一小成立于2008年6月，现有义务教育阶段班级24个（均为双语班），每个年级开设2个双语实验班；在校学生1080人，除了若干班级存在几名汉族学生外，绝大部分学生为藏族；有教职工50人，其中藏族教师35人、汉族教师15人，分别占教师总人数的70%和30%。2015年，四川省教育厅印发了《四川省义务教育课程设置方案（2015年修订）》（川教〔2015〕41号），城关一小根据文件精神，结合本校具体情况，共开设了11门课程。义务教育阶段（以高年级为代表）二类双语教育模式为汉文（7节/周）、藏文（4节/周）。

该校位于雅江县中心地带，雅江县的公共设施和教育资源都集中在此，为学生提供了良好的教育环境。该校为非寄宿制学校，教师常身兼多职，相关值班护校与生活辅导等工作均由专任教师在课余时间承担，且没有额外的津贴补助。城关一小2016年教职工信息手册显示，该校共有教职工50人，藏族教师35人、汉族教师15人，35人持有教师资格证，20人持有普通话证书，本科学历8人、大专学历31人、研究生学历1人，高级职称18人、小一15人、小二7人。

学校的生源多数为该校片区适龄儿童，也招收其他片区的合适生源，教职工的子女大多就读于该校，生源质量在雅江县首屈一指。全校1080名学生，96%为藏族，2%为汉族，2%为其他民族。由于部分学生的双语基础较好，该校在每个年级（主要是高年级）设置两个双语实验班。同一个年级，学生的年龄参差不齐，五年级学生最大的已有16周岁，这些学生并非留级生，而是入学较晚。由于国家早就对少数民族地区实行二胎开放政策，因此许多学生都有兄弟姐妹，且在同一学校，彼此可以相互照顾。

该校以藏汉双语教育为载体，开展具有地方民族特色的文艺、体育活动，争取办好一年一次的民族体育进校园、民族歌曲进校园、藏语作文比赛、藏语故事比赛、民族才艺表演等"五个一"活动，以此调动广大师生的积极性，营造良好的藏汉双语教学氛围，促进民族文化的传承与发展。

该校还积极配合雅江县教育局做好针对藏汉双语教育而实施的藏语文培训班、骨干教师培训班、校长培训班、教导主任培训班、教研员培训班等培养培训活动；开展教师双语教学基本知识和基本技能竞赛，通过多种方式提高藏汉双语教师素质，提高双语教育质量。

二 研究工具和研究假设

（一）研究工具

问卷主要参考相关文献研究，同时参考课题组负责人及课题组成员的建议编拟而成。问卷编制根据研究对象的特点分为封闭式和开放式两种。其中，封闭式的量表以李克特5点法为依归，以"5非常符合""4比较符合""3一般""2不符合""1非常不符合"为基准计算分值。

本次问卷将从如下三个部分展开。第一部分为基本资料的调解，第二部分为调查的核心问题，第三部分主要是一些开放的主观问题。在第二部分中问卷内容又可以细分成五个层面：一是"语言基础与环境"层面，设计题项共6题；二是"语言态度与动机"层面，设计题项有6题；三是"语言教学"层面，设计题项共6题；四是"语言习得"层面，设计题项共6题；五是"政策满意度"层面，设计题项共6题。总计30题，采取无记名勾选方式，让受试者勾选。第三部分是对藏汉双语教学实施的看法及意见，为开放式题型，共1题。课题组于2017年1月获得所有数据，并利用SPSS21.0进行分析。同时，为了保证问卷内容的妥当性，已咨询相关专家对问卷进行修正。

本研究正式问卷依据专家审查意见修正编制，共分三部分：第一部分是基本资料；第二部分为勾选题，目的是了解甘孜州中小学校学生在双语教学中的情况；第三部分为开放式问题，由学生发表对双语教育政策成效的意见与看法。

（二）变量定义与假设

少数民族的语言教育需要考量各种因素，语言教育的成败直接影响教学的水平和质量。因此，在研究的过程中，有必要对各种变量进行重新梳理和归类，以便形成一个完整的研究体系。从生态系统理论来看，个体与生态中的各种因素相关联，受到环境因素的影响比较大。与此同时，环境因素又可以进一步细分为宏观、中观与微观三个子系统，不同的系统是由低级到高级层层嵌套的，且不同的子系统之间存在明显的相互作用。参照该理论，我们可以将影响少数民族双语教学的因素分为宏观、中观与微观因素，具体而言可以细分为三方面。学生所处地区和环境的因素：语言基础与环境；学生个体方面的因素：语言态度（语言忠诚、语言认同）与动机；学校办学方面的因素：教学方式、教材利用、学校资源、课程评价。这几方面的因素可以相互整合，形成较为完整的因子系统。

1. 语言基础与环境

在双语教育政策执行过程中，双语背景中的语言基础与环境对双语教育政策绩效产生重要的影响。在语言基础这一维度，问卷设计了"我平时会用藏语谈话和交流""我平时用汉语交流与使用汉字""我可以在日常交流中准确运用藏语""我可以熟练使用藏文"等四个问题，以此来表现语言基础因素对双语教育政策绩效的影响。在语言环境这一维度，问卷设计了"本校有藏语文教学环境的布置""我所居住的社区或村落大多数仍然以藏语文沟通""我常用藏语跟我的家人沟通""学校会公开鼓励学生在校内使用藏语""家长对我的藏语文学习非常支持""我的社区与村落对藏语文学习非常支持"等问题。据此提出研究假设，并将利用统计分析进行检验。

2. 语言态度与动机

语言忠诚与语言认同是语言态度的分项，是本研究的两大维度，在语言忠诚维度，问卷设计了"藏族学生都要学习藏语文、文化才不会消失"、"上藏语文课程不会增加我额外功课及压力"、"上藏语文课程不会影响我在其他学科的成绩"、"纵使没有藏语认证考试与升学优惠，我还会选择上藏语文课程"等问题。在语言认同层面，问卷设计了"我喜欢藏语言文字"、"我喜欢藏语言发音日常生活中"、"我更喜欢用藏语文与人交流"、"我更喜欢用藏语文发短信、语音留言或邮件"等问题。学习动机是学习动力的外在表现，或者说动机在某种程度上可以转化为内在学习动力，对促进学生学习双语具有较大的作用。藏汉双语教育政策绩也受到很多因素的影响，教学信息、教育方式等都对其影响颇大，语言态度与学习动机也能够施加影响，学习动机总与一定的学习活动相关联。在学习动机这一维度，问卷设计了"受到藏族传统文化影响"、"跟藏族同胞交往和交流的需要"、"受到父母、学校或老师的推动"、"提高自己的藏语文水平和能力"和"自我发展的需要"等问题。据此提出以下假设，并将利用统计分析进行检验。

3. 语言教学

在双语教育政策执行过程中，语言教学中的教学方式、教材利用、学校资源与课程评价对双语教育政策绩效产生重要的影响。因此，本研究将提出如下一系列假设，并进行统计分析。

诚然，通过变量转化，本研究的主题可以转化为如下变量之间的相互关系。

（四）语言习得及其影响因素

H1：语言基础与环境越好，语言能力越强。

H1.1：中小学学生藏汉语言基础越好，则学生的双语能力越强。

H1.2：中小学学生藏汉双语学习环境越好，则学生的双语能力越强。

H1.3：中小学学生藏汉双语社会支持度越高，则学生的双语能力越强。

H2：语言基础与环境越好，语言使用越频繁。

H2.1：中小学学生藏汉语言基础越好，则学生的双语使用越频繁。

H2.2：中小学学生藏汉双语学习环境越好，则学生的双语使用越频繁。

H2.3：中小学学生藏汉双语社会支持度越高，则学生的双语使用则越频繁。

H3：语言基础与环境越好，语言习得满意度越高。

H3.1：中小学学生藏汉语言基础越好，则学生的语言习得满意度越高。

H3.2：中小学学生藏汉双语学习环境越好，则学生的语言习得满意度越高。

H3.3：中小学学生藏汉双语社会支持度越高，则学生的语言习得满意度越高。

H4：语言态度与动机越积极，语言能力提升越快。

H4.1：中小学学生藏语言认同度越高，则学生的藏语言能力提升越快。

H4.2：中小学学生藏语言忠诚度越高，则学生的藏语言能力越强。

H4.3：中小学学生学习动机越强烈，学生的双语能力越强。

H5：语言态度与动机越积极，语言使用越频繁。

H5.1：中小学学生藏语言认同度越高，则学生的藏语言使用越频繁。

H5.2：中小学学生藏语言忠诚度越高，则学生的藏语言使用越频繁。

H5.3：中小学学生学习动机越强，则学生的双语使用则越频繁。

H6：语言态度与动机越积极，语言习得满意度越高。

H6.1：中小学学生藏语言认同度越高，则学生的语言习得满意度越高。

H6.2：中小学学生藏语言忠诚度越高，则学生的语言习得满意度越高。

H6.3：中小学学生藏汉双语学习动机越强，则学生的语言习得满意度越高。

H7：语言教学质量越高，学生双语能力提升越快。

H7.1：中小学学生对双语教材利用评价越高，则学生的双语言能力提升越快。

H7.2：中小学学生双语教学方式评价越高，则学生的双语言能力提升越强。

H7.3：中小学学生双语教学资源越丰富，则学生的双语能力越强。

H8：语言教学质量越高，语言使用越频繁。

H8.1：中小学学生双语教材利用评价越高，则学生的双语言使用越频繁。

H8.2：中小学学生双语教学方式评价越高，则学生的双语言使用越频繁。

H8.3：中小学学生学校资源越丰富，则学生的双语使用则越频繁。

H9：语言教学质量越高，语言习得满意度越高。

H9.1：中小学学生双语教材利用评价越高，则学生的语言习得满意度越高。

H9.2：中小学学生双语教学方式评价越高，则学生的语言习得满意度越高。

H9.3：中小学学生藏汉双语教学资源越丰富，则学生的语言习得满意度越高。

（五）政策满意度及其影响因素

H10：语言基础与环境越好，政策知晓度越高。

H10.1：中小学学生藏汉语言基础越好，则学生的双语教育政策知晓度越高。

H10.2：中小学学生藏汉双语学习环境越好，则学生的藏汉双语教育政策知晓度越高。

H10.3：中小学学生藏汉双语社会支持度越高，则学生的藏汉双语教育政策知晓度越高。

H11：语言基础与环境各变量越好，学生的整体政策满意度越高。

H11.1：中小学学生藏汉语言基础越好，则学生的藏汉双语教育政策整体满意度越高。

H11.2：中小学学生藏汉双语学习环境越好，则学生的藏汉双语教育政策整体满意度越高。

H11.3：中小学学生藏汉双语社会支持度越高，则学生的藏汉双语教育政策整体满意度越高。

H12：语言态度与动机越积极，对政策知晓度越高。

H12.1：中小学学生藏语言认同度越高，则学生的藏汉双语教育政策知晓度越高。

H12.2：中小学学生藏语言忠诚度越高，则学生的藏汉双语教育政策知晓度越高。

H12.3：中小学学生学习动机越强烈，学生的藏汉双语教育政策知晓度越高。

H13：语言态度与动机越积极，政策整体满意度越高。

H13.1：中小学学生藏语言认同度越高，则学生的藏汉双语教育政策整体满意度越高。

H13.2：中小学学生藏语言忠诚度越高，则学生的汉双语教育政策整体满意度越高。

H13.3：中小学学生学习动机越强，则汉双语教育政策整体满意度越高。

H14：语言教学质量越高，政策知晓度越高。

H14.1：中小学学生对双语教材利用评价越高，则学生的藏汉双语教育政策知晓度越高。

H14.2：中小学学生双语教学方式评价越高，则学生的藏汉双语教育政策知晓度越高。

H14.3：中小学学生双语教学资源越丰富，则学生的藏汉双语教育政策知晓度越高。

H14.4：中小学学生对藏汉双语课程评价越高，则学生的藏汉双语教育政策知晓度越高。

H15：语言教学质量越高，政策整体满意度越高。

H15.1：中小学学生双语教材利用评价越高，则学生的双语教育政策整体满意度越高。

H15.2：中小学学生双语教学方式评价越高，则学生的双语教育政策整体满意度越高。

H15.3：中小学学生学校资源越丰富，则学生的双语教育政策整体满意度越高。

H15.4：中小学学生课程评价越高，学生的双语教育政策整体满意度越高。

三 描述性统计分析

下文主要对调查所获得的数据进行面属性统计,并对方程进行因子分析。其中,描述性统计主要是对样本的结构进行整体分析,剔除质量不高的数据,筛选出合适的调查样本。本部分将运用 Amos 21.0 软件,对结构方程的因子进行测量分析,以便于验证样本的情况。

(一) 学生的基本信息

为了探究甘孜州藏汉双语教育成效情况,采取整群抽样方法,选择雅江县中学、城关一小作为学校样本,调查对象为 5~11 年级学生。在发放问卷前,对发放问卷教师进行了明确指导,并在学生回答问卷的过程中及时予以说明,问卷完成后当即回收。共发放问卷 1500 份,回收 1310 份,回收率为 87.33%。

从表 10-1 可知,本次调查中男女学生的比例分别为 44.7% 和 55.3%,女生较多。超过九成(98.2%)学生为藏族,汉族和其他民族学生占 1.8%,即本次调查学生以藏语学生为主。被调查学生中,87.9% 的学生母语为藏语,11.2% 的学生母语为汉语。本次调查学生均为小学、初中和高中学生,高中学生最多,占 36.4%。约 2.3% 的学生学习藏语文年限为 1~3 年,39.1% 的学生学习藏语文年限为 4~6 年,30.9% 的学生学习藏语文年限为 9~11 年。91.5% 的学生居住在藏族为主的区域,4.5% 的学生居住在汉族为主的区域,4.0% 的学生居住在其他区域。

表 10-1 调查对象基本信息分析 (N=1310)

单位:%

属性	分类	频率	百分比	属性	分类	频率	百分比
性别	男	585	44.7	居住区域	藏族为主区域	1198	91.5
	女	725	55.3		汉族为主区域	59	4.5
					其他	53	4.0

续表

属性	分类	频率	百分比	属性	分类	频率	百分比
学习藏语文年限	1~3年	30	2.3	母语	藏语	1151	87.9
	4~6年	512	39.1		汉语	147	11.2
	7~9年	87	6.6		其他	12	.9
	9~11年	405	30.9	民族	藏族	1286	98.2
	11年以上	276	21.1				
年级	小学	365	27.9		汉族	12	.9
	初中	468	35.7				
	高中	477	36.4		其他	12	.9

(二) 双语教育政策成效及其影响因素的总体特征

从表10-2和图10-1的可以看出,本研究所调查藏汉双语教育绩效各维度平均值由大到小依次为政策整体满意度>语言习得满意度>语言能力>语言使用>政策知晓度。分数越高代表双语教育政策实施成效较高,从标准差来看,最高是语言使用,其次为语言能力,最低为政策知晓度。标准差越大代表该事件发生频率的波动性越大。该结果代表甘孜州雅江县中小学生对藏汉双语教育政策整体满意度持肯定意见,认为藏汉双语教育在政策知晓度层面仍有努力的空间。

表10-2 双语教育政策成效及其影响因素的总体特征

维度	N	极小值	极大值	均值	标准差
语言基础	1310	1.00	5.00	3.4255	1.07971
学习环境	1310	1.20	5.00	3.6909	0.67138
社会支持	1310	1.00	5.00	4.4325	0.78004
学习动机	1310	1.00	5.00	4.0918	0.67048
语言认同	1310	1.25	5.00	4.1024	0.75651
语言忠诚	1310	1.60	5.00	4.0519	0.73775
教材利用	1310	1.00	5.00	3.8663	0.73711
教学方式	1310	1.00	5.00	4.0391	0.86900
学校资源	1310	1.00	5.00	3.5331	0.95455
课程评价	1310	1.00	5.00	3.8700	0.71948
语言能力	1310	1.00	5.00	3.9571	0.89678

续表

维度	N	极小值	极大值	均值	标准差
语言使用	1310	1.00	5.00	3.8312	0.94058
语言习得满意度	1310	1.00	5.00	3.9989	0.75572
政策知晓度	1310	1.00	5.00	3.6018	0.73250
政策整体满意度	1310	1.00	5.00	4.0492	0.79792
有效的 N	1310				

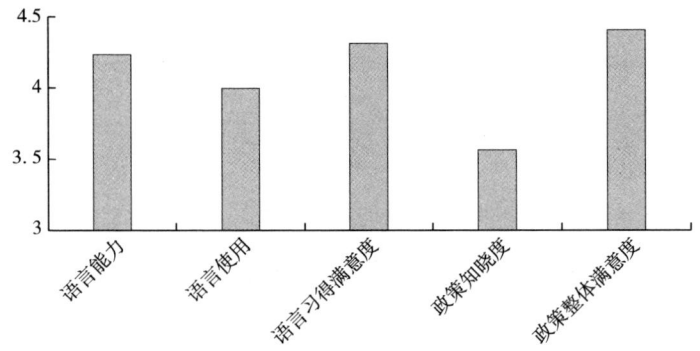

图 10-1 藏汉双语教育成效各维度

藏汉双语教育绩效影响因素各维度中社会支持得分最高，依次是语言认同、学习动机、语言忠诚、教学方式、课程评价、教材利用、学习环境、学校资源，得分最低为语言基础。各变量分数均处于中等偏上的水平，均分分数较高。其中社会支持的得分最高、语言基础得分最低，一方面说明雅江双语教育政策得到家庭和社区的较强支持，学生群体对双语教育有较高的认同感；另一方面说明学生们认为语言基础比较差，仍有努力的空间。

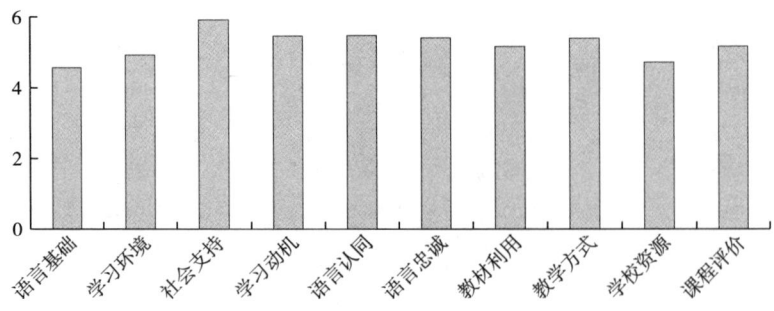

图 10-2 藏汉双语教育绩效影响因素各维度

四 假设检验与结果分析

该部分是本研究的核心内容，通过分析前文的调查问卷资料，进行建模分析，对各种已知的变量如语言态度与动机、语言教学、语言习得与政策满意度之间的关系进行了假设检验。

在此基础上，本研究将进一步对发现的问题进行讨论和分析，基于从整体到部分的理念，对整体模型不断进行解构，从而形成较为系统的研究模型。接着从语言基础与环境、语言态度与动机、语言教学的各个维度，分析各维度的具体变量与语言习得满意度、政策整体满意度的关系。

（一）双语教育政策成效的影响因素实证研究

1. 语言习得影响因素的实证研究

本节首先对甘孜州中小学生语言习得的影响因素进行实证研究。如前所述，本文将影响因素分为三个维度，其中语言基础与环境这一维度由三个潜在变量组成，它们分别是语言基础、学习环境和社会支持；语言态度与动机这一维度由三个潜在变量组成，它们分别是语言认同、语言忠诚与学习动机组成；语言教学这一维度由四个潜在变量组成，它们分别是教材利用、教学方式、学习资源和课程评价。该部分拟研究这些具体的因素对中小学生语言习得是否有显著的影响，结构模型如图10-3所示。

（1）语言基础与环境对语言习得的结构模型

回归分析能找出变量之间的关系，解析出因变量随自变量变动的系数关系，进而推断变量间的因果关系，同时能检验对因变量影响程度的大小。

①模型设立

语言习得这一维度包括了语言能力、语言使用和语言习得满意度三个潜变量，以此三个潜变量作为因变量，以语言基础、学习环境、社会支持为自变量构建结构方差模型图。本研究运用 Amos 21.0 统计软件，就总体

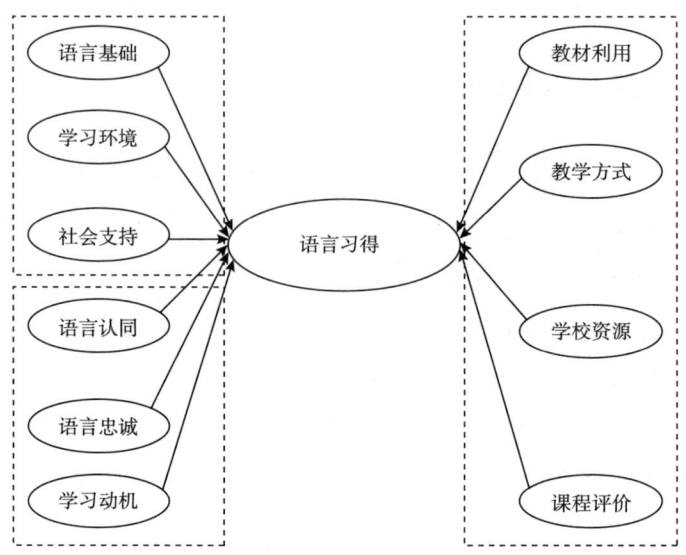

图 10-3　语言习得影响因素结构模型

样本，对上述"语言基础与环境→语言习得"模型进行结构方程估计，经过模型修正，结果如图 10-4 所示。

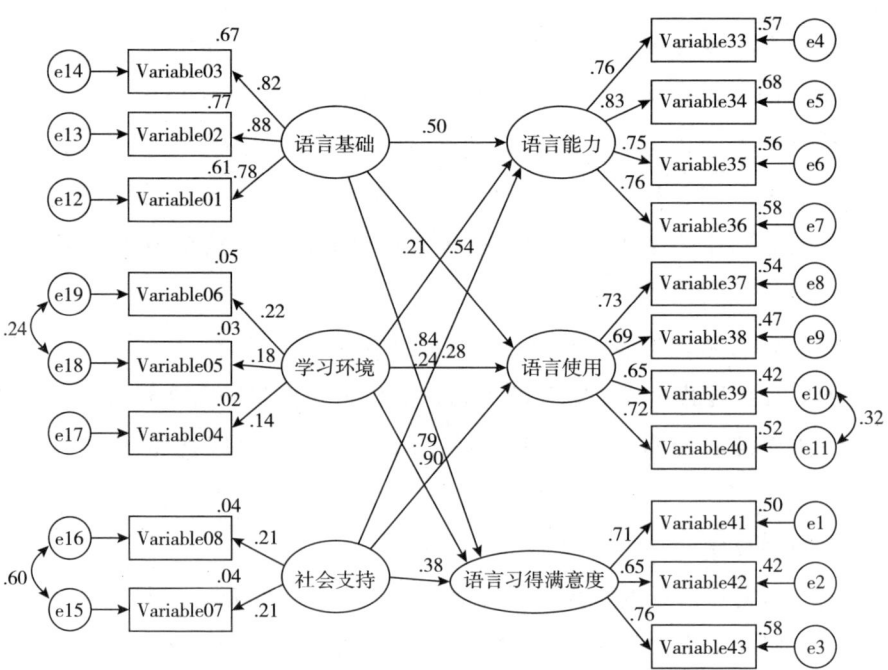

图 10-4　"语言基础与环境→语言习得"结构模型估计

"语言基础与环境→语言习得"结构模型详细参数估计结果及拟合指标如表 10-3 所示。

表 10-3　"语言基础与环境→语言习得"模型结果分析

假设与路径	标准化回归系数	t 值	是否支持假设
语言基础与环境各变量对语言能力的影响效果			
H1.1：语言基础→语言能力	.497***	14.206	是
H1.2：学习环境→语言能力	.214**	2.093	是
H1.3：社会支持→语言能力	.791***	5.896	是
语言基础与环境各变量对语言使用的影响效果			
H2.1：语言基础→语言使用	.543***	14.723	是
H2.2：学习环境→语言使用	.281**	2.520	是
H2.3：社会支持→语言使用	.385***	5.896	是
语言基础与环境各变量对语言习得满意度的影响效果			
H3.1：语言基础→语言习得满意度	.211***	5.840	是
H3.2：学习环境→语言习得满意度	.899***	3.630	是
H3.3：社会支持→语言习得满意度	.841***	6.008	是
拟合优度指标	c χ^2/df = 6.413　　p = 0.000 RMSEA = 0.070　GFI = 0.918　AGFI = 0.890 CFI = 0.919　　NFI = 0.905		

注：*** $p < 0.01$，** $p < 0.05$，* $p < 0.1$。

从表 10-3 中我们可以看出，χ^2/df 虽然不理想，但是其他指标的拟合度都比较好，RMSEA 值为 0.070，小于 0.08 的最高上限。GFI 值为 0.918，CFI 值为 0.919，NFI 值为 0.905，都超过了 0.9 的最低标准。AGFI 值为 0.890，接近 0.9 的最低标准。因此，总体而言，该模型具有较好的拟合度。

②假设检验与初步结论

本研究对假设关系成立的检验标准如下：路径系数的显著性水平在 0.05 以上的为显著，假设成立；路径系数的显著性水平在 0.1 以上的为弱显著，假设部分成立；低于 0.1 的则认为不显著，该假设关系不成立。基于上述假设，作出如下分析。

第一，语言基础与环境各变量对语言能力的假设检验。

H1.1：中小学学生藏汉语言基础越好，则学生的双语能力越强。

基于前述结构方程的模型的系数测算可以得出，语言基础对学生语言能力的影响路径系数为0.497，在0.001水平上显著，假设H1.1成立，故甘孜州中小学学生藏汉语言基础对语言能力的提升有显著的正向影响。

H1.2：中小学学生藏汉双语学习环境越好，则学生的双语能力越强。

基于前述结构方程的模型的系数测算可以得出，双语学习环境对学生语言能力的影响路径系数为0.214，显著性水平在0.05以上，假设H1.2成立，故中小学学生藏汉双语学习环境对语言能力的提升有正的显著影响。

H1.3：中小学学生藏汉双语社会支持度越高，则学生的双语能力越强。

基于前述结构方程的模型的系数测算可以得出，社会支持度对学生的双语能力的影响路径系数为0.791，显著性水平在0.001以上，假设H1.3成立，故中小学学生藏汉双语社会支持度对语言能力的提升有有正的显著影响。

第二，语言基础与环境各变量对语言使用的假设检验。

H2.1：中小学学生藏汉语言基础越好，则学生的双语使用越频繁。

通过结构方程模型的路径系数测算结果可以发现，语言基础对学生语言使用的影响路径系数为0.543，在0.001水平上显著，假设H2.1成立，因此，甘孜州中小学学生藏汉语言基础对语言使用频率有显著的正向影响。

H2.2：中小学学生藏汉双语学习环境越好，则学生的双语使用越频繁。

基于前述结构方程的模型的系数测算可以得出，双语学习环境对学生语言使用的影响路径系数为0.281，显著性水平在0.05以上，假设H2.2成立，故中小学学生藏汉双语学习环境对使用频率有正的显著影响。

H2.3：中小学学生藏汉双语社会支持度越高，则学生的双语使用则越频繁。

基于前述结构方程的模型的系数测算可以得出，社会支持度对学生的双语使用的影响路径系数为0.385，显著性水平在0.001以上，假设H2.3成立，故中小学学生藏汉双语社会支持度对语言使用频率有正的显著影响。

第三,语言基础与环境各变量对语言习得满意度的假设检验。

H3.1:中小学学生藏汉语言基础越好,则学生的语言习得满意度越高。

基于前述结构方程的模型的系数测算可以得出,语言基础对学生语言习得满意度的影响路径系数为 0.211,在 0.001 水平上显著,假设 H3.1 成立,因此,甘孜州中小学学生藏汉语言基础对学生的语言习得满意度有显著的正向影响。

H3.2:中小学学生藏汉双语学习环境越好,则学生的语言习得满意度越高。

基于前述结构方程的模型的系数测算可以得出,双语学习环境对学生的语言习得满意度的影响路径系数为 0.899,显著性水平在 0.001 以上,假设 H3.2 成立,故中小学学生藏汉双语学习环境对学生的语言习得满意度有正的显著影响。

H3.3:中小学学生藏汉双语社会支持度越高,则学生的语言习得满意度越高。

基于前述结构方程的模型的系数测算可以得出,社会支持度对学生的语言习得满意度的影响路径系数为 0.841,显著性水平在 0.001 以上,假设 H3.3 成立,故中小学学生藏汉双语社会支持度对学生的语言习得满意度有正的显著影响。

(2) 语言态度与动机对语言习得影响的结构模型

①模型设立

语言态度与动机这一维度包括语言认同、语言忠诚与学习动机,以此三个潜变量作为自变量,以语言能力、语言使用和语言习得满意度三个潜变量为因变量构建结构方差模型图。

②模型参数估计

本研究运用 Amos 21.0 统计软件,就总体样本,对上述"语言态度与动机→语言习得"模型进行结构方程估计,经过模型修正,结果如图 10 - 5 所示。

"语言基础与环境→语言习得"结构模型详细参数估计结果及拟合指标如表 10 - 4 所示。

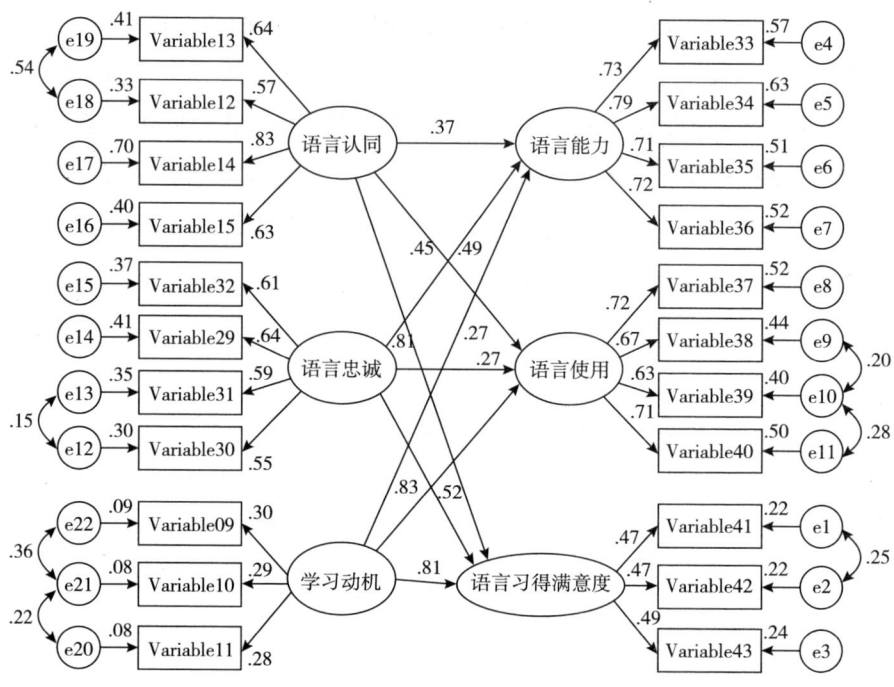

图 10-5 "语言态度与动机→语言习得"的结构模型估计

表 10-4 "语言态度与动机→语言习得"模型结果分析

假设与路径	标准化回归系数	t 值	是否支持假设
语言态度与动机各变量对语言能力的影响效果			
H4.1：语言认同→语言能力	.367***	9.850	是
H4.2：语言忠诚→语言能力	.451***	10.579	是
H4.3：学习动机→语言能力	.814***	8.499	是
语言态度与动机各变量对语言使用的影响效果			
H5.1：语言认同→语言使用	.487***	11.595	是
H5.2：语言忠诚→语言使用	.268***	7.267	是
H5.3：学习动机→语言使用	.831***	8.468	是
语言态度与动机各变量对语言习得满意度的影响效果			
H6.1：语言认同→语言习得满意度	.271***	5.877	是
H6.2：语言忠诚→语言习得满意度	.522***	9.228	是
H6.3：学习动机→语言习得满意度	.808***	7.750	是
拟合优度指标	c χ^2/df = 5.759　　p = 0.000 RMSEA = 0.066　　GFI = 0.918　　AGFI = 0.891 CFI = 0.915　　NFI = 0.899		

注：*** $p<0.01$，** $p<0.05$，* $p<0.1$。

从表 10-4 中我们可以看出，χ^2/df 虽然不理想，但是其他指标都比较符合条件，RMSEA 值为 0.066，小于 0.08 的最高上限。GFI 值为 0.918，CFI 值为 0.915，都超过了 0.9 的最低标准。AGFI 值为 0.891，NFI 值为 0.899，接近 0.9 的最低标准。因此，总体来说，模型拟合程度较好。

③假设检验与初步结论

第一，语言态度与动机对语言能力的假设检验。

H4.1：中小学学生藏语言认同度越高，则学生的藏语言能力提升越快

基于前述结构方程的模型的系数测算可以得出，藏语言认同度对学生藏语言语言能力的影响路径系数为 0.367，在 0.001 水平上显著，假设 H4.1 成立，故甘孜州中小学学生藏语言认同度对学生的藏语言能力的提升有显著的正向影响。

H4.2：中小学学生藏语言忠诚度越高，则学生的藏语言能力越强。

基于前述结构方程的模型的系数测算可以得出，藏语言忠诚度对学生藏语言能力的影响路径系数为 0.451，显著性水平在 0.001 以上，假设 H4.2 成立，故中小学学生藏语言忠诚度对学生的藏语言能力提升有正的显著影响。

H4.3：中小学学生学习动机越强烈，学生的双语能力越强。

基于前述结构方程的模型的系数测算可以得出，学习动机对学生的双语能力的影响路径系数为 0.814，显著性水平在 0.001 以上，假设 H4.3 成立，故中小学学生学习动机对双语能力的提升有正的显著影响。

第二，语言态度与动机各变量对语言使用的假设检验。

H5.1：中小学学生藏语言认同度越高，则学生的藏语言使用越频繁。

基于前述结构方程的模型的系数测算可以得出，藏语言认同度对学生藏语言使用的影响路径系数为 0.487，在 0.001 水平上显著，假设 H5.1 成立，因此，甘孜州中小学学生藏语言认同度对藏语言使用频率有显著的正向影响。

H5.2：中小学学生藏语言忠诚度越高，则学生的藏语言使用越频繁。

基于前述结构方程的模型的系数测算可以得出，藏语言忠诚度对学生藏语言使用的影响路径系数为 0.268，显著性水平在 0.001 以上，假设 H5.2

成立，故中小学学生藏语言忠诚度对学生的藏语言使用有正的显著影响。

H5.3：中小学学生学习动机越强，则学生的双语使用则越频繁。

基于前述结构方程的模型的系数测算可以得出，学习动机对学生的双语使用的影响路径系数为0.831，显著性水平在0.001以上，假设H5.3成立，故中小学学生藏汉学习动机对双语使用频率有正的显著影响。

第三，语言态度与动机各变量对语言习得满意度的假设检验。

H6.1：中小学学生藏语言认同度越高，则学生的语言习得满意度越高。

基于前述结构方程的模型的系数测算可以得出，藏语言认同度对学生语言习得满意度的影响路径系数为0.271，在0.001水平上显著，假设H6.1成立，因此，甘孜州中小学学生藏语言认同度对学生的语言习得满意度有显著的正向影响。

H6.2：中小学学生藏语言忠诚度越高，则学生的语言习得满意度越高。

基于前述结构方程的模型的系数测算可以得出，藏语言忠诚度对学生的语言习得满意度的影响路径系数为0.522，显著性水平在0.001以上，假设H6.2成立，故中小学学生藏语言忠诚度对学生的语言习得满意度有正的显著影响。

H6.3：中小学学生藏汉双语学习动机越强，则学生的语言习得满意度越高。

基于前述结构方程的模型的系数测算可以得出，藏汉双语学习动机对学生的学生的语言习得满意度的影响路径系数为0.808，显著性水平在0.001以上，假设H6.3成立，故中小学学生藏汉双语学习动机对学生的语言习得满意度有正的显著影响。

（3）语言教学对语言习得的影响模型

①模型设立

语言教学这一维度包括了教材利用、教学方式、学校资源与课程评价，以此四个潜变量作为自变量，以语言能力、语言使用和语言习得满意度三个潜变量为因变量构建结构方差模型图。

基于前述分析，整个模型满足了被识别的充要条件，因此该模型是可以被识别的。根据前述结构方程的模型的系数测算得出，课程评价对学生语言能力、语言使用和语言习得满意度都没有通过显著性检验，故删除课程评价相关路径。

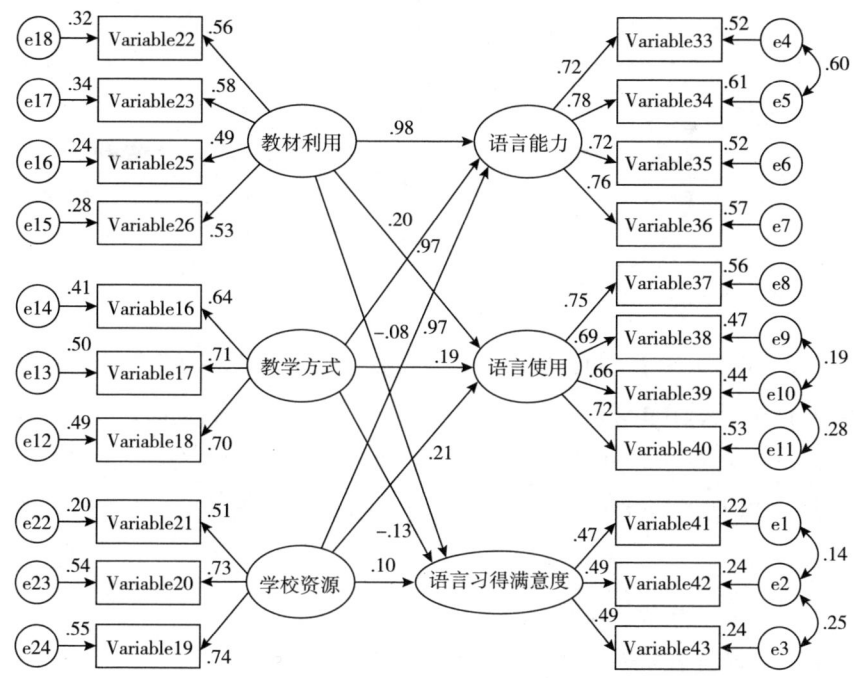

图 10-6 "语言教学→语言习得"的结构模型估计

"语言教学→语言习得"结构模型详细参数估计结果及拟合指标如表 10-5 所示。

表 10-5 "语言教学→语言习得"模型结果分析

假设与路径	标准化回归系数	t 值	是否支持假设
语言教学各变量对语言能力的影响效果			
H7.1：教材利用→语言能力	.975***	16.981	是
H7.2：教学方式→语言能力	.204***	6.053	是
H7.3：学校资源→语言能力	-.084	-0.781	否
语言教学各变量对语言使用的影响效果			
H8.1：教材利用→语言使用	.972***	17.337	是
H8.2：教学方式→语言使用	.193***	5.173	是
H8.3：学校资源→语言使用	-.133	-1.951	否

续表

假设与路径	标准化回归系数	t值	是否支持假设
语言教学各变量对语言习得满意度的影响效果			
H9.1：教材利用→语言习得满意度	.972***	13.310	是
H9.2：教学方式→语言习得满意度	.211***	4.403	是
H9.3：学校资源→语言习得满意度	.098***	2.866	是
拟合优度指标	c χ^2/df = 5.546　　　p = 0.000 RMSEA = 0.063　　GFI = 0.912　　AGFI = 0.890 CFI = 0.912　　　NFI = 0.895		

注：*** $p < 0.01$，** $p < 0.05$，* $p < 0.1$。

从表 10-5 中我们可以看出，χ^2/df 的结果虽然不好，但是其他指标均符合条件，RMSEA 值为 0.064，小于 0.08 的最高上限。GFI 值为 0.912，CFI 值为 0.912，都超过了 0.9 的最低标准。AGFI 值为 0.890，NFI 值为 0.895，接近 0.9 的最低标准。因此，本模型具有较好的拟合度。

②假设检验与初步结论

第一，语言教学对语言能力的假设检验。

H7.1：中小学学生对双语教材利用评价越高，则学生的双语言能力提升越快。

基于前述结构方程的模型的系数测算可以得出，双语教材利用对学生双语言能力的影响路径系数为 0.975，在 0.001 水平上显著，假设 H7.1 成立，故甘孜州中小学学生双语教材利用对学生的双语言能力的提升有显著的正向影响。

H7.2：中小学学生双语教学方式评价越高，则学生的双语言能力提升越强。

通过结构方程模型的路径系数测算结果可以发现，双语教学方式对学生双语言能力的影响路径系数为 0.204，显著性水平在 0.001 以上，假设 H7.2 成立，故中小学学生双语教学方式对学生的双语言能力提升有正的显著影响。

H7.3：中小学学生双语教学资源越丰富，学生的双语能力越强。

基于前述结构方程的模型的系数测算可以得出，双语教学资源对学生的双语能力的影响路径系数为-0.084，没有通过显著性检验，假设H7.3不成立，故中小学学生双语教学资源对双语能力的提升没有显著影响。

第二，语言教学各变量对语言使用的假设检验。

H8.1：中小学学生双语教材利用评价越高，则学生的双语言使用越频繁。

基于前述结构方程的模型的系数测算可以得出，双语教材利用对学生语言使用的影响路径系数为0.972，在0.001水平上显著，假设H8.1成立，因此，甘孜州中小学学生双语教材利用对双语言使用频率有显著的正向影响。

H8.2：中小学学生双语教学方式评价越高，则学生的双语言使用越频繁。

基于前述结构方程的模型的系数测算可以得出，双语教学方式对学生藏语言使用的影响路径系数为0.193，显著性水平在0.001以上，假设H8.2成立，故中小学学生双语教学方式对学生的双语言使用有正的显著影响。

H8.3：中小学学生学校资源越丰富，则学生的双语使用则越频繁。

基于前述结构方程的模型的系数测算可以得出，学校资源对学生的双语使用的影响路径系数为-0.133，没有通过显著性检验，假设H8.3成立，故中小学学生双语教学资源对双语使用频率没有显著性影响。

第三，语言教学各变量对语言习得满意度的假设检验。

H9.1：中小学学生双语教材利用评价越高，则学生的语言习得满意度越高。

通过结构方程模型的路径系数测算结果可以发现，双语教材利用对学生语言习得满意度的影响路径系数为0972，在0.001水平上显著，假设H9.1成立，故甘孜州中小学学生双语教材利用对学生的语言习得满意度有显著的正向影响。

H9.2：中小学学生双语教学方式评价越高，则学生的语言习得满意度越高。

基于前述结构方程的模型的系数测算可以得出，双语教学方式对学生的语言习得满意度的影响路径系数为 0.211，显著性水平在 0.001 以上，假设 H9.2 成立，故中小学学生双语教学方式对学生的语言习得满意度有正的显著影响。

H9.3：中小学学生藏汉双语教学资源越丰富，则学生的语言习得满意度越高。

通过结构方程模型的路径系数测算结果可以发现，藏汉双语教学资源对学生的学生的语言习得满意度的影响路径系数为 0.098，显著性水平在 0.001 以上，假设 H9.3 成立，故中小学学生藏汉双语教学资源对学生的语言习得满意度有正的显著影响。

2. 政策满意度影响因素的实证研究

该部分对甘孜州中小学生藏汉双语教育政策满意度的影响因素进行实证研究。如前所述，本文将影响因素分为三个维度，其中语言基础与环境这一维度由三个潜在变量组成，它们分别是语言基础、学习环境和社会支持；语言态度与动机这一维度由三个潜在变量组成，它们分别是语言认同、语言忠诚与学习动机组成；语言教学这一维度由四个潜在变量组成，它们分别是教材利用、教学方式、学习资源和课程评价。该部分拟研究这些具体的因素对中小学生双语教学政策满意度是否有显著的影响，因此，结构模型如图 10-7 所示。

（1）语言基础与环境对政策满意度的结构模型

①模型设立

政策满意度这一维度包括了政策知晓度和政策整体满意度两个潜变量，以此三个潜变量作为因变量，以语言基础、学习环境、社会支持为自变量构建结构方差模型图。

②模型参数估计

本研究运用 Amos 21.0 统计软件，就总体样本，对上述"语言基础

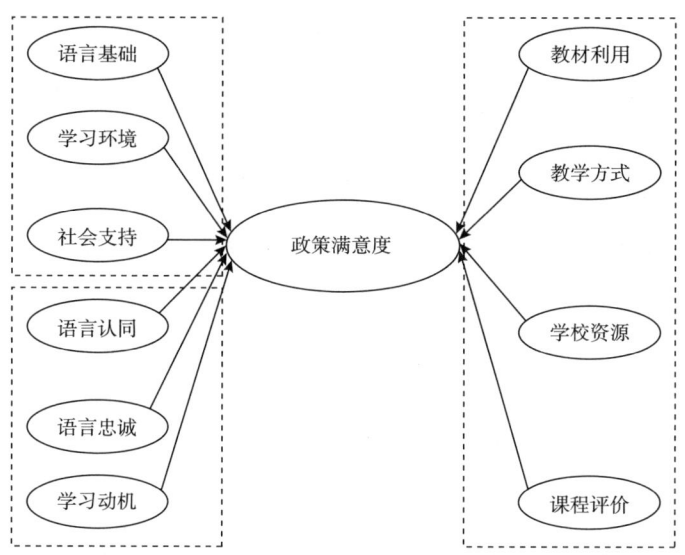

图10－7 政策满意度影响因素结构模型

与环境→政策满意度"模型进行结构方程估计，经过模型修正，结果如图10－8。

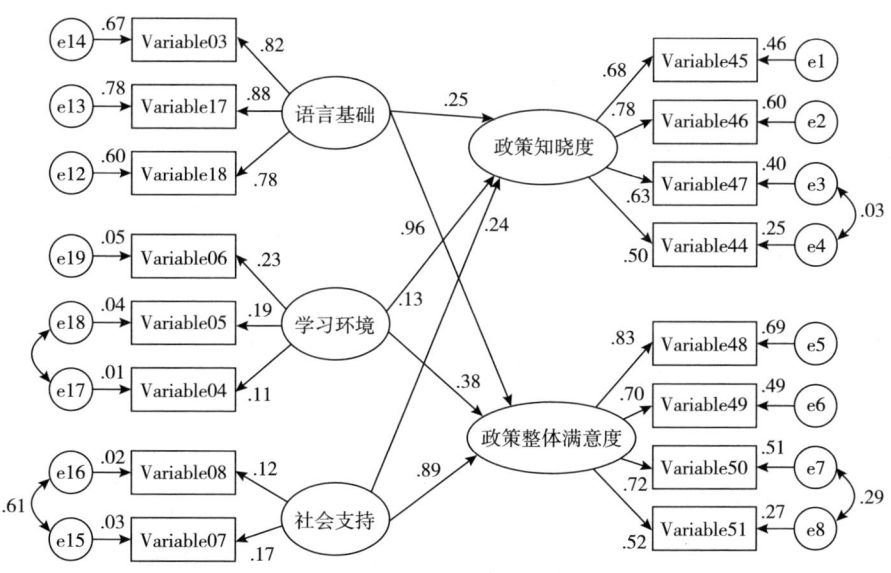

图10－8 语言基础与环境→政策满意度"的结构模型估计

"语言基础与环境→政策满意度"结构模型详细参数估计结果及拟合指标如表10－6所示。

表 10-6　"语言基础与环境→政策满意度"模型结果分析

假设与路径	标准化回归系数	t 值	是否支持假设
语言基础与环境各变量对政策知晓度的影响效果			
H10.1：语言基础→政策知晓度	.252***	6.972	是
H10.2：学习环境→政策知晓度	.959**	3.267	是
H11.3：社会支持→政策知晓度	.128	1.269	否
语言基础与环境各变量对政策整体满意度的影响效果			
H11.1：语言基础→政策整体满意度	.244***	6.979	是
H11.2：学习环境→政策整体满意度	.381***	2.543	是
H12.3：社会支持→政策整体满意度	.892***	4.790	是
拟合优度指标	$c\chi^2/df = 7.416$ RMSEA = 0.066 CFI = 0.922	$p = 0.000$ GFI = 0.945 NFI = 0.908	AGFI = 0.919

注：*** $p<0.01$，** $p<0.05$，* $p<0.1$。

从表 10-6 中我们可以看出，χ^2/df 虽然不理想，但是其他指标的情况都比较好，RMSEA 值为 0.066，小于 0.08 的最高上限。GFI 值为 0.945，AGFI 值为 0.915，CFI 值为 0.922，NFI 值为 0.908，都超过了 0.9 的最低标准。因此，总体而言，本模型具有比较好的拟合度。

③假设检验与初步结论

第一，语言基础与环境各变量对政策知晓度的假设检验。

H10.1：中小学学生藏汉语言基础越好，则学生的双语教育政策知晓度越高。

通过结构方程模型的路径系数测算结果可以发现，语言基础对学生藏汉双语教育政策知晓度的影响路径系数为 0.252，在 0.001 水平上显著，假设 H10.1 成立，因此，甘孜州中小学学生藏汉语言基础对藏汉双语教育政策知晓度有显著的正向影响。

H10.2：中小学学生藏汉双语学习环境越好，则学生的藏汉双语教育政策知晓度越高。

基于前述结构方程的模型的系数测算可以得出，双语学习环境对藏汉双语教育政策知晓度的影响路径系数为 0.959，显著性水平在 0.001 以上，假设 H10.2 成立，故中小学学生藏汉双语学习环境对双语教育政策知晓度有正显著影响。

H10.3：中小学学生藏汉双语社会支持度越高，则学生的藏汉双语教育政策知晓度越高。

基于前述结构方程的模型的系数测算可以得出，社会支持度对学生的藏汉双语教育政策知晓度的影响路径系数为 0.128，没有通过显著性检验，假设 H10.3 不成立，故中小学学生藏汉双语社会支持度对藏汉双语教育政策知晓度没有显著影响。

第二，语言基础与环境各变量对的假设检验。

H11.1：中小学学生藏汉语言基础越好，则学生的藏汉双语教育政策整体满意度越高。

通过结构方程模型的路径系数测算结果可以发现，语言基础对藏汉双语教育政策整体满意度的影响路径系数为 0.244，在 0.001 水平上显著，假设 H11.1 成立，因此，甘孜州中小学学生藏汉语言基础对藏汉双语教育政策整体满意度有显著的正向影响。

H11.2：中小学学生藏汉双语学习环境越好，则学生的藏汉双语教育政策整体满意度越高。

基于前述结构方程的模型的系数测算可以得出，双语学习环境对藏汉双语教育政策整体满意度的影响路径系数为 0.381，显著性水平在 0.001 以上，假设 H11.2 成立，故中小学学生藏汉双语学习环境对政策整体满意度有正显著影响。

H11.3：中小学学生藏汉双语社会支持度越高，则学生的藏汉双语教育政策整体满意度越高。

基于前述结构方程的模型的系数测算可以得出，社会支持度对学生的双语使用的影响路径系数为 0.892，显著性水平在 0.001 以上，假设 H11.3 成立，故中小学学生藏汉双语社会支持度对政策整体满意度有正的显著影响。

（2）语言态度与动机对政策满意度的结构模型

①模型设立

语言态度与动机这一维度包括了语言认同、语言忠诚与学习动机，以此三个潜变量作为自变量,政策知晓度和政策整体满意度两个潜变量为因变量构建结构方差模型图。

②模型参数估计

本研究运用 Amos 21.0 统计软件,对上述"语言态度与动机→政策满意度"模型进行结构方程估计,经过模型修正,结果如图 10-9 所示。

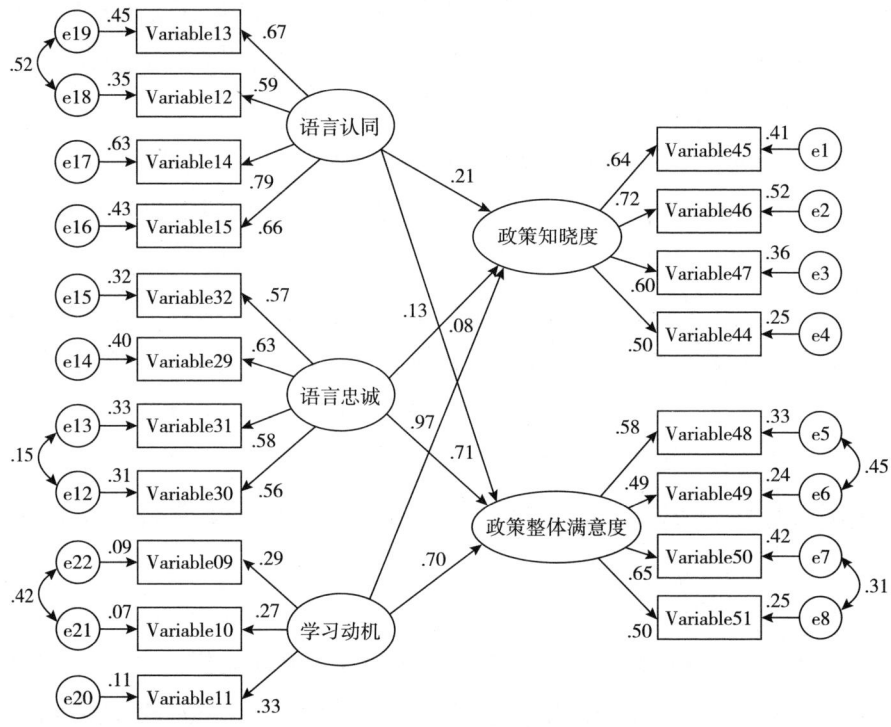

图 10-9 "语言态度与动机→政策满意度"的结构模型估计

"语言基础与环境→政策满意度"结构模型详细参数估计结果及拟合指标如表 10-7 所示。

表 10-7 "语言态度与动机→政策满意度"模型结果分析

假设与路径	标准化回归系数	t 值	是否支持假设
语言态度与动机各变量对政策知晓度的影响效果			
H12.1:语言认同→政策知晓度	.210***	5.505	是
H12.2:语言忠诚→政策知晓度	.133***	3.322	是
H12.3:学习动机→政策知晓度	.969***	9.155	是

续表

假设与路径	标准化回归系数	t 值	是否支持假设
语言态度与动机各变量对政策整体满意度的影响效果			
H13.1：语言认同→政策整体满意度	.077**	1.983	是
H13.2：语言忠诚→政策整体满意度	.708***	10.972	是
H13.3：学习动机→政策整体满意度	.702***	8.469	是
拟合优度指标	c χ^2/df = 6.352　　p = 0.000 RMSEA = 0.071　GFI = 0.908　AGFI = 0.888 CFI = 0.907　　NFI = 0.893		

注：*** p < 0.01，** p < 0.05，* p < 0.1。

表 10-7 显示，χ^2/df 6.352 虽然不理想，但如前所述，进一步可以分析其他指标，RMSEA 值为 0.071，小于 0.08 的最高上限。GFI 值为 0.908，CFI 值为 0.908，都超过了 0.9 的最低标准。AGFI 值为 0.888，NFI 值为 0.893，接近 0.9 的最低标准。因此，我们可以判断模型拟合程度较好。

③假设检验与初步结论

第一，语言态度与动机对政策知晓度的假设检验。

H12.1：中小学学生藏语言认同度越高，则学生的藏汉双语教育政策知晓度越高。

通过结构方程模型的路径系数测算结果可以发现，藏语言认同度对学生政策知晓度的影响路径系数为 .210，在 0.001 水平上显著，假设 H12.1 成立，故甘孜州中小学学生藏语言认同度对学生的藏汉双语教育政策知晓度有显著的正向影响。

H12.2：中小学学生藏语言忠诚度越高，则学生的藏汉双语教育政策知晓度越高。

基于前述结构方程的模型的系数测算可以得出，藏语言忠诚度对学生藏汉双语教育政策知晓度的影响路径系数为 .133，显著性水平在 0.001 以上，假设 H12.2 成立，故中小学学生藏语言忠诚度对学生的藏汉双语教育政策知晓度提升有正的显著影响。

H12.3：中小学学生学习动机越强烈，学生的藏汉双语教育政策知晓度越高。通过结构方程模型的路径系数测算结果可以发现，学习动机对学生的藏汉双语教育政策知晓度影响路径系数为.969，显著性水平在0.001以上，假设H12.3成立，故中小学学生学习动机对藏汉双语教育政策知晓度有正的显著影响。

第二，语言态度与动机各变量对政策整体满意度的假设检验。

H13.1：中小学学生藏语言认同度越高，则学生的藏汉双语教育政策整体满意度越高。

通过结构方程模型的路径系数测算结果可以发现，藏语言认同度对学生藏汉双语教育政策整体满意度的影响路径系数为.077，在0.05水平上显著，假设H13.1成立，因此，甘孜州中小学学生藏语言认同度对汉双语教育政策整体满意度有显著的正向影响。

H13.2：中小学学生藏语言忠诚度越高，则学生的汉双语教育政策整体满意度越高。

通过结构方程模型的路径系数测算结果可以发现，藏语言忠诚度对学生汉双语教育政策整体满意度的影响路径系数为.708，显著性水平在0.001以上，假设H13.2成立，故中小学学生藏语言忠诚度对学生的汉双语教育政策整体满意度有正的显著影响。

H13.3：中小学学生学习动机越强，则汉双语教育政策整体满意度越高。

通过结构方程模型的路径系数测算结果可以发现，学习动机对汉双语教育政策整体满意度的影响路径系数为0.702，显著性水平在0.001以上，假设H13.3成立，故中小学学生藏汉学习动机对双语教育政策整体满意度有正的显著影响。

(3) 语言教学对政策满意度的模型

①模型设立

语言教学这一维度包括了教材利用、教学方式、学校资源与课程评价，以此四个潜变量作为自变量，政策知晓度和政策整体满意度两个潜变量为因变量构建结构方差模型图。

"语言教学→政策满意度"结构模型详细参数估计结果及拟合指标如表10-8所示。

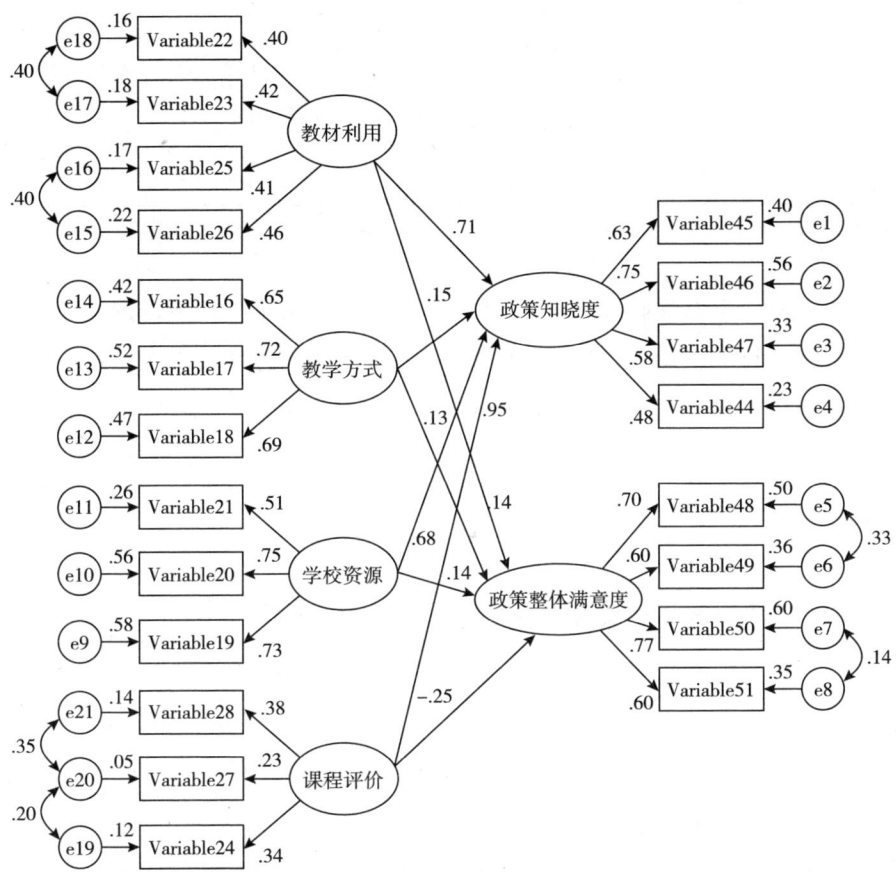

图 10-10 "语言教学→政策满意度"的结构模型估计

表 10-8 "语言教学→政策满意度"模型结果分析

假设与路径	标准化回归系数	t 值	是否支持假设
语言教学各变量对政策知晓度的影响效果			
H14.1：教材利用→政策知晓度	.709***	11.047	是
H14.2：教学方式→政策知晓度	.155***	4.207	是
H14.3：学校资源→政策知晓度	.125***	3.453	是
H14.4：课程评价→政策知晓度	.677***	7.825	是
语言教学各变量对政策整体满意度的影响效果			
H15.1：教材利用→政策整体满意度	.948***	13.220	是
H15.2：教学方式→政策整体满意度	.144***	4.123	是
H15.3：学校资源→政策整体满意度	.138***	3.977	是
H15.4：课程评价→政策整体满意度	-.249***	-4.846	否

续表

假设与路径	标准化回归系数	t 值	是否支持假设
拟合优度指标	c χ^2/df = 5.655 RMSEA = 0.065 CFI = 0.881	p = 0.000 GFI = 0.930 NFI = 0.899	AGFI = 0.901

注：*** $p<0.01$，** $p<0.05$，* $p<0.1$。

从表10-8中我们可以看出，χ^2/df 为5.655结果不理想，进一步分析其他指标，其中，RMSEA值为0.065，小于0.08的最高上限。GFI值为0.930，AGFI值为0.901，都超过了0.9的最低标准。CFI值为0.881，NFI值为0.899，接近0.9的最低标准，因此，综合考虑，模型拟合度能够接受。

②假设检验与初步结论

第一，语言教学对政策知晓度的假设检验。

H14.1：中小学学生对双语教材利用评价越高，则学生的藏汉双语教育政策知晓度越高。

基于前述结构方程的模型的系数测算可以得出，双语教材利用对学生藏汉双语教育政策知晓度的影响路径系数为0.709，在0.001水平上显著，假设H14.1成立，故甘孜州中小学学生双语教材利用对学生的藏汉双语教育政策知晓度有显著的正向影响。

H14.2：中小学学生双语教学方式评价越高，则学生的藏汉双语教育政策知晓度越高。

基于前述结构方程的模型的系数测算可以得出，教学方式对学生藏汉双语教育政策知晓度的影响路径系数为0.155，显著性水平在0.001以上，假设H14.2成立，故中小学学生双语教学方式对学生的藏汉双语教育政策知晓度有正的显著影响。

H14.3：中小学学生双语教学资源越丰富，则学生的藏汉双语教育政策知晓度越高。

基于前述结构方程的模型的系数测算可以得出，教学资源对学生的藏汉双语教育政策知晓度影响比较大，测算出的路径系数为0.125，显著性水平在 0.001 以上，假设 H14.3 成立，故中小学学生双语教学资源对藏汉双语教育政策知晓度有正的显著影响。

H14.4：中小学学生对藏汉双语课程评价越高，则学生的藏汉双语教育政策知晓度越高。

基于前述结构方程的模型的系数测算可以得出，课程评价对藏汉双语教育政策知晓度的影响路径系数为 0.677，显著性水平在 0.001 以上，没有通过显著性检验，假设 H14.4 不成立，故中小学学生双语教学资源对双语能力的提升有显著正向影响。

第二，语言教学各变量对政策整体满意度的假设检验。

H15.1：中小学学生双语教材利用评价越高，则学生的双语教育政策整体满意度越高。

基于前述结构方程的模型的系数测算可以得出，双语教材利用对学生双语教育政策整体满意度的影响路径系数为 0..948，在 0.001 水平上显著，假设 H15.1 成立，因此，甘孜州中小学学生双语教材利用对双语教育政策整体满意度有显著的正向影响。

H15.2：中小学学生双语教学方式评价越高，则学生的双语教育政策整体满意度越高。

基于前述结构方程的模型的系数测算可以得出，教学方式对教育政策有显著影响，路径系数为 0.144，显著性水平在 0.001 以上，假设 H15.2 成立，故中小学学生双语教学方式对学生的双语教育政策整体满意度有正的显著影响。

H15.3：中小学学生学校资源越丰富，则学生的双语教育政策整体满意度越高。

基于前述结构方程的模型的系数测算可以得出，学校资源对于双语学习有一定影响，路径系数为 0.138，显著性水平在 0.001 以上，假设 H15.3 成立，故中小学学生双语教学资源对双语教育政策整体满意度有显著性正向影响。

H15.4：中小学学生课程评价越高，学生的双语教育政策整体满意度越高。

基于前述结构方程的模型的系数测算可以得出,课程评价在双语学习中的影响系数为 -0.249,显著性水平在 0.001 以上,假设 H15.4 不成立,故中小学学生双语教学资源对双语教育政策整体满意度有显著的负向影响。

(二) 双语教育政策成效及影响因素整合模型

上述实证研究是针对语言基础与环境、语言态度与动机和语言教学三个构面的不同维度的具体变量,讨论它们与藏汉双语教育政策成效之间的关系,目的是找出哪些是影响双语教育政策成效的显著因素。

该部分以语言基础与环境、语言态度与动机和语言教学三个构面的不同维度作为研究对象,进行整合研究。具体做法是将这些具体变量分别作为语言基础、学习环境、社会支持、语言认同、语言忠诚、学习动机、教材利用、教学方式、学习资源的一阶因子,综合语言基础、学习环境、社会支持、语言认同、语言忠诚、学习动机、教材利用、教学方式、学校资源和课程评价同语言习得与政策满意度的关系。研究的目的有两个,一个是验证语言基础与环境、语言态度与动机和语言教学三个构面各维度是如何影响语言习得与政策满意度的,其机制是怎样的。二是比较各维度对语言习得与政策满意度的影响效应大小。因此,本部分研究的理论模型如图 10-11 所示。

1. 二阶验证性因子分析

前文都是针对一阶因子进行验证和分析,但在本结构方程中,二阶因子的验证同样重要。在数学中,二者之间可以构成协方差矩阵,因此,验证二阶因子的负荷,对于检验一阶因子来说也有非常重要的作用。

根据研究设计和理论分析,本研究认为,二阶因子语言基础与环境对应的一阶因子分别为语言基础、学习环境、社会支持;二阶因子语言态度与动机对应的一阶因子为语言认同、语言忠诚、学习动机;二阶因子语言教学对应的一阶因子为教材利用、教学方式、学校资源和课程评价;二阶因子语言习得对应的一阶因子为语言能力、语言使用与语言习得满意度;二阶因子政策满意度对应的一阶因子为政策知晓度和政策整体满意度。通

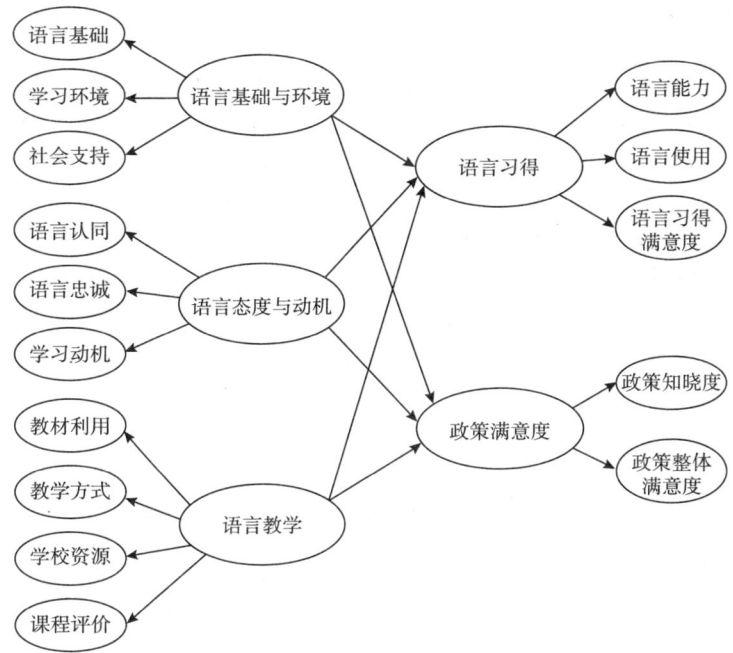

图 10-11 双语教育政策成效影响因素模型

过上述二阶分析模型图可以看出,二阶因子模型已经满足了验证要求,可以对该模型进行识别。进一步运用 Amos 21.0,对整个模型的固定负荷进行分析,形成表 10-9。

"双语教育政策成效及其影响因素"二阶因子测量模式详细参数估计结果如表 10-9 所示。

表 10-9 "双语教育政策成效及其影响因素"二阶因子测量模式参数估计

二阶因子	一阶因子	标准化因子负荷	项目信度	建构信度	AVE
语言基础与环境					
	语言基础	.548	0.300	0.568	0.306
	学习环境	.441	0.195		
	社会支持	.651	0.424		
语言态度与动机					
	语言认同	.672	0.452	0.758	0.516
	语言忠诚	.600	0.360		

续表

二阶因子 \ 一阶因子	标准化因子负荷	项目信度	建构信度	AVE
语言态度与动机				
学习动机	.858	0.736		
语言教学				
教材利用	.885	0.783	0.820	0.538
教学方式	.730	0.533		
学校资源	.565	0.319		
课程评价	.718	0.516		
语言习得				
语言能力	.928	0.861	0.884	0.720
语言使用	.913	0.834		
语言习得满意度	.683	0.467		
政策满意度				
政策知晓度	0.51	0.260	0.540	0.375
政策整体满意度	0.70	0.490		

整体来看，从表10-9中我们可以明显分析出，二街验证因子的负荷都符合显著性水平的检验。这就意味着二阶因子与实证资料之间是存在显著性差异的，因此需要借助其他资料进一步判断模型的拟合度。

从标注化负荷的结果来看，语言环境因子的负荷是低于0.5的，但除此之外其余一阶因子对二阶因子的标准化负荷均超过0.5，且大部分超过0.7的理想值，且从t值上看都符合显著性检验的要求，而各项目信度大部分均超过0.25，因此15个一阶因子可以作为三个二阶因子的"测量指标"。同时，我们从表10-9中可以进一步分析，各二阶因子提取的平均方差分别为0.306、0.516、0.538、0.720和0.375，大部分二阶因子均在0.5以上，这就意味着二阶因子检验的聚合度相对而言比较高。从建构信度上看，各二阶因子建构信度系数分别为0.568、0.758、0.820、0.884和0.540，除语言基础与政策满意度两个二阶因子外，均超过0.7的门槛值。这就意味着一阶因子的内部一致性比较强，同时也就意味着用二阶因子解释一阶因子的解释力也比较强。

本研究的结果模型也是递归模型，因而只存在单向因果关系，因而最终所组成的矩阵为严格的下三角矩阵。当然，本研究基于这样的假设，即所有的残差数据彼此都是没有关联的，该结构模型也是有效的。因为从前述分析中可以看出，模型满足和识别的充要条件，是可以被识别的。

2. **模型参数估计**

本研究运用 Amos 21.0 统计软件，对模型进行修正后进行参数估计。

表 10-10　藏汉双语教育政策成效影响模型结果分析

假设与路径	标准化回归系数	t 值	是否支持假设
语言基础与环境对双语教育政策的影响效果			
语言基础与环境→语言习得	.280 ***	6.732	是
语言基础与环境→政策满意度	.000	0.023	否
语言态度与动机对双语教育政策的影响效果			
语言态度与动机→语言习得	.379 ***	8.737	是
语言态度与动机→政策满意度	.444 ***	7.886	是
语言教学对双语教育政策的影响效果			
语言教学→语言习得	..693 ***	14.085	是
语言教学→政策满意度	.753 ***	11.554	是
拟合优度指标	c χ^2/df = 6.287　　p = 0.000 RMSEA = 0.069　　GFI = 0.907　　AGFI = 0.887 CFI = 0.823　　NFI = 0.886		

表 10-10 显示，χ^2/df 的值为 6.287，结果不理想，但如前所述，综合其他指标进行评判，RMSEA 值为 0.069，小于 0.08 的最高上限。GFI 值为 0.907，超过了 0.9 的最低标准。AGFI 值为 0.887，NFI 值为 0.886，接近 0.9 的最低标准，CFI 值为 0.823 离 0.9 有一定距离，因该模型涉及测量指标较多，且存在多重多元回归方程，模型较为复杂，数据收敛有一定难度，且其他因子负荷显著性检验水平极强，因此，从总体上看，模型拟合程度能够接受。

在整合的总体模型中，语言态度与动机、语言教学均对语言习得和政策满意度均有显著的正向影响；语言基础与环境对政策满意度无显著效应,但对语言习得各因素有不同效应,语言基础与环境、语言态度与动机、语言教学的效应值分别为 0.772、0.636、0.857;语言态度与动机、语言教学对政策满意度的效应值分别为 0.482 和 0.615。其对藏汉双语教育政策成效的效应计算如表 10-11 所示。

表 10-11 双语教育政策成效的总效应

自变量	因变量语言习得	政策满意度
语言基础与环境	0.772	0.000
语言态度与动机	0.636	0.492
语言教学	0.857	0.615

从表 10-11 的关系模型各路径系数的显著性及检验结果来看,语言基础与环境对政策满意度的显著性没有通过,其他各维度对政策满意度与语言习得,在 0.001 水平上显著,但在其他指标上则都显示出极强的显著性,总体上其结果也基本满足了检验标准,从而满足了双语教育政策绩效及其影响因素的关系模型的构想。

(三) 整合模型的多群组分析

整合模型分析的主要目的在于分析各个群组系数的匹配性,进而形成较为普遍使用的路径模型。通过评估理论模型在样本中的参数,能够发现模型在不同参数中的作用,进而影响模型的整合性。

藏汉双语教育政策成效除了受到学生的语言基础与环境、语言态度与动机、语言教学的影响外,还受到了学生个体特质的影响,如学生的性别、年龄、年级、民族、母语、居住区域等,因为本研究样本数据中的部分指标如民族、居住区域严重集中在藏族及藏族为主的区域,所以,这两个指标无法满足多群组分析条件。另年龄与年级具有同质性,所以,本研究聚焦在年级、性别与母语的在双语教育政策成效形成和维持中的影响作用。

本问题的研究仍然基于论文的核心框架,以研究年级、性别与母语在双语教育政策成效中的影响作用为主。整个研究思路分三步走:

首先，根据年级、性别与母语分别分成三组，小学、初中、高中，男生、女生，藏语、汉语（其他语言者低于10，不满足分析条件）；

第二步，基于整合模型，分不同组别估计出藏汉双语教育政策成效及影响因素之间的路径系数；

第三步，对不同组别的系数进行分析，判断学生年级、母语的忠诚度以及性别等之间的关系。

本小节首先研究学生年级在甘孜州雅江县中小学藏汉双语教育成效建立和维持中的作用。

1. 不同年级的整合模型差异分析

（1）不同年级的整合模型检验

为了验证学生年级是否影响语言习得、政策满意度与语言基础与环境、语言态度与动机与语言教学之间的关系，本研究依据年级分组，将样本分为三群，一群代表小学组，一群代表初中组，一群代表高中组。后续将对上述三组模型分别进行参数估计，明确其系数的大小。在此之前，由于整合结构模型检验已经完成，因此不需要进行重复检验。本次研究分为一阶与二阶因子，相关研究已经在因子分析法中予以明示，此处就不再赘述。

通过 SPSS 21.0 统计软件进行分析，将不同组别的模型进行统计，形成表 10-12。

表 10-12　不同年级结构模型估计详细结果

模型参数估计假设与路径			小学标准化回归系数	初中标准化回归系数	高中标准化回归系数
政策满意度	<---	语言教学	.485 ***	.822 ***	.799 ***
政策满意度	<---	语言态度与动机	.649 **	.317 ***	.253 ***
语言习得	<---	语言基础与环境	.370 **	-.005	.282 **
语言习得	<---	语言态度与动机	.639 **	.527 ***	.231 **
语言习得	<---	语言教学	.344 ***	.797 ***	.735 ***
教材利用	<---	语言教学	.956 **	.730 **	.956 ***
语言基础	<---	语言基础与环境	.865 ***	.392 ***	.932 **

续表

模型参数估计假设与路径			小学标准化回归系数	初中标准化回归系数	高中标准化回归系数
社会支持	<---	语言基础与环境	.467***	.647***	.288***
语言能力	<---	语言习得	.979***	.915***	.898***
语言习得满意度	<---	语言习得	.647***	.707***	.601***
学校资源	<---	语言教学	.630***	.610***	.320***
教学方式	<---	语言教学	.887***	.751***	.598***
政策知晓度	<---	政策满意度	.571***	.628***	.841***
政策整体满意度	<---	政策满意度	.988***	.733***	.759***
语言使用	<---	语言习得	.699***	.859***	.891***
语言认同	<---	语言态度与动机	.400***	.607***	.700***
学习环境	<---	语言基础与环境	.023	.561**	.235***
学习动机	<---	语言态度与动机	.778**	.791***	.903***
语言忠诚	<---	语言态度与动机	.874**	.632***	.399***
拟合优度指标			$\chi^2/df = 4.398$ RMSEA = 0.055 GFI = 0.905 AGFI = 0.879 CFI = 0.902 NFI = 0.888	$\chi^2/df = 5.416$ RMSEA = 0.052 GFI = 0.905 AGFI = 0.892 CFI = 0.902 NFI = 0.892	$\chi^2/df = 4.412$ RMSEA = 0.053 GFI = 0.909 AGFI = 0.887 CFI = 0.901 NFI = 0.897

从表10-12可以看出，模型的拟合度都比较好。其中小学组的RMSEA值为0.055，小于0.08的最高上限。GFI值为0.905，CFI值为0.902，都高于0.9。AGFI值为0.879，NFI值为0.879，非常接近或超过0.9的最低标准。因此，小学组的模型参数具有较好的拟合性。初中组的RMSEA值为0.052，小于0.08的最高上限。GFI值为0.905，CFI值为0.902，AGFI值为0.892，非常接近或超过0.9的最低标准。NFI值为0.892，都接近了0.9的最低标准；对于高中组来说，RMSEA值为0.053，小于0.08的最高上限。GFI值为0.909，CFI值为0.901 AGFI值为0.887，NFI值为0.897，非常接近或超过0.9的最低标准。因此，经过分析可以发现上述三组结构模型的拟合度都比较好，可以建立结构模型。

在三个组别的结构模型中,语言态度与动机、语言教学均对语言习得和政策满意度均有显著的正向影响。语言基础与环境任何组别对政策满意度无显著效应,但对语言习得在不同年级中有不同效应,在小学组中的效应值为 0.307,高中组为 0.282,初中组为 -0.005。其对藏汉双语教育政策成效的效应计算见表 10-13。

表 10-13　不同年级学生双语教育政策成效的总效应

自变量	因变量					
	语言习得			政策满意度		
	小学	初中	高中	小学	初中	高中
语言基础与环境	0.307	-0.005	0.282	0.000	0.000	0.000
语言态度与动机	0.639	0.527	0.231	0.649	0.317	0.253
语言教学	0.344	0.797	0.735	0.485	0.822	0.799

注:表格数据为标准化总效应。

(2) 不同年级整合模型之间路径系数的差异比较

通过上述检验结果可以发现,模型中有的数据通过了显著性检验,假设关系是成立的。而有的数据没有通过检验,假设关系没有得到支持。

由于在不同年级学生组别间,高中学生组的各路径系数均通过显著性检验,但小学组的学习环境→语言基础与环境的路径系数没有通过显著性检验,初中学生组的语言基础与环境→语言习得没有通过显著性检验,因而,我们可以直接得出结论,初中学生在语言基础与环境维度与语言习得之间的影响不显著。

但由于三组间其他回归系数均通过显著性检验,且方向一致,因此要运用统计方法比较不同组别相应路径系数的差异。本研究运用 AMOS 21.0 进行多样本检验,其相应值如表 10-14 所示。

从表 10-14 可以看出,尽管各变量之间的回归系数除初中组的语言基础与环境对语言习得没有通过显著性检验外,其他都显著,但不同年级学生之间,语言基础与环境、语言态度与动机和语言教学各维度对语言习得与政策满意度之间的回归系数皆有显著性差异,而不同组别之间,小学生组与初中组相比较而言,各二阶因子之间回归系数都存在显著差异。初中生组与高中生组相比，语言态度与动机对语言习得、语言基础与环境对语言习得与语言教学对语言习得的回归系数存在显著差异，语言教学对政策满意度、语言态度与动机对语言习得的回归系数无显著性差异。小学与高中组相比，二阶因子之间的回归系数皆无显著性差异。但各二阶因子下的一阶因子则在不同组别之间有较为明显差异，详见表10-14，不再赘述。

表 10-14 不同年级结构模型估计

模型参数估计		比较结果		
假设与路径		T值（小学-初中）	T值（初中-高中）	T值（小学-高中）
政策满意度	<--- 语言教学	2.431**	-0.756	1.554
政策满意度	<--- 语言态度与动机	-1.957**	2.885***	-1.229
语言习得	<--- 语言基础与环境	-2.729***	2.25***	-1.633
语言习得	<--- 语言态度与动机	-1.732*	-0.346	-1.843
语言习得	<--- 语言教学	3.787***	-4.741***	-0.453
语言基础	<--- 语言基础与环境	-4.728***	-1.663*	-1.37
语言习得满意度	<--- 语言习得	2.233**	-0.363	-1.37
学校资源	<--- 语言教学	1.374	2.347*	2.276**
教学方式	<--- 语言教学	2.296***	-2.984***	-2.319**
政策知晓度	<--- 政策满意度	-0.602	-4.352***	-2.728***
政策整体满意度	<--- 政策满意度	-1.572	-3.809***	-2.715***
语言使用	<--- 语言习得	1.129	-0.064	0.926
学习环境	<--- 语言基础与环境	4.013***	0.183	6.303***
学习动机	<--- 语言态度与动机	-1.599	-1.725*	-1.977**
语言忠诚	<--- 语言态度与动机	-2.728***	1.345	-1.5

2. 不同性别的整合模型差异分析

（1）不同性别的整合模型检验

为了验证学生性别是否影响到语言习得、政策满意度与语言基础与环境、语言态度与动机与语言教学之间的关系，本研究依据性别分组，将样本分为两群，一群代表男生组，一群代表女生组。就结构模型分别做一次参数估计，以比较其相应路径系数的大小和方向。在进行参数估计之前，本研究明确以下几点在论文部分，已经对该整合结构模型进行了识别检验，所以在此不再进行此项工作。

本研究运用统计软件，不同组别的结构模型统计分析结果如表10－15所示。

表10－15　不同性别结构模型估计

模型参数估计			男生	女生
假设与路径			标准化回归系数	标准化回归系数
政策满意度	<---	语言教学	.675***	.795***
政策满意度	<---	语言态度与动机	.527***	.410***
语言习得	<---	语言基础与环境	.131***	.256***
语言习得	<---	语言态度与动机	.295***	.514***
语言习得	<---	语言教学	.794***	.619***
教材利用	<---	语言教学	.881***	.895***
语言基础	<---	语言基础与环境	.465**	.479**
社会支持	<---	语言基础与环境	.900***	.275***
语言能力	<---	语言习得	.913***	.937***
语言习得满意度	<---	语言习得	.679***	.616***
学校资源	<---	语言教学	.448***	.560***
教学方式	<---	语言教学	.742***	.727***
政策知晓度	<---	政策满意度	.683***	.735***
政策整体满意度	<---	政策满意度	.729***	.754***
语言使用	<---	语言习得	.847***	.886***
语言认同	<---	语言态度与动机	.745***	.487***
学习环境	<---	语言基础与环境	.465***	.259***
学习动机	<---	语言态度与动机	.884***	.748***
语言忠诚	<---	语言态度与动机	.648***	.618***
拟合优度指标			$\chi^2/df = 5.03$ RMSEA = 0.060 GFI = 0.901 AGFI = 0.866 CFI = 0.900 NFI = 0.872	$\chi^2/df = 4.933$ RMSEA = 0.056 GFI = 0.907 AGFI = 0.902 CFI = 0.903 NFI = 0.886

从两组结构模型的拟合情况来看，两个模型基本上符合要求。在两个

组别的结构模型中,语言态度与动机、语言教学均对语言习得和政策满意度均有显著的正向影响。语言基础与环境任何组别对政策满意度无显著效应。在政策满意度的效应值来看,性别之间存在显著差异,在男生组中语言态度与动机、语言教学对政策满意度的总效应值分别为0.527和0.675,相对应女生组效应值为0.410和0.795。但对语言习得在不同性别中有不同效应值,在男生组中语言基础与环境、语言态度与动机、语言教学对语言习得的总效应值分别为0.131、0.275、0.794;而相对对女生组则为0.256、0.514、0.619。其对藏汉双语教育政策成效的效应计算具体如表10-16所示。

表10-16 不同性别学生双语教育政策成效的总效应

自变量	因变量			
	语言习得		政策满意度	
	男生	女生	男生	女生
语言基础与环境	0.131	0.256	0.000	0.000
语言态度与动机	0.275	0.514	0.527	0.410
语言教学	0.794	0.619	0.675	0.795

注:表格数据为标准化总效应。

(2)不同性别整合模型之间路径系数的差异比较

前述参数估计的结果显示,不同组的结构模型大部分较高的显著性水平,假设是成立的,但也有少数没有通过显著性检验,假设关系没有得到支持。

由于在不同性别学生组别间,不论是男生还是女生组都符合显著性检验的要求,需要进一步比较不同组系数的差异。为此,后面将运用AMOS 21.0对多个样本逐个检验,其相应值如表10-17所示。

根据前述,各变量之间的回归系数都显著,从表中10-17可以看出,在不同性别学生之间,语言基础与环境、语言态度与动机和语言教学各维度对语言习得与政策满意度之间的回归系数皆有显著性差异,总体而言,女生优于男生组。而不同组别之间,男女生相比较而言,从政策满意度各二阶因子之间回归系数都存在显著差异。语言基础与环境对语言习得的回归系数性别之间存在显著差异,且女生优于男生。语言态度与动机、语言教学对语言习得的回归系数无显著性差异。但各二阶因子下的一阶因子则在不同组别之间有较为明显差异,详见上表,不再赘述。

表 10-17　不同性别结构模型估计

模型参数估计			比较结果	是否显著
假设与路径			T 值	
政策满意度	<---	语言教学	2.39**	是
政策满意度	<---	语言态度与动机	3.237***	是
语言习得	<---	语言基础与环境	4.018***	是
语言习得	<---	语言态度与动机	0.643	否
语言习得	<---	语言教学	-1.29	否
语言基础	<---	语言基础与环境	1.193	否
语言习得满意度	<---	语言习得	-0.053	否
学校资源	<---	语言教学	3.105***	是
教学方式	<---	语言教学	2.21**	是
政策知晓度	<---	政策满意度	-1.206	否
政策整体满意度	<---	政策满意度	-2.398**	是
语言使用	<---	语言习得	1.236	否
学习环境	<---	语言基础与环境	3.601***	是
学习动机	<---	语言态度与动机	0.086	否
语言忠诚	<---	语言态度与动机	-0.801	否

3. 不同母语的整合模型差异分析

为了验证学生母语类别是否影响到语言习得、政策满意度与语言基础与环境、语言态度与动机与语言教学之间的关系,本研究依据性别分组,将样本分为两群,一群代表藏语组,一群代表汉语组(其他组别由于量太少,难以识别其模式)。对上述结构模型分别进行参数分析,以确定具体的系数。需要注意的是,在前文已经对模型的整合结构进行了检验,因此不需要再进行识别检验工作。

本研究运用统计软件,不同组别的结构模型统计分析结果如表 10-18 所示。

表 10-18 不同母语结构模型估计

模型参数估计 假设与路径			藏语 标准化回归系数	汉语 标准化回归系数
政策满意度	<---	语言教学	.768***	.372*
政策满意度	<---	语言态度与动机	.453***	.489*
语言习得	<---	语言基础与环境	.219***	.380*
语言习得	<---	语言态度与动机	.369***	.730*
语言习得	<---	语言教学	.735***	.101
教材利用	<---	语言教学	.865***	.926***
语言基础	<---	语言基础与环境	0.178**	.393***
社会支持	<---	语言基础与环境	.273***	1.011
语言能力	<---	语言习得	.906***	1.065
语言习得满意度	<---	语言习得	.644***	.751***
学校资源	<---	语言教学	.494***	.809**
教学方式	<---	语言教学	.705***	.921**
政策知晓度	<---	政策满意度	.718***	.569**
政策整体满意度	<---	政策满意度	.736***	1.167
语言使用	<---	语言习得	.866***	.649***
语言认同	<---	语言态度与动机	.630***	.474***
学习环境	<---	语言基础与环境	.212***	.350
学习动机	<---	语言态度与动机	.830***	.828**
语言忠诚	<---	语言态度与动机	.582***	.995**
拟合优度指标			$\chi^2/df = 4.235$ RMSEA = 0.054 GFI = 0.908 AGFI = 0.901 CFI = 0.903 NFI = 0.897	$\chi^2/df = 2.044$ RMSEA = 0.052 GFI = 0.765 AGFI = 0.740 CFI = 0.728 NFI = 0.673

从上述拟合度检验的结果不难看出，藏语作为母语组的拟合度较好，但是汉语作为母语的拟合度较差。从藏语组来看，RMSEA 值为 0.054，小于 0.08。GFI 值为 0.908，CFI 值为 0.903，AGFI 值为 0.901，NFI 值为 0.897 都比较符合 0.9 的标准，从而回归方程是有意义的。因此，藏语组的回归方程能够成立。反观汉语组的情况，RMSEA 值为 0.052，小于 0.08

的最高上限。GFI 值为 0.709，CFI 值为 0.728，AGFI 值为 0.740，NFI 值为 0.673，离模型的最低标准相距甚远，因此，结构方程模型拟合极为不理想，且标准化回归系数存在 4 项大于 1，为不合理项，且二阶因子回归系数为弱显著和不显著居多，所以，模型被拒绝。总体而言，基于两组样本的结构模型的拟合情况来看，藏语组结构方程模型被接受，而汉语组学生结构方程被拒绝。

五　研究结论总结与实务建议

本研究根据甘孜州中小学双语教育政策实施现状，做深入的调查访问，从资料分析与田野调查数据现象，找出可以发展的方向，结合民族学、语言学、教育学及心理学的领域，做完整的规划。事实上，从各领域的理论实践经验中，本研究已得到不少的支持和帮助。在整个研究的过程中，讨论藏汉双语教育政策实施成效的影响模型，并就整合模型与群组分析进行讨论，最后再提出建议及研究限制提供研究的参考。以下总结本研究结果，以审查研究目的的达成与否。

本研究的核心假设及检验结果如表 10 – 19 所示。

表 10 – 19　本研究核心假设检验结果

假设与路径	是否支持假设
H1：语言基础与环境→语言能力	支持
H1.1：语言基础→语言能力	支持
H1.2：学习环境→语言能力	支持
H1.3：社会支持→语言能力	支持
H2：语言基础与环境→语言使用	支持
H2.1：语言基础→语言使用	支持
H2.2：学习环境→语言使用	支持
H2.3：社会支持→语言使用	支持
H3：语言基础与环境→语言习得满意度	支持
H3.1：语言基础→语言习得满意度	支持
H3.2：学习环境→语言习得满意度	支持

续表

假设与路径	是否支持假设
H3.3：社会支持→语言习得满意度	支持
H4：语言态度与动机→语言能力	支持
H4.1：语言认同→语言能力	支持
H4.2：语言忠诚→语言能力	支持
H4.3：学习动机→语言能力	支持
H5：语言态度与动机→语言使用	支持
H5.1：语言认同→语言使用	支持
H5.2：语言忠诚→语言使用	支持
H5.3：学习动机→语言使用	支持
H6：语言态度与动机→语言习得满意度	支持
H6.1：语言认同→语言习得满意度	支持
H6.2：语言忠诚→语言习得满意度	支持
H6.3：学习动机→语言习得满意度	支持
H7：语言教学→语言能力的影响效果	总体支持
H7.1：教材利用→语言能力	支持
H7.2：教学方式→语言能力	支持
H7.3：学校资源→语言能力	不支持
H8：语言教学→语言使用	总体支持
H8.1：教材利用→语言使用	支持
H8.2：教学方式→语言使用	支持
H8.3：学校资源→语言使用	不支持
H9：语言教学→语言习得满意度	支持
H9.1：教材利用→语言习得满意度	支持
H9.2：教学方式→语言习得满意度	支持
H9.3：学校资源→语言习得满意度	支持
H10：语言基础与环境→政策知晓度	总体不支持
H10.1：语言基础→政策知晓度	支持
H10.2：学习环境→政策知晓度	支持
H11.3：社会支持→政策知晓度	不支持
H11：语言基础与环境→政策整体满意度	总体不支持
H11.1：语言基础→政策整体满意度	不支持
H11.2：学习环境→政策整体满意度	不支持

续表

假设与路径	是否支持假设
H11.3：社会支持→政策整体满意度	不支持
H12：语言态度与动机→政策知晓度	支持
H12.1：语言认同→政策知晓度	支持
H12.2：语言忠诚→政策知晓度	支持
H12.3：学习动机→政策知晓度	支持
H13：语言态度与动机→政策满意度	支持
H13.1：语言认同→政策整体满意度	支持
H13.2：语言忠诚→政策整体满意度	支持
H13.3：学习动机→政策整体满意度	支持
H14：语言教学→政策知晓度	支持
H14.1：教材利用→政策知晓度	支持
H14.2：教学方式→政策知晓度	支持
H14.3：学校资源→政策知晓度	支持
H14.4：课程评价→政策知晓度	支持
H15：语言教学→政策整体满意度	总体支持
H15.1：教材利用→政策整体满意度	支持
H15.2：教学方式→政策整体满意度	支持
H15.3：学校资源→政策整体满意度	支持
H15.4：课程评价→政策整体满意度	不支持

（一）总体模型：双语教育政策成效的影响模型

本研究针对甘孜州藏汉双语教育政策成效，从双语教育政策实施现状和未来发展入手，再依据研究的目的做相关研究与分析，以求获得实际的解决资料，推动藏汉双语教育未来的发展。虽然，学术界有许多关于藏汉双语教育的研究文献，但以课程教材教法为主，对于整体双语教育政策成效，专门研究与论著甚为缺乏。通过雅江县的中小学双语教育政策的脉络与结构，从事藏汉双语教育政策成效及其影响因素统整性研究，可说是首创。因此，对于双语教育政策成效研究，其影响因素涉及语言基础与环境、语言态度与动机和语言教学三大因素。通过实证研究，甘孜州藏汉双语教育政策成效的影响模型获得支持，表明双语教育政策绩效受到三大因素的影响，并且各因素相互呼应与配合，长期落实后，双语教育政策必可收到良好的成效。

藏汉双语教学，是我国民族文化复兴工程的一部分，本研究证明其政策成效是可预期的。科林·贝克的双语教育模式和卡思明所提出的双语教育模式，涉及双语教育的影响因素层面。在过去的数十年间，有人用不同的研究样本或研究设计来修正或补充他们所提出的双语教育模式，我国学者万明钢，强调了藏族儿童双语教育的双语背景和双语学习研究。[1] 张红艳就双语教育绩效概念及其测量路径进行了较为深入的研究，她基于概念分析的语义路径和必要充分路径，结合教育目标分类理论阐明中小学少数民族双语教育绩效的概念，并对概念进行维度分解、设计调查问卷，实现对新疆中小学少数民族双语教育绩效的测量。她还提出了双语能力、课程学习、学生成就获得、两种文化融合、学业态度培养和双语教育态度积极性培养价值观培养等六个维度作为双语教育绩效的结果变量。[2] 吴瑞林等学者则对少数民族双语教育影响因素的分析与测量，建立了一个包括宏观经济和政策、地区环境、学校管理、教师和同学、学生家庭、以及学生自身六个维度的影响模型。本研究基于以上学者研究，形成了藏汉双语教育政策成效的影响模型，并经过 SEM 的测量模式和结构模式分析，得出结论如下。

1. 甘孜州藏汉双语教育政策是有效的

甘孜州中小学少数民族双语教育在提升双语能力、双语使用、语言习得满意度、双语教育政策知晓度和政策整体满意度方面是有效的，并且已经产生了一定的效益，回答了很多人对于甘孜州中小学少数民族双语教育有效性的质疑。

---

[1] 万明钢、刑强、李艳红：《藏族儿童的双语背景与双语学习研究》，《民族教育研究》1999年第 3 期，第 29~32 页。

[2] 张红艳：《教育绩效概念界定及其测量的实现——以新疆中小学少数民族双语教育绩效为例》，《西北民族大学学报（哲学社会科学版）》2016 年第 6 期，第 163~170 页。

研究也表明，甘孜州中小学少数民族双语学生的民族语水平还是比较理想的，说明双语教育的实施并不是以牺牲民族语为代价的。此外，甘孜州中小学少数民族双语教育政策知晓度相对比较有限，校方及政府层面应该加强学生对于双语教育政策的认知。另在访谈中得知，甘孜州藏族学生理工科学业成绩较为不理想，在以后的研究中应该重点关注理科类课程双语教师的教学能力、模式及方法，并且有必要加大这方面的培训及研究力度。

（二）双语教育政策成效及其各影响因素

本研究实证结果发现，语言基础与环境、语言态度与动机和语言教学对双语习得和双语教育政策满意度均有显著的正向影响，这验证了诸多学者的结论，如前所述的科林·贝克、卡明斯、万明钢、苏德等。

从语言基础与环境、语言态度与动机和语言教学对语言习得和双语教育政策满意度的总效应来看，语言态度与动机、语言教学对语言习得和政策满意度均有显著的正向影响。语言基础与环境对政策满意度无显著效应，但对语言习得各因素有不同效应，语言基础与环境、语言态度与动机、语言教学的效应值分别为 0.772、0.636、0.857；语言态度与动机、语言教学对政策满意度的效应值分别为 0.482 和 0.615。本研究发现，从语言习得层面来看，基本上遵从语言教学＞语言基础与环境＞语言态度与动机的顺序；从政策满意度层面来看，则遵从语言教学＞语言态度与动机的顺序。其所有的回归系数均通过显著性检验，从中可以看出，在对语言习得、政策满意度的影响中，语言教学的效应和重要性程度最大，语言基础与环境次之，语言态度与动机相对最小。该研究表明，语言教学对藏汉语言习得成效有决定性的影响，它比语言基础与环境、语言态度与动机对学生语言习得成效的影响更大、更强烈。这些研究结论给我们重要启示，在藏汉双语教育政策的实施中，要高度重视双语教学过程中的教材利用、学校资源和教师的教学水平与教学方式。但仅仅关注语言教学还远远不够，要学生获得较高的语言习得成效和高的满意度，还需要更好的语言基础与环境、语言态度与动机，这都是我们政策制定者和执行者值得关注的地方。

1. 语言基础与环境

语言基础与环境这一维度对政策满意度的回归系数为0.000，语言基础对语言基础与环境的因子负荷值为0.93，该结果证明语言基础对语言习得有极强的预测能力，语言基础越强，语言习得的水平将会越高。在语言基础与环境构面中，语言基础的因子负荷值为最高，也代表它的影响力也就最强。对此，本研究认为，藏语基础对藏族儿童的学习有着特殊的影响。无数研究表明，早期教育对儿童智力的开发具有非常重要的作用，这种影响同样表现在双语教学过程中。例如，学前班的教学是否有双语教学，会影响孩子日后接受双语的程度。因为在该阶段，孩子的语言能力已经初步发育，通过前阶段的学习，能够让孩子初步了解第二语言，对于开发孩子的语言学习能力具有非常重要的作用。同时，早期教育了解第二语言，也能够克服初次接触的恐惧感。但让人遗憾的是，本研究发现学生问卷中有关语言基础的得分在各层面中平均数得分最低。这一结果表明甘孜州藏族儿童语言基础需要进一步提升，是我们政策制定者值得关注的方面。

语言学习环境对语言基础与环境的因子负荷值为0.27，系数在0.001水平上显著，该结果证明语言环境对语言习得有正向预测能力，语言环境越好，语言习得的水平将会越高。学界研究显示，环境对语言的学习有一定的影响层面，只有营造一个积极、正向、充满安全感的语言学习环境，学生可以勇于试验、勇于表达，才能逐渐增进语言的流畅度与正确性。本研究发现学生问卷有关语言学习环境在各层面中平均得分偏低，一半以上居倒数后五名的位置。双语教育环境的持续衰微，将不利于双语学习，其他如学校是否设置双语教育环境等相关硬件环境及软件环境，都影响该地区学生的双语学习。

本研究结论表明了语言学习环境在双语教育中的重要作用，完善的双语学习环境、创设语言环境的措施可以提升语言习得能力、语言使用能力和语言习得满意度，同时对提高双语教育政策满意度有正向作用，从而建立和维系双语习得行为。

2. 社会支持

社会支持对语言基础与环境的因子负荷值为 0.40，系数在 0.001 水平上显著，该结果证明语言环境对语言习得有正向预测能力，社会支持度越高，语言习得的水平就越高。在本研究中，社会支持主要包含社区支持与父母支持，社区的状况、父母的文化程度等都可能对孩子的语言学习产生影响。确切地说，父母、社区为孩子提供的各种物质资源、施加的各种心理压力都会对孩子产生实质的影响。这一研究结论对双语教育政策发展有重要意义，要提高学生的汉语言成绩及藏语言成绩，除语言基础之外，单纯提供双语教学投入是不够的，社区和家庭支持对双语言能力提升、双语使用和语言习得满意度有重要意义。政府需进一步建设社区语言环境及引导家长更加重视双语教育，给双语教育带来新的语言习得成效。

3. 语言态度与动机和双语教育政策成效

语言认同对语言态度与动机的因子负荷值为 0.64，系数在 0.001 水平上显著，该结果证明语言认同对语言习得有正向预测能力，语言认同度越高，语言习得的水平就越高。研究显示，甘孜州雅江县中学学生对藏语言认同度普遍低于对汉语言认同度，影响调查对象对藏语和汉语认同度的因素不仅有汉语的水平、藏语汉语使用的频率、语言的喜爱，还有藏语和汉语的社会地位等。

语言忠诚对语言态度与动机的因子负荷值为 0.64，与语言认同的因子负荷值保持一致，系数在 0.001 水平上显著，该结果证明语言忠诚对语言习得有正向预测能力。本研究中的语言忠诚，特指藏语言忠诚。总体而言，甘孜州雅江县的藏族学生都会说藏语，藏语掌握传承情况比较乐观，主要是因为甘孜州雅江县是藏族聚居密集地区，这是藏语稳定使用的客观条件。另外，雅江县周围主要是一些藏族聚居的小村庄，呈现大片藏族聚居状态，这为藏族聚居提供了一个母语使用的较大空间，是藏族语言能够长期完整留存下来的客观条件。

学习动机对语言态度与动机的因子负荷值为 0.84，在语言态度与动机这一构面中赋值最高，表明其影响力最强。该结果证明学习动机对语言习得和政策满意度有正向预测能力。

本研究认为，一个民族文化性格及语言意识领域的境界造就，也是催化民族文化传承机能的动力。因此，忽略民族文化认同、语言认同、语言与文化情感、文化意义的涵养培育，将会伤害民族感情，也会导致民族语言生态环境不振。研究者应特别注意此种民族文化，重建心灵的意向底蕴，进行持续的观察研究。

4. 语言教学和双语教育政策成效

语言教学是影响双语教育政策成效最重要的因素，而教材利用对语言教学的因子负荷值为0.88，是三大二阶因子中负荷因子值最大的，也意味着其影响力最强。

本研究中，学校资源对语言教学的因子负荷值为0.52，在0.001水平上显著。该结果表示，学校相关语言教学资源越丰富，学生的语言习得成效就越高，政策满意度也越高。本研究结论的意义在于，政府层面、行政层面和学校层面可以利用多种手段提供双语教育资源，加强图书、教材、网站、多媒体、APP等现代信息技术开发，让学生的求知欲能够得以满足。语言教学资源越丰富，学生的习得效果越强，如此一来，便构成了学生的政策满意度和学习积极性。

教学方式对语言教学的因子负荷值为0.72，高于学校资源的因子负荷值，也代表教师的教学方式与教学方法对学生双语学习影响力非常大。母语教学具有增进伦理亲情、保存学术资源、促进社会多元化、活泼化及充实固有文化的价值，以学生的母语来教导学生，有助于藏族学生认识自己的文化，并建立对自己文化的自信。学生在学习民族语言之后对自己民族趋向正面的认同，经由教材课程的设计及老师有效的教学，学生对藏语言学习的态度从没兴趣转变为愿意学习。有效的教学能提升学生藏语言的学习兴趣，也可以提升教学的效果，目前甘孜州雅江县中小学采用的最主要方式还是直接教学法，即以文字图片或口头形式让学生主动了解上课材料，并倾听教学者的讲解，经由大量的师生问答来建立口头沟通的技巧。这是一种对语言听说能力有相当不错的成效的教学方式，学生可以借助直接教学法的示范、引导来学习。在小规模的班级中，可经由大量的师生问答来建立口头沟通的技巧，用许多时间逐一与学生互动，了解学生个别差异。

(三) 总体模型的多群组分析

本研究实证结果发现，不管是小学组、初中组还是高中组，语言态度与动机、语言教学对语言习得和政策满意度有显著的正向影响，语言基础与环境对语言习得有显著的正向影响，但对政策满意度则影响不明显。对于小学组而言，语言态度与动机对政策满意度和语言习得的预测能力高于初中组和高中组，其对政策满意度的解释力分别为 0.64、0.317、0.253，对语言习得的解释力分别为 0.639、0.527、0.231，这一定程度说明年级越低的学生，他们双语学习的态度与动机对语言习得提升越强，从而对藏汉双语教育政策满意度越高。同时，语言基础与环境对语言习得的解释力同样是小学组最高，小学组、初中组和高中组的解释力分别为 0.370、-0.005、0.282。该结果显示，就语言基础与环境对于语言习得的影响力来说，年龄越小影响力越明显，也表明双语教育在早期教育中的效果将会更加明显。而语言教学对语言习得和政策满意度的解释力，呈现出比较一致的趋向，初中组和高中组没有太显著的差距，但显著高于小学组。具体的解释力依次为小学—初中—高中，语言教学对语言习得的解释力分别为 0.344、0.797、0.735，语言教学对政策满意度的解释力分别为 0.485、0.822、0.799。

本研究通过多样本比较分析发现，不论是小学组、初中组还是高中组，语言态度与动机、语言教学对语言习得和政策满意度都有显著的正向影响，但其回归系数有显著差异，也就是说对于不同年级学生而言，语言基础与环境、语言态度与动机、语言教学对语言习得和政策满意度的影响程度不尽相同。具体讲，对于小学组而言，语言基础与环境、语言态度与动机对政策满意度和语言习得的影响效应显著高于初中组和高中组，语言教学对政策满意度和语言习得的影响效应显著低于初中组和高中组。年级越高的学生越易于体会和感知语言教学，从而影响其自身语言习得效果的提升、双语教育政策的满意度，其预测能力也因而越强。年级越低的学生，其语言基础与环境和语言态度与动机的感知程度越强，其对双语教育政策成效的预测能力也越强。

因此，从不同年级对语言习得和政策满意度的重要性程度看，本研究发现，小学组，语言基础与环境、语言态度与动机和语言教学对语言习得的影响系数为 0.307、0.639 和 0.344 和，所有系数均通过显著性检验；初中组，语言基础与环境、语言态度与动机和语言教学对语言习得的影响系数为 -0.005、0.527 和 0.797，语言基础与环境对语言习得系数未通过显著性检验，其他系数均通过显著性检验；高中组，语言基础与环境、语言态度与动机和语言教学对语言习得的影响系数为 0.282、0.231 和 0.735，所有系数均通过显著性检验。

从中我们可以看出，对于小学组而言，双语教育政策成效的影响因素中，语言态度与动机的总效应最大，语言教学次之，语言基础与环境最小，遵从着语言态度与动机＞语言教学＞语言基础与环境的顺序。对于高中组而言，双语教育政策成效的影响因素中，语言教学的总效应最大，语言态度与动机次之，语言基础与环境最小，遵从着语言教学＞语言态度与动机＞语言基础与环境的顺序。初中组除语言基础与环境因素没有通过显著性检验，其他因素则表现出与高中组较为一致的趋势。这表明不同年级会影响学生对语言环境、语言教学和语言态度与动机的追求和认知。对于年级低的学生而言，语言态度与动机至关重要，其次是语言教学，语言基础与环境再次之；而对年级越高的学生而言，语言教学的认知最重要，其次是语言态度与动机，语言基础与环境再次之。

从性别差异视角出发，不论是男生还是女生，除语言基础与环境对政策满意度影响不明显外，其他系数都通过了显著性检验。从男女差异来看，似乎不存在传统的男性优势。对于男生而言，唯有语言态度与动机对政策满意度的预测能力高于女生，其对政策满意度的解释力分别为 0.527 和 0.410。语言教学对语言习得的解释力则男女差异不显著，其他各因素对政策满意度和语言习得的解释力皆是女生优于男生，出现了双语教育政策执行过程中的阴盛阳衰。通过男女样本比较分析发现，尽管男生和女生语言态度与动机、语言教学对语言习得和政策满意度有显著的正向影响，但其回归系数有显著差异，也就是说对于不同性别的学生而言，语言基础与环境、语言态度与动机、语言教学对语言习得和政策满意度的影响程度不尽相同。

具体讲，对于女生而言，语言基础与环境和语言态度与动机对语言习得的影响效应显著高于男生，语言教学对政策满意度的影响效应显著高于男生，男生仅体现为在语言教学对政策满意度的影响效应较大，语言教学对语言习得影响效应显示男女无显著差异。因此，该研究结果表明女生越易于体会和感知语言教学、语言基础与环境和良好的语言态度与动机，从而影响女生对语言习得效果的提升、双语教育政策的满意度，其预测能力也越强。而对男生而言，其语言教学感知程度越强，其对政策满意度的预测能力也越强。

因此，从不同性别对语言习得和政策满意度的重要性程度看，本研究发现，男生组语言基础与环境、语言态度与动机和语言教学对语言习得的影响系数为0.131、0.275和0.794，所有系数均通过显著性检验；女生组语言基础与环境、语言态度与动机和语言教学对语言习得的影响系数为0.256、0.514和0.619，所有系数均通过显著性检验。从中我们可以看出，不管男生还是女生，双语教育政策成效的影响因素中，语言教学的总效应最大，语言态度与动机次之，语言基础与环境最小，遵从着语言教学＞语言态度与动机＞语言基础与环境的顺序。这表明不同性别会影响学生对语言环境、语言教学和语言态度与动机的追求和认知，女生对语言感知能力要强于男生，且表现出更多的亲社会性和更高的语言敏感度，男生则在双语教育政策满意度有更高的认知程度。

从学生母语差异视角出发，从藏语组与汉语组的结构模型的拟合情况来看，藏语组结构方程模型被接受，而汉语组学生结构方程被拒绝。根据研究的比较方法，如若不同样本之间的结构方程一个被接受、一个被拒绝，则可以直接比较和判断。该结果表明母语为藏语的学生双语教育政策成效高于汉语组，或者表明该模型更适宜于母语为藏语的学生。

（四）研究的实务建议

藏汉双语教育政策涉及该民族地区经济社会各种关系，也是国家利益、少数民族群体和个体利益诉求的焦点。自藏汉双语教育政策实施以来,甘孜州办学成效十分显著。学生入学率不断提升,办学规模不断扩大,办学条件不断改善,教师质量数量不断提增,民族团结进步教育广泛开展,培养了一大批少数民族人才,为加快民族地区经济社会发展、维护祖国统一、促进民族团结作出了重要贡献。甘孜州藏汉双语教学起步较早,也积累了丰富的教育教学经验,但由于课程体系、师资力量、教材建设等诸多条件的限制,在教学中汉语与少数民族母语教育之间难以实现合理平衡,在一定程度上制约了少数民族语言教学模式现代化的有效推进。

1. 强化统筹规划,合理制订双语教育政策目标

甘孜州各级政府应对双语教育政策进行全盘性推动,对双语教育政策的实施做全面化、科学化的教育流程规划,设定目标并成立领导小组推动双语教育的有效执行,要将双语教育作为深化教育综合改革的重要内容,列入当地教育事业发展规划;思想观念上要进一步强化各民族语言一律平等,促进各民族交往交流交融,形成各民族语言彼此包容尊重、相互学习欣赏的态度;加强相关法治和双语教育政策的宣传引导,支持课程建设、师资培育、教材开发,定期开展教学督导、绩效评估,举办研习及教学观摩等活动,全面推动藏汉双语教育政策的有效执行;分区规划,分类指导,分步实施,建立多层次、多类型、多功能的适应性强、特色突出的双语教育体系,以保证民族教育突出重点、整体推进,全面提升双语教育发展水平。

2. 完善监督评估,提升双语教育政策执行能力

政策执行监督是提升政策运行成效的必要环节。目前雅江县双语教育考核依旧沿用校内评估和量化指标相结合的传统评价方法,以升学率和达标率为标准的考核评价机制在一定程度上削弱了部分教师的教学积极性。因此,建立科学有效、具有人文关怀的监管机制是双语教育政策有效执行的迫切需要。

一方面要严格遵循国家课程标准,完善双语教育质量评价机制,采用各种灵活方式进行阶段性教学质量评估。规范民族语文的考试评价机制,制订少数民族语文水平等级标准和考试办法。小学、中学阶段的汉语和民族语文每学年由县级教学研究部门分别统一命题组织测试,以统一教学进度和教学要求，省级教学研究部门应定期抽检反馈。全面推行中国少数民族学生汉语水平考核体系。民族中小学实行一、二、三级 MHK 考试和达标升级制度。另一方面，要群策群力建立双语教育政策监管网络化执行模式，实现双语教育研发人员、双语教育管理人士、基层双语教师群体及社会公众舆论的良性互动，为双语教育政策的有效运转搭建一个科学高效的互动平台。

3. 注重语言心态，把握规律开放双语教育态度

语言文字凝结着一个民族的历史文化和思维方式，它不仅提供了交流的基本工具，也是把个体与其所属民族文化联结起来的纽带。遵循国家和政府的政策方针，用开放的心态保护和发扬本民族优秀传统文化是每个人的责任和使命。

《宪法》明文规定了我国民族语文政策的两项总原则：在全国范围内推广普通话，以及各民族均有使用和发展其语言文字的自由。这两项原则不仅维护了国家通用语言文字的统一性，也彰显了民族和语言平等的精神，贯彻执行这两项规定是促进各民族间语言文化交融和增进社会和谐发展的必要之举。

个体对语言的认可和普遍使用是社会文化理性潜移默化影响的结果，也是双语教育得以进行的条件。民族地区成员对汉语的高度认可和重视以及对本民族语根深蒂固的感情是有效开展双语教学的良好基础。一方面要积极引导民族成员培养正确的语言态度，分辨语言态度中的感情因素和价值观因素；另一方面，在尊重民族成员语言感情的基础上理解他们作出的选择和蕴含其中的文化内涵。积极宣传双语教育的优越性和实际成效，不可厚此薄彼，使少数民族地区学生以积极、开放和乐观的语言态度对待双语学习，促进民族身份认同感和自豪感的提升，使他们在学好本民族语言文化的同时，掌握汉语言文化知识，促进各民族共同繁荣进步。

4. 推进课程建设，科学制订双语教材建设规划

双语教育教材建设取得了一定成果，但一纲多本的民族文字教材体系至今尚未形成。根据实践经验和科学总结，双语教材的研发应遵循以下原则：多民族的观念要渗透到全部的教学环境中，课程应该考虑到少数民族学生的学习风格，应该有助于学生全面领悟少数民族文化和特征等。① 因此，民族地区双语教材，尤其是二类模式的双语教材要避免简单的翻译和复制，而应重视经典的藏族传统文化篇目，与时俱进地创作和引入优秀的藏语文作品。

第一，教材的编写应体现多元文化整合的理念，中华民族多元一体格局是在保护和传承各民族文化的基础上求同存异。在国外，很多国家为了更准确地反映多民族的历史和文化，对许多基础教育中的民族文化课程使用的教科书进行了重大的修订，一些关于少数民族文化内容的资料被收入历史和社会科学的教科书中，供学校多元文化课程使用。② 二类模式双语教材除了要体现主流文化外，也应该糅合民族地区的人文景观和历史积淀，体现教材的地方文化色彩。

第二，教材的研发和使用要契合藏族学生的学习和认识风格，充分考虑藏族儿童生活环境、背景和经验的特殊性。对于学生一时难以理解的艰涩内容，要将其循序渐进地融入教材研发中，培养民族文化认同感是一个需要不断积淀与领悟的过程。

第三，针对民族地区长期以来存在教材不配套、课外读物少等情况，教材编译与出版单位应加快研发除藏文教材外的辅助教材和校本教材，争取既体现地方和民族特色，又符合民族地区生产生活实际和民族地区经济社会发展规律。由于相当一部分双语教师存在口语上的缺陷，应该改进教学手段以弥补教学上的局限性。比如，研发促进学生自主和互动学习的教学软件和多媒体课件，打造集课堂教学、多媒体教学和网上教学于一体的多维立体教学平台，不仅可以把节省下的书写时间用来训练视、听、说，还可以将主要内容进行民汉对照，并配上标准的双语发音和关键词句的字幕显示，以突出课件的双语特点，便于学生在课堂及课后温故知新。

5. 强化师资建设，推动双语师资质量提升工程

双语教学质量提升的关键在于高素质的师资队伍。学校要积极创造条

---

① 王鉴：《民族教育学》，甘肃出版社，2002，第170页。
② 钱晓芳、马敏：《中外民族教育立法中双语教育规定之比较》，《社科纵横》2005年第3期。

件，以师德素养培育为根本，以教师专业化发展为目标，以教育教学能力提升为主线，以省、地、县、校四级培训为载体，以新理念、新思路、新方法为重点，采取全员培训与骨干培训、脱产培训与校本研修、"请进来"与"走出去"培训、非学历培训与学历提升相结合等方式，全面提高双语教师综合素质和业务工作水平。同时，还可以通过交流轮岗，挂职锻炼，开展教师访家长和校长访教师的"两访"活动，组建讲学和教研团队，实施教学名师培育工程、师德文化建设工程等，造就一支符合"有理想信念、有道德情操、有扎实知识、有仁爱之心"标准，且具有"三个特别"特质的高素质双语教师队伍，为推动民族地区教育事业又好又快发展，办好让党放心、让人民满意的教育提供智力支撑和人才保障。

6. 立足区情实际，靶向创新双语教育教学模式

由于受到自然、地理、社会、历史、政治、文化等诸多因素的影响，民族地区双语教育发展具有不同的特点。甘孜州各地发展水平不同，双语教育在各地发展程度不一，且不成系统。因此，本地区双语教育的发展目标应定位于倡导多种模式共存：要考虑藏区与牧区双语教育的区别，聚居区与杂居区双语教育的区别，城市和乡村双语教育的区别，学校教育和普及教育的区别，学前、小学、中学和大学不同阶段的区别。简言之，就是要统筹考量地区差异、民族差异和层级差异，重点应立足民族地区实际，在以少数民族语言为主要交际语言的农牧区，可采取民汉双语同步教学模式，或从小学低年级起开设藏语文必修课程；在民汉双语兼用的农村地区、学生能用民汉两种语言交流的学校，可从小学低年级起开设双语必修课程等。

7. 反省学生动机，优化学校教育双语教学环境

调研对象中藏族学生占绝大多数，应多使用藏语来进行交流与沟通，使学生自觉使用藏语，形成潜在的课程精神与方式，让学生将藏语内化到生活环境中。

教师语言教学是影响双语教育成效的重要因素之一。教师可适度、适时地将藏语融入教学与其他正式场合中，引起学生重视藏语学习。教学者应把握此原则并配合学生认知程度来融合进行相关的活动，活化藏语教学

方式，联结学生经验与文化背景，激发学生学习藏语的动机。鼓励学生主动将藏语与文化的学习融入现代生活情境，并适时与藏族同学用藏语沟通，以提升藏语在藏族社区的地位。

8. 重视文化资源，着力彰显独特语言文化魅力

藏族语言是中国少数民族语言的瑰宝，对藏族语言的振兴及发展皆有莫大的帮助，有利于我国多元文化的发展，建议作全盘性推动。藏汉双语教育政策不仅要持续推进，更要有一套适合藏族语言发展的全面性、整体性措施。

经济全球化的发展阻碍了许多国家少数民族语言的发展，弱势语言受到越来越严重的威胁，逐渐被强势语言吞噬。在看待文化语言的态度时，我们不能肤浅地只看到其给我们带来经济利益这一部分，文化是一种国家的财富，在注重经济利益的同时我们更应该注重民族文化利益。语言的多元化，尤其是在中国这个民族众多的国家，不仅可以给我国带来更多的经济利益，还可以使我国文化更加多样化。提高各民族对自己文化和语言保护的积极性，让他们拥有对本民族的自豪感和传承民族文化的热情也是保护我国多样文化的重要途径，只有这样，才能使我国文化不断庞大灿烂。

执笔：苏德、甘永涛

第十一章
广西壮汉双语教育发展现状调查

广西壮汉双语教育是指在广西壮族聚居程度高并以壮语为主要交际语言地区的壮汉双语学校,通过壮语、汉语两种语言进行教学的社会实践活动。广西壮汉双语教育是我国双语教育的重要组成部分,也是影响广西民族教育事业发展的关键环节,不仅关系到广西民族事业、教育事业的发展,也对广西的民生有着重要意义。广西作为我国民族团结模范省区之一,在贯彻党和国家民族政策、推进民族团结进步方面卓有成效,这种团结和谐局面的形成与全区的教育事业紧密相关,其中双语教育发挥了重要的作用。

一 广西壮汉双语教育基本情况

(一) 壮汉双语教育发展的语言环境

广西是多民族聚居的自治区,境内有壮族、汉族、瑶族、苗族、侗族、回族、毛南族、京族、彝族、水族、仫佬族、仡佬族等 12 个世居民族。壮族是广西世居少数民族中人口最多的民族,也是全国少数民族中人口最多的民族,仫佬族、毛南族、京族是广西独有的少数民族,仡佬族是广西人口最少的民族(见表 11-1)。各族人民和谐共生,共同促进广西经济、社会、文化和教育事业的建设与发展。

表 11-1　广西壮族自治区人口情况

民　族	人口（万人）	占总人口比例（％）	占少数民族总人口比例（％）
汉族	2891.61	62.82	—
少数民族	1711.05	37.18	—
壮族	1444.85	31.39	84.44
其他各少数民族	266.20	5.79	15.56
总人口	4602.66	100	

注：根据2010年第六次人口普查主要数据公报整理。

广西世居民族除回族使用汉语以外，都有本民族的语言，有些民族的语言还有自己的方言，如壮语方言有黑衣壮语、桂北壮语、南壮、红河土话、土白话等，汉语方言有粤语、西南官话（桂柳话）、客家语、平话、湘语、闽语六种，其他少数民族语言有苗语、瑶语等。其中，壮族、苗族、瑶族、侗族、水族、京族等民族都有本民族的文字，分别为壮文、门方言文字（勉方言文字）、侗文、水文、喃字等。

通过双语教育，提升民族教育质量，传承民族文化，促进各族人民更好地展开社会交往与互动，建构和谐的社会，颇为重要。广西各民族在长期的民族融合过程中，形成了语言类型繁多、语言环境复杂等特点。整体上看，广西广大的农村地区大部分使用壮语。广西有71个县市的壮族使用壮语，约有90%的壮族人口把壮语作为母语，85%的壮族人口经常使用壮语。壮语分布在广西绝大部分地区，主要集中在南宁、柳州、百色、河池、崇左、来宾等6个市所辖的各个县（市、区）。广西境内的壮语大致以邕江为界分为南部和北部两大方言区。根据主体少数民族和民族教育的实际，广西境内的壮族主要实施了壮汉双语教育。其他少数民族的双语教育则在国家和自治区的法律、政策支持下，根据地区和各少数民族需要给予支持性开展。

（二）壮汉双语教育模式多元化

自20世纪80年代开始，广西壮族自治区便实施了壮汉双语教育，目前全自治区约有1%的学校在做双语教育教学实验。根据教育规律和语言发展规律，尤其是根据广西民族语言环境的实际情况，不同语言环境下的壮族地区积极探索了多种模式壮汉双语教学，并形成了三种壮汉双语教育模式。

一是壮汉双语同步教学模式，即在壮族聚居程度高并以壮语为主要交际语言的农村地区的壮汉双语学校，实行壮语、汉语两种语言同步教学。实施对象一般为预备班（学前班、幼儿园）到小学六年级或到九年级。具体操作过程就是：课堂教学同时使用同一教材内容的壮、汉两种文字教科书，同一篇课文由同一位教师用壮、汉两种语言文字进行教学。主要做法：预备班（学前）以壮语文教学活动为主，达到学前儿童掌握壮文声母、韵母、声调及拼写，并具有直呼音节能力；从小学 1 年级开始进行壮汉双语同步教学，同一课文内容分为上、下两部分课时，先上壮文课，后上汉文课。在数学教学方面，由于中低年级学生掌握的汉语词汇量少，汉语文理解能力低，不能正确理解汉文数学教材中的数学概念、运算法则和应用题题意，因此，1～3 年级主要使用壮文数学教科书，辅助使用汉文数学教科书，用壮语授课；高年级学生随着汉语词汇量的增多，已有一定的汉语文理解能力，则以汉文课本及汉语为主、壮文课本及壮语为辅进行教学。这类模式的中小学，全部开设国家规定课程，小学开设壮语文和壮文数学课程，中学开设壮语文课程。国家课程使用经全国教材审查委员会审查的汉文教材，壮文课程教材使用由汉文版教材翻译的壮文教材。

二是壮汉双语教育二类教学模式，即壮汉双语实验学校全部开设国家课程，同时开设壮语文必修课程。主要做法：预备班（学前）开设壮语言类教学活动课，义务教育阶段学校开设壮语文必修课程。二类模式分为早期和晚期两种模式。早期壮汉双语教育二类教学模式，即在壮族聚居程度较高并相当大部分儿童母语仍为壮语的壮族农村地区的双语学校，实施壮语、汉语两种语言进行教学，一般为预备班（学前班、幼儿园）到小学 6 年级。晚期壮汉双语教育二类教学模式，即在大部分儿童能操壮汉两种语言并通行汉语的壮族地区的中小学校，进行壮汉双语教学。晚期模式一般有四种情况：（1）5～6 年级开设壮语文课程；（2）7～8 年级（初中）开设壮语文课程；（3）7～11 年级开设壮语文课程（初中至高中）；（4）10～11

年级（高中）开设壮语文选修课程。教材使用情况：预备班的壮语文教学活动资料选用根据《壮语文课程标准（试行）》编写的《快乐壮文》；义务教育阶段学校国家课程使用经全国中小学教材审查委员会审查的汉文教材，壮语文课程使用根据《壮语文课程标准（试行）》编写，经广西中小学少数民族语言文字教材审查委员会审查的壮文教材。

三是高中选修壮语文课模式，即根据需要开设壮汉双语教育教学活动，在已基本通行汉语的壮族地区或壮族学生数量较多的城镇中小学校，为传承壮族文化而开展壮族语文教育教学活动。

经过近年来的壮汉双语教育教学实验，整体评估发现二类模式比较符合广西双语教育发展的实际需要，因此对二类模式给予了重点支持。同时也鼓励各地各中小学校本土原创的壮汉双语教学模式实验，形成多种模式并存的壮汉双语教学模式。

（三）壮汉双语教育发展规模持续扩大

2012年，自治区教育厅印发了《壮汉双语教育二类模式实验办法》，开展了壮汉双语教育二类教学模式实验试点。这种模式比较符合壮族农村地区实际，得到教育部门、学校的欢迎和支持。自愿要求加入壮汉双语教学实验的县和学校逐步增加。截至2013年12月，壮汉双语教育实验由2010年的26个县（市、区）增加到35个县（市、区），壮汉双语小学由64所增加到112所，壮汉双语初中由25所增加到27所，在校学生数为76040人，壮汉双语专任教师数为4360人。（见表11-2）

表11-2 广西壮汉双语教育规模

教育阶段	模式	学校数（所）	专任教师数（人）	在校学生数（人）
小学	二类	53	1226	22900
	三类	59	965	17663
	小计	112	2191	40563
初中		27	2169	35477
合计		139	4360	76040

资料来源：广西壮族自治区教育厅编印《广西民族教育事业发展调研报告》（内部资料），2014。

（四）壮汉双语教育政策制定与实施效果明显

广西近几年整体上十分重视双语教育，并从民族和区域发展战略的层面为促进壮汉双语教育质量的提高做出了实际政策规划，先后颁布了相关通知与政策文件。2012年5月17日，自治区教育厅颁发了《关于印发〈壮汉双语教育二类模式实施办法〉的通知》（桂教民教〔2012〕7号），该通知对二类模式的实验工作具体实施办法提出了指导性意见。主要围绕二类模式实施的指导思想、总体目标、基本原则、课程设置、教材使用、课堂教学、实施保障等方面作了说明与相关规定。2012年7月30日，自治区教育厅颁发了《关于印发〈壮语文课程标准（试行）〉的通知》（桂教民教〔2012〕11号），该通知明晰了壮语文课程标准，明确了课程目标，各学段的具体教学目标与效果的要求，对教材编写、课程资源的开发和利用、教学、评价方面提出了建议。2012年12月26日，发布了《广西壮族自治区人民政府办公厅转发自治区教育厅等部门关于进一步加强壮汉双语教育工作意见的通知》（桂政办发〔2012〕329号），自治区教育厅、自治区民族事务委员会、自治区少数民族语言文字工作委员会联合起草制定的《关于进一步加强壮汉双语教育工作的意见》，对壮汉双语教育的工作总体要求、管理体制、教学工作和保障措施都进行了说明。2013年11月18日，广西教育厅颁发了《关于加强壮汉双语教学实验工作的通知》（桂教民教〔2013〕7号），该通知对壮汉双语教育教学模式、壮汉双语文课程教材建设、实验工作的评估、双语师资建设、宣传与管理等方面作了规定，确立了壮汉双语教育实验县（市、区）和135所壮汉双语中小学校。为了培养与壮汉双语教学相匹配的师资队伍，2013年教育厅又颁发了《关于实施小学壮汉双语教师定向培养计划的通知》（桂教民教〔2013〕6号），对壮汉双语教师招录的条件、录取的程序、培养方式、就业与管理、保障措施等方面进行了规划。这些专门针对广西壮汉双语教育教学的政策一方面为更好地促进该地区双语教育的实施和质量的提高，提供了政策支持和制度保障；另一方面为各地方学校的壮汉双语教育教学实践提供了路径与方法。

(五)壮汉双语课程改革与教材建设的步伐加快

广西围绕壮汉双语教育改革主题,加强壮语文课程建设。2012年印发了《壮语文课程标准(试行)》,明确壮语文课程的性质、教学要求及教学目标,系统地规范了学校壮汉双语教学活动,结束了广西壮汉双语教育30多年来没有壮语文课程标准的历史,使壮汉双语教育工作向前迈进了一大步。广西目前还在落实适应各种壮汉双语教学模式的《壮语文教学大纲》和《壮汉双语课程教材建设规划》,组织专家学者组成壮汉双语教育课程教材编写编译队伍,修订编译"壮汉双语同步教学模式"系列教材,开发编写突出民族语文与民族文化教育相结合的适应二类模式的教材,加强壮汉双语教育课程资源建设,编译出版壮语文课外读物和音像教材。截至2013年,已正式出版发行壮语文教材148种、课外读物144种、教师用书5种,电子音像教材5种,初步建成壮汉双语教育课程教材新体系。广西组织团队摄制了第一部教育文献纪录片《壮文》,出版发行10000套,《广西日报》、人民网、新华网等区内外多家媒体对《壮文》首发仪式进行了报道。《壮文》可供各级各类学校教育教学、电视台播放,可作为对外交流宣传资料,也可作为研究壮族文化教育文献史料。

课程教材建设按照分类的方式,基本建构了与不同模式相适应的双语教育课程教材体系。(1)以国家课程为基础进行壮语文课程的编译。壮汉双语同步教学模式壮语文教材基本以人民教育出版社、江苏教育出版社、语文出版社、北京师范大学出版社等4家出版社出版的现行汉文教材为蓝本进行编译。(2)基本完成壮汉双语教育二类教学模式的教材建设。目前已经完成编写预备班《快乐壮文》和小学1~6年级《壮语文》教材。自治区制订了教材编写规划,组成了壮语文教材编写队伍,在编写内容上特别强调壮族文化特色,强调将壮语文教学与壮族文化教育相结合。(3)增加了课外读物的编译。自治区先后编译出版了《中国少数民族故事》、《中国古代戏曲故事》、《外国民间故事》、《广西校园民歌》(壮汉双语文对照)等130种课外读物。"十一五"期间,广西编写学前班课本4种,出版发行62000册;编写学前班学习卡片2种,出版发行1.4万套;编译小学课本 52 种，出版发行 335 万册；编写壮汉双语教学教师用书 40 多种，出版发行 3.44 万册；编写壮文练习册 16 万册。"十二五"期间，广西将组织专家和技术人员研究以翻译制作等形式，开发民族语言文字教学课件和资源库，设计与制作适应壮族学习者的优秀课程资源。

（六）致力于壮汉双语教育师资队伍培养

在培养和培训双语教师方面，一是加强培训基地建设工作，确立广西民族大学为广西壮汉双语教师培训基地，确定南宁师范大学、广西教育学院、广西壮文学校为培训机构，确定一批中小学校为培训研修基地。二是实施壮汉双语学校教师全员培训计划，采取短期培训与长程培训相结合、短期培训与学历提高相结合、高级研修与校本培训相结合等培训方式，对双语教师进行培训，2011 年至 2013 年共培训教师 4687 人次。三是在职培养双语教师，从现有的教师中选派中青年教师参加壮语文培训班或函授学习，充实双语教师队伍。创新"培训+学历"培养模式，教师每年培训计算学分，修满学分，发放本科学历文凭，目前已有 360 名教师参加该模式培训。四是实施"百名双语名师培养工程"，确定全区 106 名壮汉双语学校教师作为名师培养对象，委托南宁师范大学培养，用 4 年左右时间培养一批当地有名、起引领作用的骨干教师。五是实施"壮汉双语教师定向培养计划"，提升校长双语教学管理能力。六是实施"小学壮汉双语教师定向培养计划"，联合自治区人社、财政、编办等部门，从 2014 年起，每年面向壮汉双语教育实验县（市、区）的乡镇定向招收 100 名壮汉双语专业免费师范生，为小学壮汉双语学校定向培养双语教师。

个案：20 世纪 90 年代，武宣县在桐岭镇开展了壮文农村"扫盲"工作，桐岭镇群众熟悉壮文，理解和支持壮汉双语教学，为开展壮汉双语教育打下良好的群众基础。同时全县调配原来毕业于广西壮文学校及南宁、桂林、百色、巴马 4 所民族师范学校的专业教师到桐岭镇任教，充实了壮汉双语教学师资队伍。另外，武宣县通过举办校本培训，选派参加区培、国培重点培养骨干教师，以提升教师专业水平，推进壮汉双语教学。①

（七）加大投入支持壮汉双语教育教学

国家和自治区对双语教育都给予了财政政策支持，设置了专门的支持经费项目。在国家财政支持方面，一是少数民族教育中央专项补助，2012年拨付850万元，2013年拨付960万元，其中60%的补助用于双语师资培训，40%用于购置民族教育特色教学仪器设备。二是少数民族双语教学专项资金，2013年拨付130万元，用于民族双语教材审查出版。自治区财政支持方面，2013年拨付1000万元，2014年拨付1200万元的民族教育经费，用于民族双语教育课程教材编写编译、出版发行、双语教研、双语教学语音电教设备购置。

（八）壮汉双语教育教学质量逐步提升

壮汉双语教育教学从20世纪90年代起步到现在仅有20多年，但双语教育教学的效果却是显著的。虽然壮汉双语教育教学起步比较晚，但21世纪以来尤其是近几年，通过政策引导、财政支持、师资建设、教材编译、资源开发、过程管理等各机制相互配合，取得了良好的教学效果。地方相关教育部门的学业水平测试表明，壮汉双语班的学生成绩普遍要比普通班的高，壮汉双语学校的教学质量高于当地同类普通学校，主要表现在以下几个方面。

一是利用母语学习的两年时间，提升汉语拼音学习的效率。壮文是拼音文字，与壮语相符，易懂、易学、易用，有助于汉语拼音教学。壮族地区普通学校的汉语拼音教学一般要用8周时间，壮汉双语学校教师采用"壮汉对比，以壮带汉"的汉语拼音教学模式，以"声对声""韵对韵""调对调""拼读对拼读"的方式，让学生从异同中发现拼音学习的规律，激发学生的学习兴趣。汉语拼音的掌握通常要用4~6周的时间，而学过壮

---

① 广西武宣县教育局：《实施壮汉双语教育促进民族教育发展》，2014。

文声、韵、调和拼音知识的学生与没有学过的学生相比，能够提早至少 2 周掌握汉语拼音，且读音更准确。

二是利用母语开发学生智力。通常来说，从一门语言到另一门语言的学习有一个复杂的转换过程。直接学习母语，有助于在儿童智力开发的关键时期，为儿童的语言能力、认知能力、思维能力的提升提供较好的语言环境。因为语言的连贯性学习不会切断学生思考的连续性，反而会为学习另一种语言提供准备条件。

三是利用壮语文的学习提高学生的作文能力。壮族学生在学前班就学习了壮文的拼音法，很早就学会了拼写壮文，小学 1 年级就能够写出长句子；2 年级就能写些简短的记叙文；3 年级能写较好的命题作文，并向汉文作文过渡；4 年级以后，学生通过将壮文作文翻译成汉文作文，能用壮文或汉文写出篇幅较长的作文。许多学生在二、三年级就已经在《广西民族报》上发表了壮文习作。因为学生的双语学习在年龄上起步早，运用双语的能力掌握得也比较好，所以学生还能运用这种双语学习的能力开拓其他方面的能力，比如阅读能力、汉语文写作的能力。

个案：2013 年，武宣县共有 172 名小学毕业生参加全区壮语文科测试，获得了不错的成绩，平均分为 75.4 分，及格率为 83.7%，优秀率为 45.9%，5 人取得最高分，得分为 97 分。桐岭镇小学整体教学质量在全县名列前茅，多次获得全县一、二等奖。①

（九）加强壮汉双语教学机构建设

为促进壮汉双语教育的管理与实践，广西壮族自治区教育厅民族教育处专门设立了民族双语教育管理办公室，并成立了广西民族教育发展中心，安排了 5 个事业编制，专门管理壮汉双语教育工作。相关市县也配备相关人员进行管理。自治区计划在广西 9 个壮语方言区，安排专项经费建设 10 个壮汉双语教学示范基地，目前已确定武鸣、上林、覃塘、德保 4 个

---

① 广西武宣县教育局：《实施壮汉双语教育促进民族教育发展》，2014。

县（区）为壮汉双语教学示范基地。

二 当前壮汉双语教育存在的主要问题

（一）双语教育的环境有待改善

1. 整体社会环境

广西与其他少数民族自治区一样，都有一个人口占全区人口比例比较高的少数民族，其双语教育也以壮汉双语教育教学为主，像内蒙古主要推行的是蒙汉双语教育，西藏推行的是藏汉双语教育。但广西与其他自治区又有一个不同的地方，就是广西位于我国华南地区，与沿海开放省份广东省、香港特别行政区邻近，与东盟国家交界，其首府城市南宁市作为中国—东盟自由贸易区的永久会址，为广西的社会文化环境提供了一种开放的氛围。语言环境也因此受到影响，普通话已经成为当地人外出打工和城市日常互动的交际语，而东盟国家的语言也日渐成为大学生学习的主要专业。

2. 流动人口导致的语言沟通与安全问题

广西人口基数较大、劳动力资源丰富，改革开放以来，城市化进程促进了广西城镇与农村人口的急剧流动，主要是农村及偏远山地地区的人口不断向珠三角地带大量转移。随着人口的流动，随迁子女、进城务工子女、农村留守儿童的教育成为全区教育发展需要关注的问题。而不同民族的学生随父母迁移到异地，他们的沟通与交流所需的语言教育也就成了需要关注的重要教育现象。

广西位于西南边疆地区，与越南社会主义共和国毗邻。在中越边境发生着经济贸易的往来、文化的交流和人们的互动，确保国家的语言文化安全，也是边境民族教育所关注的重点。

3. 大众对于学习壮语文的态度并不积极

大部分农村家长也并不在意孩子是否学习壮语、壮文，他们认为，自己的孩子从小就有学习壮语的环境，村里的人都讲壮话，他们跟着爷爷奶奶很小就学会了，不用学习都会。如果学校里学壮语和壮文，对他以后就业或找工作没什么好处，就没有必要学，因为会浪费很多学习其他知识的时间。这就在社会中产生"壮文/壮语无用论"，认为学壮语文仅仅是为民族文化传承提供工具。可见，整体上广西双语教育的环境并不理想，没有在知识分子、政府部门和民众之间达成共识。

  个案："学壮语，就业有什么好处是我最关心的。考试制度要改，必考壮语文的县民族中学有 2 个班招学生，但高考有什么政策，我觉得我们（应该）与其他民族有区别。能否从小孩的就业考虑，你壮文好，但没有政策……多了解本民族文化是有好处的，但要让家长看到自己的孩子学习壮语壮文有什么好处、高考就业的优惠。"①

（二）双语师资队伍难以规模化

尽管自治区通过培训培养了一批适合各类教学模式的双语教师，壮汉双语教师队伍建设近几年来取得了很大的进展，但是师资队伍仍然难以形成符合广西实际需要的规模，不少地方的双语中小学仍缺乏专业的双语教师。随着广西教育结构的调整，广西原来培养壮汉双语师资的南宁、桂林、百色、巴马等四所民族中等师范学校都并入了相关高等师范院校，与之相关以培养双语师资为目标的专业及机构也跟随一并撤销或替换，转而变成以培训双语师资为目标的培训机构，广西也就缺少了后续的双语师资补给。当前，广西的双语师资规模与双语教育规模完全不匹配，这不仅影响双语教学的规模，也影响双语教育的质量。

（三）壮汉双语教材遭遇新困境

当前全国教材版本各有不同，广西各地中小学使用教材的版本也各有不同。其中，壮语文主要使用人民出版社、语文出版社、江苏教育出版

---

① 根据 2014 年 5 月 14 日于广西来宾市武宣县桐岭镇中心小学访谈资料整理。访谈对象为该镇学生家长。

社、北京师范大学出版社出版的课本,这就增加了双语教材编译的难度与工作量。目前广西民族教育发展中心在编人员仅3人,要全面负责全区的双语教材编写、教学、管理等工作并不现实。另外,广西双语教材的配套教辅资料比较缺乏,包括双语影音资料、教师培训教材、练习册、供学生使用的壮汉双语字典等。

(四)双语教育模式有待完善

无论是同步教学模式还是二类模式,都存在师资和教材的问题。两类模式都还在实验之中,都有各自的不足。同步教学模式效果好,但对教师要求高,双语师资配备不够;二类模式对于不同双语基础的学生来说,效果不一样。

> 个案:"同步教学模式对教师要求比较高。若全部采用同步教学模式,师资就不够了。很多学生也只学声母,基本忘了课文。要花很多的备课时间,低年级采用同步模式比较好,汉文看不懂的看壮文,壮文看不懂的看汉文。我们桐岭镇壮汉双语课的情况是学前班双语课是10节/周,1~2年级4节/周,3~4年级3节/周,5~9年级2节课/周;县民族初中是1节/周;高中为选修课。二类模式没有壮汉文对照。两种模式也有好的地方,壮族学生没有汉文基础,面对汉字首先要知道它的壮文意思。二类模式比较薄弱,教材、编写符合本地的本民族文化的内容,可以传承民族文化。两种模式如果结合起来会更好,低年级采用同步教学模式,高年级可以采用二类模式。"[1]

(五)壮汉双语教育管理机制不够完善

壮汉双语教育管理机制问题的主要原因是自治区区级机构和编制的脱节。一是自治区教育厅壮汉双语教育管理人员少,任务较多,对壮汉双语

---

[1] 根据2014年5月14日于广西来宾市武宣县桐岭镇中心小学访谈资料整理。访谈对象为该县教育局相关负责人。

教育教学工作很难全面履行。二是目前广西全区市一级仍然没有设立相应的壮汉双语教学工作管理部门或安排专职人员，在市级管理上出现断层。三是县一级虽然设有壮汉双语教研员，但有部分壮汉双语教研员由民族中学的教师兼职，而民族中学的教师都有自身的课时任务，对壮汉双语教育工作的管理和指导力度不够。

三 促进壮汉双语教育发展的对策与建议

（一）改善壮汉双语教育语言文化环境

壮汉双语教育语言和文化环境是壮汉双语教育实施的基础条件。如果缺少讲的主体及主体学习壮语的诉求，是无法实施双语教育的；如果缺少学习壮汉双语的文化氛围，教学的效果也难以提高。双语教育的环境除了要有"原生"环境外（包括地域、语言、文化氛围等），还需要一种"再生"环境，如通过政策宣传、就业导向、民族文化传承等倡议、引导人们学习母语、国家通用语言以及其他作为自身或集体发展需要的语言。显然，在少数民族聚居区、操民族语言的地区、亲人朋友都讲民族语言的家庭，往往更容易获得一种天然的双语教育环境，双语教育的效果就更好。但随着流动人口的增加、学校布局的调整、传统家庭生活方式的改变，语言环境也随之发生了改变。要形成好的双语环境，需要从"建构"与"引导"方面继续努力。自治区政府、教育厅、民委等部门应相互配合，组织调研群众的意愿、知识分子的诉求、社会的需要来作必要的策略建构，在社会群众中营造"学好民族语言，传承民族文化"的氛围，在知识分子中搭建民族语言与文化多样性科研的平台，在学校教育中通过校园文化来形成学习壮汉双语的氛围。

（二）加强壮汉双语教育师资队伍建设

壮汉双语教育师资队伍是影响当前双语教学的关键因素。要改善双语师资状况，需要注意以下几个方面。

一是疏通原有"培养"渠道。根据广西壮汉双语师资需求状况，在广西民族大学、南宁师范大学、广西民族师范学院、广西壮文学校等高校设立壮语文师范专业，培养一定规模的双语师资队伍。

二是建构新的"培训"机制。发挥上述壮汉双语教育师资培训基地、中小学校的双语师资培养培训功能，免费为双语教师提供普通话、壮语的培训。

三是强化教师队伍素养的提升机制。除培养培训机制建设之外，还要注重壮汉双语教师质量的提升，包括教师的双语口头表达能力、教学方法、民族文化素养等。

四是扩大壮汉双语文编译队伍。联合广西高校、各双语中小学校长、双语教师共同组成编译小组，共同承担编译和开发校本教材的工作。

（三）提高壮汉双语教育教学质量

广西存在的三种壮汉双语教育教学模式都处于实验阶段，并且各有优缺点，因此这些模式并不意味着就是最好的。应根据地方实际需要，开展壮汉双语教育教学，重点是要形成符合地方文化特色的模式。可以通过民族传统体育、民族舞蹈、民族音乐等形式来促进壮语文教育。如武宣县通过举办民族体育进校园、民族歌曲进校园、壮语歌曲比赛，组织参加自治区学生壮语作文比赛、学生讲标准壮语故事比赛、标准壮语才艺表演赛、壮汉双语教师讲课比赛、壮汉双语教师课件比赛等教研活动，既调动了师生学习壮汉双语的积极性，又促进了教学方法的灵活多样化。

（四）跟进壮汉双语教育资源配套建设

1. 编写与地方民族文化相匹配的壮汉双语教材。
2. 开发简明且实用的供中小学生使用的"壮汉小词典"。
3. 加强壮汉双语教育的信息化资源建设，提供双语教学课件资源。虽然部分地区的校园在学校标准化过程中已经实现了教育信息化，但还有很多学校尤其是在广大农村地区和偏远的教学点，信息资源仍然非常缺乏。现代社会是一个信息化社会，信息资源和信息共享平台建设是实现教学技术与方法更新的重要方面，也是知识获得的重要手段。为双语学校学生提供优质数字资源有助于提高双语教学质量。教师可以采用多媒体技术制作精美的 PPT 课件、展现影音资料，通过动画与语音相结合的方式将标准的壮语、汉语发音与壮文汉文知识教给学生。

执笔：苏德、刘子云等

第十二章
从文本到行动：广西壮族双语教育政策执行研究

一 研究背景

少数民族语言作为文化的重要载体，在世界范围内都受到不同程度的重视。在国家层面的语言和文化政策背景中制订的双语教育政策，其改革和发展往往因时、因地、因民族而异，并无单一模式可言。双语教育政策作为一种语言政策，散见于各种政策、计划或规划文件中。对于双语教育政策研究而言，首先要考虑的问题是：双语教育政策的目标和理念导向到底是什么？鲁伊斯（Ruiz）提出在政策中一般将少数民族语言作为问题、权利或者资源。语言即问题导向把少数民族语言视为习得主体民族语言的障碍，通常表现为过渡性语言教育政策，目的是语言和文化的同化。语言即权力导向承认人类语言存在的权力，通常表现为单向模式的双语教育，学生在学习主流语言的同时还保留母语的使用。语言即资源导向尊重语言的多样性，开展多语言教育，这被称为双向模式的语言教育。

有研究者提出双语教育问题有两个层次：一是法律和政策层面的双语教育问题，二是学习与教学层面的双语教育问题。从教育政策研究的传统视角来看，这是一个问题的不同阶段：双语教育政策的宏观制定和微观执行。当前的政策研究已经突破了传统的关于政策阶段理论的理解，即政策并没有明显的制定和执行阶段，因为政策会被执行者实施，他们对政策的理解让政策执行变成一个动态的甚至不相关联的过程。莱文森和斯通（Levinson & Sutton）提出一个社会结构化的方式来分析教育政策，重点分析政策蕴含的权力并强调分析政策偏移:"政策偏移主要是由于政策执行者参与成为政策的一个要素,把一些无关的机构资源甚至自己的偏好也带入了政策"。柯森(Corson)也认为政策在执行过程中,尤其在学校情境中充满着持续的对话和互动,这就意味着行动者正式或非正式地根据自己的方式执行政策。约翰逊(E. Johnson)在描述语言使用中增加了"实例化"特征,指出在行动之后还应该关注语言政策最后被执行的具体状况,也就是政策如何被再制定以及语言最终是如何被使用的。

本研究尝试以一种脉络化视角理解双语教育政策,通过分析政策文本中蕴含的政策目标和价值导向,以及政策在具体执行过程中被解构的状态和最终行动,探究抽象的文本和执行者的解释、决策、行动之间究竟产生了何种偏差,进而提出研究的解释框架。为了达到这个目的,需要:(1)首先梳理国家和地区层面的语言政策和双语教育政策,从文本的角度分析国家层面的教育政策到底发挥了什么作用;(2)其次在此基础上分析双语教育政策的成效如何,以及在学校层次是如何被解释以及执行的;(3)最后探究双语教育政策执行的解释框架。

此种教育政策研究的意义在于不仅关注本源的政策文本,还强调通过参与者的视角来描述问题,将研究对象和研究问题置于情景之中,便于收集多样化的资料,以分析政策如何被解释、抵制、调适或者接受等,进而探究为什么政策会在执行过程中被改变。为了解释这种改变需抓取原始政策文本中相互矛盾的因素,从政策文本重构政策执行者行为的边界和责任主体。

二 研究方法和理论框架

为了更好地分析双语教育政策从文本到行动的过程,本研究采用了多层次分析(Multi-layered analysis)的思路。多层次分析有助于理解政策是如何发挥作用的。在语言政策以及双语教育政策研究中,瑞森特和霍恩伯格(Ricento & Hornberger)提出了一个富有创意的隐喻——将政策行动视为一个洋葱——意指政策是多层次的,同时强调洋葱的中心是教师个体的角色和权力。后来霍恩伯格和约翰逊（Hornberger & Johnson）通过进一步的研究，重申多层面政策分析的重要性，并强调在具体情景中分析执行语言政策的个体。比如，一般认为中央部门制定政策，地方（基层）政府解释政策，而学校则采取政策行动。实际上，地方（基层）政府和学校都会制定他们自己的具体或模糊的政策。

这种多维度分析的研究思路有助于完善当前的研究：注重从目标或价值层面分析语言政策。比如一些研究者从权力机制分析语言政策，认为语言政策通过赋予语言不同的地位而将某些群体边缘化，"重视语言、权力和不平等之间的关系，并以此作为理解语言和社会的核心概念基础"。不过，这些批判性研究忽视了语言政策个体的功能：这些个体自己理解政策，并以一种独特、创新及不可预知的方式解释并执行政策；同时这些批判性研究都忽视了语言政策执行的最终场所——学校。不过，关注目标和价值的研究与关注个体的研究不是相互冲突的，共同的旨趣在于关注社会公平和少数民族的教育机会，这就需要分析双语教育政策本身以及个体对政策的理解和影响。

因此，本研究主要采用案例研究方法，通过档案馆查阅、政府网官网浏览、个别拜访等多种途径收集了各个层面的政策文本和文档资料，最终文本资料一部分来自国务院、教育部、国家民委以及广西壮族自治区人民政府、广西壮族自治区少数民族语言文字工作委员会、广西壮族自治区教育厅等各级政府通过办公网发布的政策，一部分整理于课题调研中地方负责人提供的文档资料。对这些政策文本的资料采用了质性文本分析方法进行剖析，重点关注各个层面的政策文本和话语所表达的权力、倡导、规制等不同程度的约束力量。案例研究调查通过访谈、观察等方法收集不同层面的个体对政策的认识和理解，单位涉及广西壮族自治区少数民族语言文字工作委员会、广西壮族自治区教育厅、W县教育局，还有该县的三所壮文学校。

本研究引用了布迪厄（Bourdieu）关于惯习（Habitus）和信念（Doxa）的概念框架来分析语言政策和双语教育政策，解释学校中的政策执行具体行为，具体为政策话语在学校是如何被转变为信念和实践的。惯习可以被视为一系列被引导的习惯，这种习惯可以控制一个人的文化性行动。作为一种产生和引导行动的原则，对于老师和学生而言，惯习决定了教学活动的组织，同时将社会规则制度化。信念主要强调一种结构，这种结构影响个体和社会环境的互动方式，也影响不同群体内部和相互之间权力关系的合理化。信念包括"选择的集合，这些选择也许已经超出了问题本身，但确是个体根据社会习俗采取的策略性行为"。对于教育和语言，布迪厄通过信念的解释，有助于理解政策如何被理性化、合法化、组织化，以及最终如何影响语言使用模式以及语言使用群体。

三　双语教育政策文本

政策文本可以视为国家管理机构在某个问题上知识、权力和话语的综合体现。比如学校学习政府文件确定如何组织开展教学，政府通过文件中的文本来组织管理。政策文本不是孤立的存在。斯蒂芬·鲍尔指出政策文本通常是个体、团体、利益、组织和世界观等综合体的产物，政策制定者处于一种广泛的政策场景（Policy scopes）中，同时也处于话语传输（Carriers of discourse）的政策网络中。政策制定者将自己的假设、偏好都体现在政策文本中，因此有必要分析政策文本背后潜藏着的政策制定者的技术性、经验性处理，也需要理解政策制定者的这种努力。因此，本研究首先分析国家层面的语言和双语政策潜在的目的和价值导向。

（一）国家层面的语言和双语教育政策

托勒夫森（Tollefson）在研究中指出，语言政策和双语教育政策并不是没有政治意义的，从某种程度上来说，这些政策确实制造或维持了各种形式的社会（不）公平，或者尝试制定更多的政策来降低不公平并促进少数民族语言的保护。彭尼库克（Pennycook）也将社会学理论引入分析政策。治理的权力不止来自政府，还来自行政管理机构的微观实践和话语。权力也不仅存在于政策情境中，也不仅是政府意愿的体现，而是来自政策执行者的交互。很多时候双语教育政策实际上成为管理双语教育的系统，进一步延伸了政府治理的策略。

我们国家的一些政策文本体现了对语言、文字的态度和规范。从全国范围来看，主要是推广和普及国家通用语言文字，具体是指普通话和规范汉字。

表 12 - 1　我国规范语言和文字使用的政策文本

政策及法规	政策文本
《中华人民共和国宪法》（1982 年 12 月 4 日通过，1988 年、1993 年、1999 年、2004 年修正）	第一章第四条：各民族都有使用和发展自己的语言文字的自由，都有保持或者改革自己的风俗习惯的自由
	第一章第十九条：国家推广全国通用的普通话
《中华人民共和国民族区域自治法》（1984 年 5 月 31 日通过，2001 年修正）	第三十七条：招收少数民族学生为主的学校（班级）和其他教育机构，有条件的应当采用少数民族文字的课本，并用少数民族语言讲课；根据情况从小学低年级或者高年级起开设汉语文课程，推广全国通用的普通话和规范汉字
《中华人民共和国教育法》（1995 年通过，2009 年修正）	第一章第十二条：汉语言文字为学校及其他教育机构的基本教学语言文字；少数民族学生为主的学校及其他教育机构，可以使用本民族或者当地民族通用的语言文字进行教学 学校及其他教育机构进行教学，应当推广使用全国通用的普通话和规范字
《中华人民共和国义务教育法》（1986 年 4 月 12 日通过，2006 年、2015 年修订）	（1986 年版）第六条：学校应当推广使用全国通用的普通话；招收少数民族学生为主的学校，可以使用少数民族通用的语言文字教学。（2006 年修订版及 2015 年修订版删除了此条关于语言和文字使用的规范）
《中华人民共和国国家通用语言文字法》（2000 年 10 月 31 日通过）	第三条：国家推广普通话，推行规范汉字
	第四条：公民有学习和使用国家通用语言文字的权利；国家为公民学习和使用国家通用语言文字提供条件；地方各级人民政府及其有关部门应当采取措施，推广普通话和推行规范汉字
	第八条：各民族都有使用和发展自己的语言文字的自由；少数民族语言文字的使用依据《宪法》、《民族区域自治法》及其他法律的有关规定
《国务院关于深化改革加快发展民族教育的决定》（2002 年 7 月 7 日，国发〔2002〕14 号）	"政策措施"第七条：大力推进民族中小学双语教学；在民族中小学逐步形成少数民族语和汉语教学的课程体系，有条件的地区应开设一门外语课

续表

政策及法规	政策文本
《国务院关于加快发展民族教育的决定》（2015年8月17日，国发〔2015〕46号）	第三条：国家通用语言文字教育基础薄弱地区学前教育阶段基本普及两年双语教育，义务教育阶段全面普及双语教育 第二十一条：科学稳妥推行双语教育。依据法律，遵循规律，结合实际，坚定不移推行国家通用语言文字教育，确保少数民族学生基本掌握和使用国家通用语言文字，少数民族高校毕业生能够熟练掌握和使用国家通用语言文字。尊重和保障少数民族使用本民族语言文字接受教育的权利，不断提高少数民族语言文字教学水平。在国家通用语言文字教育基础薄弱地区，以民汉双语兼通为基本目标，建立健全从学前到中小学各阶段有效衔接，教学模式与学生学习能力相适应，师资队伍、教学资源满足需要的双语教学体系。国家对双语教师培养培训、教学研究、教材开发和出版给予支持，为接受双语教育的学生升学、考试提供政策支持。鼓励民族地区汉族师生学习少数民族语言文字和各少数民族师生之间相互学习语言文字。研究完善双语教师任职资格评价标准，建立双语教育督导评估和质量监测机制

在国家根本大法——《宪法》中，明确将少数民族语言文字的使用作为少数民族的一种"自由"，这是对少数民族使用本民族语言的权利赋予。但是同时也要注意到，《宪法》明确规定普通话在全国范围内的普及，这对全体公民而言偏向于义务的承载。

在《宪法》基础上制定的《中华人民共和国民族区域自治法》中，已经将语言和文字的使用要求限定于学校和教育机构中，对教学过程的语言、文字和教材进行了一般性的规定。比如从第三十七条明确阐明"有条件"这一限定表述似乎难以明确条件标准，即达到何种水平才（不）可以开设少数民族语言课程或使用相应教材。当然，接下来的"根据情况……开设汉语文课程"也设定了一种空间供政策执行者选择。

也许有人认为这是有关区域自治的法案，未必对学校教育考虑得周密细致，因此有必要针对专门的教育政策来进行分析。《中华人民共和国教育法》对学校教学语言文字的使用界定更加清楚，汉语言文字作为统领全国范围的教育机构的基本教学语言文字，其语气毋庸置疑。而少数民族语言文字的使用，则使用"可以"二字，带有明显的弹性空间。这种弹性空间在不同层级对政策进行多次解读后,"可以"基本等同于"可用,也可不用"。同样,在对教学过程使用语言的指导中,"学校及其他教育机构进行教学,应当推广使用全国通用的普通话和规范汉字"。这也体现了普通话和规范汉字在教育系统的重要地位。少数民族语言的使用在此政策文本中没有提及。

语言的习得主要在低龄阶段的语言敏感期,《中华人民共和国义务教育法》中关于语言和文字的使用规范也经历了变化。如1986年的《义务教育法》中关于语言和文字的使用说明,对全国通用语言使用了"应当",以肯定的语气限定了关于学校系统语言使用的规范和方式,而对于少数民族语言的使用则以"可以"保存一定的宽限,这与《中华人民共和国教育法》的措辞基本完全一致。语义的表达借助特定的词汇,文本能够体现出对普及普通话的严格程度以及对少数民族语言使用的裁量空间。但是自2006年修订之后,这项规范就不再出现在《义务教育法》中。

作为专门的语言和文字法规,《中华人民共和国通用语言文字法》在第三条赋予了普通话和规范文字的法律地位,第四条将普通话和规范文字作为中国公民的权利,在第八条将少数民族语言的使用视为一种"自由"。在权利和自由中间,规制的力度和范围有着明显的区别。

2015年8月17日发布的《国务院关于加快发展民族教育的决定》第三条明确了双语教育从原来的义务教育下延到学前教育2年。第二十一条进一步规范双语教育,其中"科学稳妥""坚定不移"表达的态度明确体现了国家通用语言文字的普及目标,继而阐述了少数民族学生不同阶段的通用语言水平要求。此外该决定还提到了双语教育的目标、模式、师资、资源等具体内容。"尊重和保障""鼓励"表达了一种对权利的法律认可和价值导向,而"研究完善"则表明已经意识到而又尚未解决的问题亟须解决。

从散落于宪法、法律法规的表述和专门的语言文字法案的阐释可见,国家通用语言文字仍然作为统领性的交流语言体现在各种组织和机构中。宏观的整体背景其实是确认了普通话的主流语言地位,而双语教育则作为一种支持和鼓励语言多样化的政策倡导。国家层面的政策创建了一个宏观性的引导,对地方的语言政策产生了一定的影响。但是,无论是双语教育的概念还是其实践模式都有模糊性和多样化的特征，再加上我国少数民族众多，语言和文字的普及和规范程度不同，具体融入学校教育的程度也有明显差异。

基于此，双语教育政策的问题是：理想的语言政策规范到底是什么，各级政府以及学校教育又该如何对待作为课堂教学语言的国家通用语言文字和少数民族语言文字。接下来以广西壮族自治区双语教育政策为例，通过政策文本的分析进一步探究省级及以下的部门究竟是如何理解并执行双语教育政策的。

（二）广西壮族自治区层面的语言及双语教育政策

双语教育政策属于语言政策的子系统，在省级及以下层面通常与语言政策同时出现。当然，这些区域性的政策有着宏观的政策系统情境。1957年11月29日，国务院全体会议第六十三次会议通过《壮文方案（草案）》。1957年12月10日，国务院又对《中国文字改革委员会关于讨论壮文方案和少数民族文字方案中设计字母的几项原则的报告》做了批复，正式颁布《壮文方案（草案）》。1980年6月25日，中共广西壮族自治区委员会发布《关于恢复自治区少数民族语言文字工作委员会的通知》，恢复自治区少数民族语言文字工作委员会（简称"区民语委"），确立了壮文推行政策的责任组织，为政策执行提供了行政机构基础。1982年2月2日，国家民族事务委员会在对《关于〈壮文方案〉修改意见的报告》的批示中同意了把六个非拉丁字母和五个声调符号全部改为拉丁字母的壮文修改方案，这就是后来推行的最终壮文方案。从广西壮汉双语教育政策不同阶段的目标来看，20世纪80年代将壮汉双语教育定位为整个壮文推行工作的一个重要部分，20世纪90年代后主要在学校双语教学层面上实施壮汉双语教育。

从收集到的省级及以下部门制定的语言政策文本来看，既有专门的语言政策，也有涉及语言或双语教育的政策（见表12-2）。这些政策文本涉及的内容主题如下。

第一，政策从行政管理部门进行了职能划分。1980年至1989年，广西社会范围的语言政策和学校系统的双语教育政策都被纳入自治区民语委的管理范围。1990年，学校范围内的壮文壮语教育从自治区民语委转移到自治区教委，在交接工作的政策文本中明确规定"壮文学校归各县市所管，语委做好配合工作"。至于管理权的转移，教育厅一位负责人这样解释，"因为区民语委不管教育，由不是从事教育的人来管理，没有按照教育的规律推行，仅是从民族感情出发，因此存在一定的问题。当时三四年级之前的所有课程都用壮文教授，直至三四年级才开设汉语文课。但是由于汉语是国家通用语言，家长和社会都认可汉语，因此（壮文）教学效果不是很理想"。

第二，壮文的普及需要专门的教师，政策文本中也体现了对师资培养的重视。1983年6月到7月，自治区人民政府连发3份文件重点提到师资的培养方式。1983年6月的文件要求4所民族师范院校"在三、四年级开设壮文必修课"，并对课时进行了要求。7月2日提出了师资培养的3种形式，除了民族师范院校，还要求"对学校教师进行培训，以及通过壮校对干部进行壮语培训"。7月5日的文件除重申原有方式之外，还提出"要对毕业的壮族大中专毕业生进行为期3个月的壮文培训"。

第三，政策在确定壮汉双语教育模式上也经历了一些变化。最初的语言政策培养对象的范围比较广，没有固定的培养方式（教育模式），比如培养专业的壮文骨干，针对扫盲中的群众，以及在学校开设壮文课程。到了1989年，政策文本明确表示："壮文必须进学校，否则没有生命力"。这在某种程度上间接反映了社会路径的政策效果不是非常明显。在学校系统，从小学开始，初期设计两种形式：A.壮语文为主，汉语文必修；B.汉语文为主，壮语文必修。1990年教育部门接管双语教育工作之后，采用的是同步教学模式，"即将汉语文教材翻译成壮文，同时用汉语和壮语授课，先用壮语学习，在理解之后再用汉语学习"，这种模式"从理论上说是比较好的，但是在实际操作过程中教师负担比较大"，"大家不是很喜欢用"。于是，"（从2011年）开始（在部分地区）实行了二类模式，即以汉语为主，民族语为辅，开设民族语文课，其他课程都用汉语授课"。而在初中和高中阶段，采取的是开设壮文必修和选修课的形式。

表 12-2 广西壮族自治区语言和双语教育政策列表

时间	颁发部门	文件	政策文本
1982.3.13	广西壮族自治区人民政府	自治区人民政府关于公布和推行《壮文方案》（修订案）的通知（桂政发[1982] 57号）	今后出版壮文图书、报刊，新刻制的壮文印章，书写的机关名称牌子等，应按修改的壮文符号书写、刻制；以原壮文刻制的印章，书写的机关牌子，可在今年内逐步更换，在未更换前，原来印章继续有效自治区少数民族语言文字工作委员会、自治区教育局和壮族聚居地区地区行署、县人民政府，要积极地、有步骤地组织壮族人民群众学习壮文，并相应地做好壮文书刊的出版工作
1983.6.18	广西壮族自治区人民政府办公厅	广西壮族自治区人民政府办公厅批转自治区语委、自治区民委、自治区教育局《关于在民族师范开设壮文课的报告》	同意从一九八三年秋季起，在南宁、桂林、百色、巴马等四所民族师范的三、四年级开设壮文课……总课时不能少于200~300个课时，每周安排3~5个课时
1983.7.2	广西壮族自治区人民政府	关于在壮文教学试点和农村使用壮文扫盲的报告	在马山等二十二个壮族聚居较多的县的学校、农村机关，积极稳步、有计划地逐步恢复成立推行壮文。首先恢复推行壮文机构……在壮族地区的小学使用壮文教学，是推行壮文工作的重点……在农村，以扫盲为主，在掌握壮文的基础上，进一步学习文化科学知识，提高文化科学水平……要从以下几方面做好青年的培训工作：一是培训教师和扫盲教师；二是南宁、桂林、百色、巴马四所民族师范，组织在职的壮族干部学习壮文学习班等形式，自治区民族出版社、区新华书店等部门，要做好壮文图书的编辑、出版、发行工作，抓好各类教科书科技、通俗读物的编辑出版工作

续表

时间	颁发部门	文件	政策文本
1983.7.5	广西壮族自治区人民政府	广西壮族自治区人民政府批转自治区教卫办、自治区民委、自治区语委、自治区教育局、自治区人事局《关于我区大专、中专毕业生中的壮族学生学习壮文的请示》	为培养造就一支具有一定文化科学知识的壮文骨干队伍，除办好壮校和广西民院开设少数民族语文班外，拟有计划地每年将分配到壮族地区的大专、中专单位中的壮族学生，在工作单位报到后，先集中到壮校学习壮文三个月。其他民族的大专、中专毕业生要求学习壮文也欢迎
1984.3.2	广西壮族自治区人民政府办公厅	自治区人民政府办公厅关于国家行政机关所挂牌子同时使用壮汉两种文字及有关同题的通知	自治区人民政府，自治区党委、办、厅、局，各地区行署，各市、县人民政府，自治区党委的机关团体单位的牌子，一律书写壮汉两种文字
1984.3.10	广西壮族自治区民族事务委员会、少数民族语言文字工作委员会、教育厅	广西壮族自治区推行壮文工作会议纪要	九零年之前做好打基础的工作。即：1. 培训各级壮文骨干，造就一支坚强的壮文队伍；2. 做好各种图书（包括课本、参考书、工具书和课外通俗读物）的编辑出版工作；3. 继续认真做好小学使用壮文教学的试点，同时做好开办壮文初中班的准备工作；4. 在壮族聚居的农村全面开展壮文扫盲工作。对壮族学生的要求：各年级及格率达90%以上，平均分数达到80分以上
1989.8.31	广西壮族自治区人民政府、壮文指导委员会	广西壮族自治区人民政府印发自治区壮文指导委员会第一次会议纪要的通知	会议认为，推行使用壮文是关系到民族平等、团结和发展、繁荣、是壮族人民的大事，也是各级人民政府一项重要的工作任务，是受法律保护的。各级政府必须重视、加强领导，把这项工作列入议事日程，认真抓好壮文一定要进学校。壮文不进学校，壮文工作就没有生命力。在壮族聚居地区壮文进学校可以采取两种形式：一是以壮文为主进行教学，设汉语文必修课；二是以汉文为主进行教学，并开设汉语文必修课。在小学普及阶段采取以壮语文为主进行教学，实行以壮促汉，壮汉兼通。必须用政策、法规来保证推行壮文工作的开展

续表

时间	颁发部门	文件	政策文本
1990.2.22	广西壮族自治区人民政府、壮文指导委员会	广西壮族自治区人民政府印发自治区壮文指导委员会第二次会议纪要的通知	随着壮文进校工作的发展，现行的管理体制已不适应当前形势发展的需要，有必要重心政改：从1990年起，壮文进校工作从区语委转交区教委管理，区教委先履行有关行政管理职能，区语委应积极配合，认真做好移交工作。会议强调，当前壮文进小学仍处于试点阶段，要以壮促汉，以壮汉兼通"的办学方针。逐步实现壮文小学"以壮为主，壮汉结合，壮文高中只开设必修课，壮汉兼通"的办学方针。壮文初中只开设必修课，壮文高中暂不推行
1990.6.27	广西壮族自治区人民政府办公厅	自治区人民政府办公厅转发区教委、区语委关于壮文进校交接工作意见的通知（桂政办[1990]61号）	二、各县（市）壮文学校应由各县（市）壮文进校应做好交接工作。各县（市）壮文进校原承担的各项培训任务不变。政策主持做好交接工作。各县（市）壮文学校原承担的各项培训任务不变。今后培训费用由自治区人民政府和各地政府协助民语教育部门协助安排解决 三、各县（市）壮文学校，民族中学可实行"一套人马，两个牌子"，建制由教育部门统一计划和管理，民语部门积极协助
1991.5.17	广西壮族自治区人民政府办公厅	自治区人民政府办公厅关于壮文学书写挂牌的通知	重申我厅桂政府[1984]41号，除了之前的要求之外，各地、市、县直属的委、办、局乡、镇人民政府以及所在地的企、事业单位（派出所、工商所、税务所、财政所、邮电所、银行、粮所、供销社、卫生院、中学、中心小学等）也都应在单位名称牌子上冠以壮文
2001	广西壮族自治区教育厅	关于进一步加强壮文进校实验工作的意见（桂教民教[2001]109号）	一、依法治校，进一步完善实验工作的管理体制 核拨壮文专项经费，编译、出版、发行教材和教学参考资料等 配好壮文进校实验工作的管理人员，加强实验校点的管理 实施壮汉双语教学的目的和要求 幼儿园壮语文要求 小学壮语文教学要求 小学数学教学要求 4.民族中学壮文初中班

续表

时间	颁发部门	文件	政策文本
2010.9.4	广西壮族自治区人民政府办公厅	广西壮族自治区人民政府关于印发广西教育发展重点工程（2010-2012年）体制改革试点总体方案的通知（桂政发〔2010〕43号）	加大民族院校特色学科建设，重点建设少数民族语言文字、民族学、少数民族体育等学科，促进民族教育加快发展 附件1.《广西教育发展重点工程汇总表一民族教育特色建设工程—加强壮汉双语》 教育—壮族聚居县（市、区）一支持壮族地区学前双语教育试点工作；扩大壮汉双语教学规模；培养培训壮汉双语师资；开展壮汉双语教学研究，提高壮汉双语教学质量；重点推进壮汉双语文教材的开发建设
2010.11.27	南宁市人民政府	南宁市民族教育条例	第七条 民族地区的学校应当推广使用全国通用的普通话和规范文字。壮族聚居地区的学校根据实际情况，可以进行壮汉双语教学
	广西壮族自治区人民政府	广西壮族自治区中长期教育改革和发展规划纲要（2010-2020年）	第五章 巩固发展义务教育（十三）深化义务教育课程教学改革。加强国家通用语言文字推广普及工作。尊重和保障少数民族学校使用本民族语言文字接受教育的权利。合理布局中小学壮文学校，支持双语教学研究，教学培训，课程教材开发，提高壮汉双语教学质量 第十八章 重点工程（五十六）组织实施十项教育发展重点工程……完善民族团结教育课程体系建设，加强壮汉双语教育特色建设工程……7.民族教育
2012.7.27	广西壮族自治区教育厅	关于印发《壮汉双语教育二类模式实施办法》的通知（桂教民教〔2012〕7号）	

续表

时间	颁发部门	文件	政策文本
2012.12.26	广西壮族自治区人民政府办公厅、教育厅、民族事务委员会、少数民族语言文字工作委员会	广西壮族自治区人民政府办公厅转发自治区教育厅等部门关于进一步加强壮汉双语教育工作意见的通知（桂政办发〔2012〕329号）	壮语是我区壮族农村地区社会交际语言，是壮族儿童的母语、第一语言
2012.7.30	广西壮族自治区教育厅	关于印发《壮语文课程标准》（试行）的通知（桂教民教〔2012〕11号）	以壮语为母语的壮族学生应该重视学习和使用本民族语言文字，以具备包括表达交流和识字阅读在内的多方面的基本能力。普通话是汉字是国家通用语言文字，现代社会要求壮族公民学习和使用普通话，掌握基本的规范汉字，具备汉语基本素养。阶段目标具体从"学壮文方案"、"识词"、"阅读"、"习作"（预备班为说话，1～2年级为"写话"，3～6年级为"习作"，7～9年级为"作文"）、"口语交际"、"综合性学习"等方面提出要求，以加强壮语课程的实践性和综合性，注重实际应用

注：限于篇幅，本文未将全部文本内容展示。

第四，不同阶段不同层面的政策倡导的目标也呈现出差异。如1980年代初期的《壮文方案》均采用"推行壮文""掌握壮文"的阐述方式，尤其是在社会范围内从政府、政策层面呈现大力推广的态势。1989年开始，提出"壮文为主，壮汉兼通"，再发展到"以壮为主，壮汉结合，以汉促壮，壮汉兼通"的十六字方针。最后发展到学生壮语文的分级水平，对"学壮文方案""识词""阅读""习作""口语交际""综合性学习"等方面提出要求。

第五，《壮文方案》（修订案）执行过程中有三个路径：第一是在各级政府、机关、事业单位及公共场所推行壮文，第二是在学校中开设壮文教学试点，第三就是在农村地区进行扫盲。有关政策文本重点对行政事业单位及公共场域的壮文推行工作提出了具体要求。比如对于各行政单位悬挂牌子的政策先后出现了3次。1982年3月，广西壮族自治区政府和办公厅强调推行新的壮文方案，并要求所有行政机关在牌子、公章中率先执行；1984年又专门发布一项关于挂牌的政策，"机关政府正门的法定名称的牌子，一律书写壮汉两种文字"。时隔7年，自治区政府于1991年重申挂牌文字的使用，同时扩大了壮文标志使用的范围。从三令五申的政策文本和愈加权威的词汇使用可以判断：各级政府和行政事业单位对壮文方案的执行并没有完全达到预定的效果。此外，扫盲在表2的各级政策文本中一共出现了两次，而且缺乏具体的执行方案说明，个中缘由可能有二：一是随着教育的普及，农村文盲基本消除；二是农村地区扫盲缺乏师资、场地、时间以及学习动机。

第六，需要关注语言政策影响范围的界定。早期在政策文本阐释时预期范围比较广，如1983年7月提到的"在马山等二十二个壮族聚居较多的县的学校、农村和机关，积极稳步，有计划有步骤地推行壮文"。1984年制定的1990年之前需要完成的任务是"3.继续认真做好小学使用壮文教学的试点，同时做好开办壮文初中班的准备工作。4.在壮族聚居的农村全面开展壮文扫盲工作"。而到了1990年，对壮文推行工作的分析是"当前壮文推行工作，仍处于试点阶段。要以壮文进小学为重点"。到了2001年开始用"壮文进学校实验"的字样。

综上所述，国家层面的语言和双语教育政策重视语言多元化，政策本身的空间允许政策执行者根据实际情况进行选择，潜在的逻辑是相信各层级的行政部门具有有效管理学校使用何种教学语言的能力。地方层面的政策在整体上遵从国家政策，但也会根据实际情景不断地细化和具体化政策，具体体现在对政策的解释、调整和执行方面，最终选择直接从学校教育的角度进行某种模式的双语教育项目。这些项目通常是设计一种课程，选择或开发教材，设定阶段性教学目标。此时双语教育政策转化为课程，最终双语教育政策的执行诉诸学校教师如何去开展教学（见图12-1）。

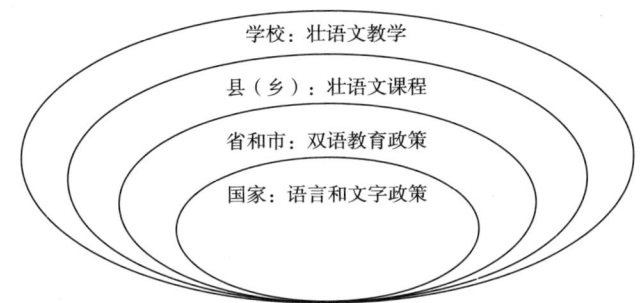

图12-1 话语和权力：语言和双语教育政策在不同层面的表现形式

四 学校层面的双语教育政策执行

从语言政策、双语教育教育政策再到壮语文课程，政策的逐步具体化也让政策执行组织从教育管理部门转移到学校（承载社会知识和文化复制的基本单位），建立在国家语言政策背景中的双语教育政策最终的执行单位也逐步下放到学校。学校课程和课堂教学是双语教育政策最直接的体现。同时，与课程和教学密切相关的就是教师对学生语言能力的态度，政策和教师观念之间的互动被视为"课堂信念"，会对教师的教学态度和教学方式产生根本的影响。

（一）政策执行：壮语文教学

当双语教育进入学校、教室之后，政策执行也相应成为教师的教学任务——壮语文教学，教师则是将各项语言教育方案具体化的执行者。

1. 教学理念

教学理念集中体现了教师对教学活动的基本态度和观念，壮语文教师的教学理念影响着教学活动的组织和开展，也是布迪厄将教育系统视为"合法化能力的再生产"的过程。从访谈中看出，"启发学生兴趣"和"快乐教学"基本是当前壮语文教师追求的教学状态。H老师在总结自己13年的教学经验时指出："一定要让他们乐意学。通过学习本民族语言的民族故事为例，来让学生懂得学习的意义在哪里。"另外一位老师提到最快乐容易的教学是"他们都直接会听读，他们都不用你教了，他们这个字词怎么读，我一发音他们就马上齐读了，而且我不用教他们字和词，直接教课文，直接教一篇篇的课文。"

这种看似积极的教学理念在详细的信息表述之后，其实体现了一种不容乐观的壮语文教学现状：语言已经成为一种问题。或许因为当前的社会情景发生了变化，会说壮文、愿意学习壮文的学生越来越少。

2. 教学任务

壮语文教师的教学任务也是值得探究的一个问题：专职的壮语文教师很少，每个壮语文教师同时承担多项科目的教学。比如H老师2001年以壮汉双语教师身份参加工作之后，发现"相当于兼职，别的课也教，壮文的课也上。除了还有专门的体育老师，然后其他的课我们全部都上"。另外一名老师也提到1988年参加工作后的情况："当时英语教师缺乏，我感觉应该上得好，于是就向学校提出了要求，学校就非常愉快地安排了我上英语课，专职上英语课5年后，有3年英壮兼教……然后从2005年9月开始上壮文又兼上历史了。"

担任壮语文科目的教师，除了教学任务之外，有些老师还需要编写适应学生壮文基础的教材。H老师说，校长还是比较重视双语教育的，因此她也就多了一项任务，"2009年时校长就开始提出来说我们自己编一本校本教材，因为区里面的课本较难上，我们民族中学的学生，特别是合并以后都是县城的学生，可以说没有任何壮文基础。从那时起，我就开始搜集材料做这个校本教材。后面编出来了以后，我也印讲义出来拿去试着上课,如果有什么问题,我要重新改进,改了很久"。

3. 教学目的

对于壮语文老师而言,教学目的就是要让学生可以掌握壮文的听说读写,"教他们熟读、背诵、翻译,翻译包括壮汉互译,然后还有写作"。但是,为了达到这个教学目的,还需要克服很多潜在的困难,比如访谈中的老师都提到了学生的一些意识会影响壮语文的学习,提出的一系列希望,包括:"不要歧视会说壮文的学生","不要反感壮文,不要觉得壮文没有用","不要觉得学壮文会影响学习普通话"。尽管教师大部分以积极的态度对待壮文,但还是不可避免地受到整个政策环境的影响,比如在进一步追问教学目的时,很多老师会叹息:"双语教育到底要教什么?……如果在传统教育中不能带来竞争优势,学生壮文学习的动机和积极性很难维持。"

4. 授课方式

壮语文教学基本采用两种类型:一种是同步教学,一种是二类模式。同步模式是把语文课本中的课文翻译成壮文进行学习,在教学的过程中,比如一个词语,通过造词、造句,先用汉语来说一段话,然后用壮语来说,也就是"以汉促壮"。通过造句练习说话,锻炼学生的壮语表达能力。但是这样的授课方式工作量大,而且影响教学进度,"每堂课大概能讲课文的1/3,期末也完不成教学计划"。目前广西有的地方开始试点壮文教学的二类模式,老师认为"不影响学习语文,就当作增加了一门语言学习","这样教学负担就减轻了",但"学生的壮文水平不高,只有个别会拼读,大部分需要老师一个词一个词教他们拼读"。

在教学过程中,大部分双语教学老师积极寻求有效的教学方式,比如一位很有经验的老师在描述自己的教学经验中提道:"在合并学校之前壮文上课我都是放壮文歌曲给学生听,让他们听、拼,这样拼学生很喜欢。但是合并学校后发现这样的教学方法行不通,他们听不懂……第二年我用讲故事的方法,故事来自区里的教材。我读的时候学生发现有些音他们没有听过,很茫然吃力,又不感兴趣了……之后我又改变了方法,尽量找一些与发音有关的日常壮话生活用语或者句子来教,比如'借一支笔给我',

从这些句子来教就能激发学生的兴趣，平时使用也多"。有的老师借用普通话、英语的发音来引导学生："比如说是我教那个高音组低音组那些韵母的时候，那个 YI 和我们英语的 it 的音一样，读的位置是一样的，只不过就是说读英语的话要把尾音读出来，读壮文的话就不用读尾音，读 YI 就好了。然后英语的话要那个尾音 it 出来，我就给他们用英语来读这个 it，读完了以后就告诉他们其实壮文跟他们读英语是一样的，那个口型、发音位置、部位都一样，只不过就是壮文的话不用把那个尾音发出来，只要把舌尖往上顶就行了。这样学生学得就很快了"。有的老师还把课堂延伸到课外，平时壮文不太好的学生就课外进行辅导，或者让其他会的学生帮忙。但是也有老师因为自身基础薄弱，他就先让会的学生上去领读，自己在后面跟读那些声韵母，也算边学上课。教学生拼读，有时候用当地壮话谐音、相同音引导他们识记。因为学生缺乏壮文基础，比起壮汉双语同步教学，觉得现在特别累。教学效果不好，跟学生基础有关。

5. 学生考核

小学层面，根据 2013 年 11 月 15 日自治区教育厅印发的《关于壮汉双语教学实验工作的通知》，自治区教育厅定期对双语学校进行教学评估和评价，每年分别对壮汉双语小学三年级和六年级学生进行壮语文水平测试。自治区教育厅官员说："每年 6 月，我们都要针对小学的毕业班学生进行全区的统一测试，然后每个学期其他年级的学生都由各县自行组织对学生进行考试。通过教学成绩的评估来考察教师的教学水平。"Q 小学的教师表示："每学期期末考试是全县统一的，卷面是全壮文，题型是壮汉互译。"

中学层面，因为壮语文不是中考科目，也不参加考核，有的老师会自己出题考察学生的壮文水平。有老师说："每个学期我都给他们口试。第一个学期重点教声母韵母，特别是声母，所以我要求他们能熟练地读我教过的声母韵母。第二个学期教部分剩下的韵母，教拼读音节，所以第二学期测试就是要求他们能都拼我教过的音节。有的老师每个学期期末考试（我）都出题考试。出题考试的模式就像中考类型，我出题也是壮汉互译、作文、口试。"

（二）政策效果：学生的语言文字能力

从学校教育系统开展双语教育，终究体现在壮语文课程上，而政策效果的评估最终也以学生掌握新创壮文的听说读写能力为标准。通过对广西W县三所壮文实验学校的实地调查，了解到学校单独开设一门壮语文必修课，其他课程均使用汉语普通话授课。《壮语文课程标准（试行）》从识词与书写、阅读、写话、口语交际、综合性学习五个方面提出了各个阶段的学习目标。学生语言水平达成具体情况也就是双语教育政策的效果。

识词和书写。新创壮文采用拉丁字母，学生在学习中很容易和汉语拼音混淆。"学得快，忘得也快"是学习中普遍的现象。双语教师们表示："一年级学生在学习汉语拼音之后，容易将壮语的声韵母、声韵调和汉语拼音混淆，我们教起来非常被动，需要反复地教，这大大降低了教学效率。"

阅读。新创文字容易拼读，因此学生在学习一段时候后基本可以掌握，但不能够理解课文内容的意思。教师经常提到的一种现象是"读完课文他们可能都不知道是什么意思，有些学生壮文课本上的内容读得滚瓜烂熟，但是问他们其中的意思，都不知道。现在我们只能是先教汉文再教壮文"。

写话。仅有少数高年级的学生能够写出简单的作文。为巩固教学，双语教师也会在课后布置壮语文作业，按照规定一学期要布置大约15次课后作业，然而作业的完成情况并不理想。ZQ小学教师反映："我们简单地听写（壮语文）声韵母还有人写不出来……简单的组词、造句学生们还能写出来，但是在课文填空方面就差了很多。"

口语交际。很多壮族学生完全可以听懂普通话，壮语对他们而言反而比较陌生。民族中学初一的学生表示"学了一年，还是不会说"。ZQ小学的一位老师说："班上100%的学生生活中也用普通话交流，绝大部分学生不会说壮话，有时我们用壮话问他们，他们都用普通话来回答，还有些同学都不知道老师在问什么。"

(三) 政策利益相关者：教师的困境和诉求

即便社会和家庭环境缺失，尽管学生壮语基础薄弱，学校双语教师还是极力去弥补，但是他们反映现实的学校课程设置中课时分配受到了极大的限制。现在壮文实验小学普遍采用同步教学模式，一堂课的内容用壮汉两种语言讲授，导致进度很慢。另外一个问题就是评估制度，县教育局会组织开展学校的教育质量评比，但是对于壮文课没有设立严格的考试要求。很多学校会主动压缩壮文教学时间，让给其他的"主科"课程。W县的一位壮文老师H说："我教这个壮文，那么拼命地教，会影响我的考试科目的，因为镇里面老是排名，语文得多少名呀，数学得多少名，英语得多少名……我就壮文尽量少时间，多留些时间让他们学语文，不然会影响我的成绩，当时我们就有点敷衍了事，等领导要来检查的时候就拼命教。"中学阶段的课程开设更不稳定，H老师说："在七八年级开设，一周就一节课，也学不了多少东西，这节课学得一点点，到了下周又忘了。到了九年级，为了中考，又不开设了。"中小学教师的困惑则体现在尽管重视语言教育，但是迫于现实不得不让步。

就现实的双语师资的工作量和工作压力而言，"看似轻松，其实很累。不仅要兼职代课，还要跨年级备课"。教师在付出劳动之后，自然期望能够得到相应的认可和激励。以对教师个人最重要的职称评定为例，首先是县里规定与上级不一致，虽然自治区民语委近年规定通过壮语文水平考试获得的合格证书可作为教师评职称的依据之一，但是W县的双语教师却说县教育局不认可壮文水平认证。其次是职称评定的条件。很多双语教学老师无法满足职称评定的要求，有的老师反映"申报职称的时候是看专业的，要评，又要有奖状，有区级县级的……我们这个专业根本没有机会获奖"，"我编写的壮文教材几本书都出版了，但是也没有得奖状"。其中，小学双语教师失去向上评定的途径，一位老师说："我是小学高级教师资格，没有（不能申报）中学资格。"有的老师申报之后，校长很直接的告知："高级我建议你不要报，壮文不受重视，壮文教学的去报高级怎么行？"再次是评选优秀或者先进教师，"其他科目评优评先，我们这个科目都靠边站,一点份都没有。在学校里优秀提名我从来没有份","我这个壮文是归到语文组,平时评优评先永远评不到我"。最后,从工资待遇来看,双语教师也没有额外补贴,甚至有的老师期望待遇方面就跟非中考科目一样就行了。壮语文老师的额外补贴曾经发放过,"只得了两年几个月的壮文老师补贴,应该是(每个月)20~30元左右……后来上面查的比较严……",某老师说。

从职业发展来看,壮语双语教师似乎都面临一个身份危机。那么,壮语文在学校课程中究竟是何地位呢?W老师说:"只是一个科目,非中考科目。"H老师说:"历史在中考科目中是最弱势的,而壮语文在所有科目是最弱势的。"L老师的希望是给壮文一个名分,主科、副科、选修都好,总比现在什么都不算好。

从调查资料来看,学校层面的双语教育政策执行陷入各种形式的压力和困境。比如教师对双语教育的理解存在着矛盾,一方面认可民族语言和文化传承的重要性,另一方面又不得不适应现实的学校评估体制和社会环境的变化。少数承担双语教学任务的教师能够维持热情和动力,但似乎缺乏关于教育的专业知识和研究经验,同时也不得不承受社会环境和教育制度的各种压力。大多数教师已经把双语教育看作自己的任务,对于壮语持一种看似积极的态度,考虑如何完成教学任务,但是关注的焦点已经不只是双语教育政策强调的语言和文化的传承和保护,更多地从个体角度考虑工作压力、职称评定、竞聘以及待遇问题。

在政策执行过程中,不同层面的责任主体对政策的理解和诉求不同。国家政策强调对语言文字的保护和传承,最终的体现形式是课程和教材。而政策的责任主体,也从政策行政系统部门的级别逐级下放,最终落在教师群体。作为具有主观能动性的组织和个体,国家管理部门和教师对于民族语言文字和课程的信念、价值倾向和诉求也不相同(见图12-2)。

对于此类现象,布迪厄在语言规则发展研究中认为教师"作为管理或者强制执行的代理人(Agent),有充分的权力以考试的方式评估语言能力并评定能力水平"。所以,尽管语言和双语教育政策并没有规定教师应该如何开展教学,但是教师在教学中却有着明确的期望和计划,并据此开展

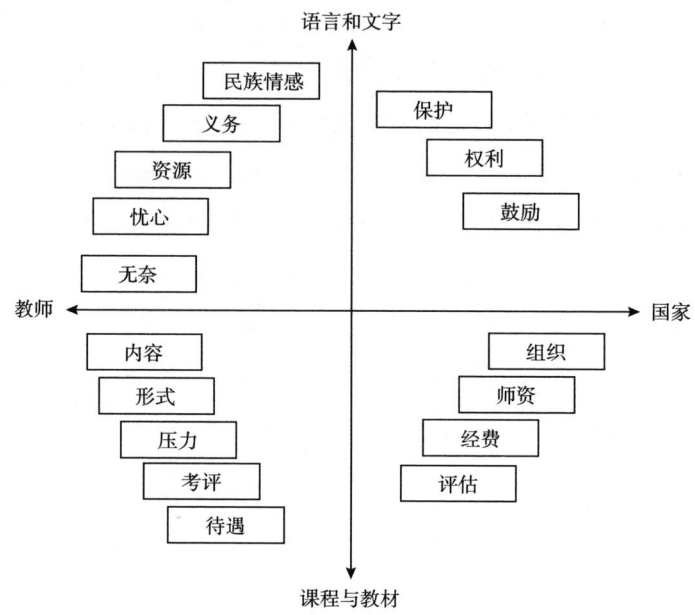

图 12-2 政策责任主体对双语教育政策的信念

教学活动,前者决定于信念,或者产生于习惯。尽管习惯不一定完全决定一个人的行为选择,但是教师在既定的环境中确实已经形成了既定信念。当政策在学校环境中被执行时,他们的信念和习惯会让他们有意或无意地考虑"我在做什么"以及"为什么要这么做"。

五 分析和讨论

政策总是遭受各种批判,也许是因为某些问题长期稳定地存在,未能解决。这意味着在政策预期和现实问题之间,语言和双语教育政策从文本到行动、从制定到执行涉及多个层面的责任主体。从国家层面抽象的政策文本到学校教室教师的具体教学行为教学的分析来看,具有以下特点。

(1) 不同层面的语言和双语教育政策的焦点渐变

从国家层面的语言政策来看,对少数民族语言持积极的保护态度,同时也把少数民族文化和语言作为少数民族的权利加以强调,在政策文本中也鼓励少数民族根据实际情况和需求开展语言学习和传承,同时配备组织和经费予以支持。省级（或市级）层面的语言政策则重点强调了如何寻求责任组织或主体来负责该项政策的执行，于是将语言保护和文化传承转化为语言教育。县级层面的政策则更加具体到语言教育的模式和实践，进而在传统教育体系中将双语教育聚焦为一门少数民族语文课程。

（2）不同层面的责任主体的信念差异和冲突

同时也需注意，不同层面的语言和双语政策都是行为选择的体现。全国范围内语言使用的主格调是国家通用语言，也就是说，宏观的国家政策潜在的假设是少数民族已经熟练掌握本民族语言，需要在普及普通话的过程中对他们的语言设计保护机制。而双语教育政策在语言政策大环境中将学校作为语言学习和保护的场域，自然暗含了学生的民族语言优于普通话，需要借助民族语言适应普适性的学校教育的背景，比如培养"壮汉兼通""藏汉兼通"等，或者依托独特的学校体系建立单独的教育体系。借用布迪厄关于信念的阐释，可以认为双语教育政策的执行受个体信念的影响，这种信念有着明显的文化规范特征和期望，也决定了个体如何理解政策并采取具体的行动。将宏观而又抽象的政策文本置于个体之前时，信念引导的对政策的理解会出现多样化的特征，同时也会出现与既定价值偏好冲突的现象。

（3）"弱权力"主体的惯习和信念决定了政策最终效果

在政策研究中，往往会因为干预政策的权力弱小而忽略最基本的个体，其行为却直接影响着政策的执行，决定他们个体行为的就是信念和惯习的相互作用。这个相互作用离不开环境的影响。比如社会发展过程中经济结构的变化已经改变了人们的信念，在某些地区的日常生活中大部分人的普通话已经优于民族语言，民族语言失去了赖以生存的社会环境，学习者的学习兴趣难以被激发，学习动机无法维持，学习效果更难达标。在学校层面的双语教育政策中，责任主体是教师，这种明确的信念影响着教师个体对双语教育政策的理解，也体现了文化规则和期望的导向，"惯习自然产生一些观念、想法和行动"。如拥有民族情感的教师会把少数民族语言当成一种资源，认为只有"壮汉兼通"的人才能更好地开展工作。但是仅靠情感维系的工作很容易被现实冲击。大部分教师一方面承认双语教育的重要性，另一方面又需要面临双语教育缺失的教育评估体系。教什么、怎么教、教了之后能做什么等课程和教学工作成为最终政策执行者考虑的核心问题。同时，教师作为行为个体，自然也有着个别化的需求。比如在完成了和其他学科相比更繁琐的工作任务之后也有着某些诉求。遗憾的是，现实的制度设计并没有完全满足政策利益相关者的需求（见图 12 - 3）。教师的行为并没有完全由惯习决定，在面对具体教学情景、需要把抽象政策具体到个体行为时，惯习和信念分别引导着教师"怎么做"和"为什么这样做"。惯习和信念共同影响教师个体的行为选择，这种行为选择决定了文化期望，也决定了政策如何在特定的情景中影响社会规则。

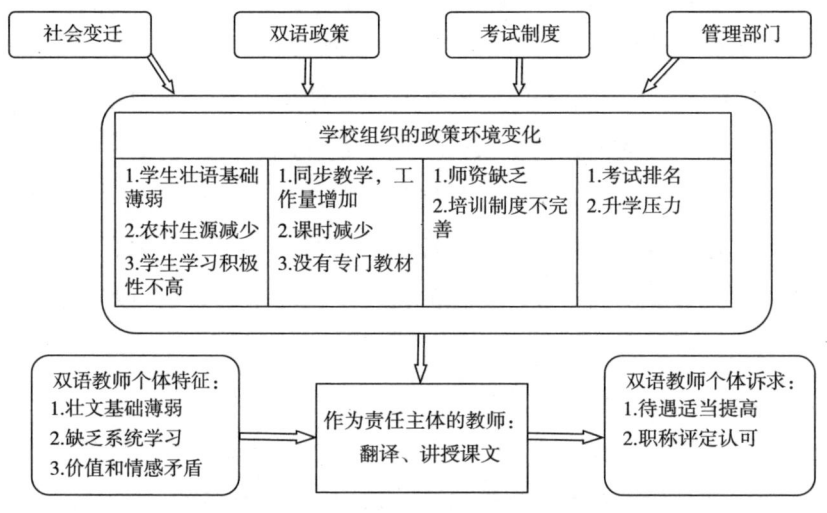

图 12 - 3　双语教育政策在不同层面的执行

基于上述分析，可以借助布迪厄关于信念和惯习的理论更好地厘清双语教育政策如何逐步具体化并以个体行动的方式呈现，同时还影响了特定的行为规则和语言观念。信念和惯习将在"去脉络化"的双语教育政策制定中进行"再脉络化"，具体体现为教师在教室中的教学计划和活动。借用信念的概念可以帮助理解当前的双语政策环境是如何通过政策建构的。在这个过程中，教育管理者和教师个体对政策的理解可能是清楚的，也可能是模糊的。政府制定的政策转化为何种具体行为，这取决于参与者的内在理解，比如他们为什么参与这个过程，应该如何采取行动。不过，最终采取什么行动取决于他们的惯习。换句话说，也许参与者并不能说清楚他们行动背后的原因，但是他们通常会给出一些行动的理由。在一个具体的政策情景中，信念包括一种结构意识，这种意识帮助个体合法化他们的行动，也因此他们继续重复这种行动。对于一个特定的情景（如学校和教室）来说，虽然政策不一定有明确的行为规定，但也许有助于构建交互的社会语言规则和语言意识形态，而惯习则引导人们如何将语言政策实例化。政策构建一个整体的框架让老师和学生遵循，也许个体并不能说清楚行为和意识形态，他们只能考虑一些使用语言的影响因素。因此，信念提供了一种合法化途径来让个体解释为什么用某种特定的模式使用语言——如此又会强化个体的惯习或者已有的信念。

双语教育政策执行过程由于个体的惯习和信念对行为选择的限制和影响，其政策执行并没有完全应对区域情境的变化，这种变化并不意味着开展双语教育已经失去了现实意义，而是对双语教育提出了一个更大的挑战。双语教育不仅是如何改变教学模式的问题，还需要在社会变迁的背景中从政策视角进行系统调整。

执笔：苏德、江凤娟

第十三章
贵州省双语教育与少数民族文化传承调研报告

贵州是一个多民族的省份，有17个世居少数民族，少数民族长居人口1255万人，占全省总人口的36.12%。全省有3个自治州、11个自治县、219个民族乡。截至2015年年底，全省共有各级各类民族学校862所，其中：独立设置的普通民族高等院校2所、民族中学205所、民族小学578所、民族幼儿园77所。各级各类学校有少数民族学生370.3万人，占全省学生总数的41.26%。全省有少数民族教职工21.2万人，占全省教职工总数的38.05%；少数民族专任教师18.6万人，占全省专任教师总数的38.9%。

一 民族教育政策制定和执行情况

全国第六次民族教育工作会议结束后，贵州省通过视频会议形式向全省88个县（区）传达了第六次民族教育工作会议及《国务院关于加快发展民族教育的决定》精神，要求各县迅速组织学习，并组成专项调研组奔赴松桃苗族自治县、玉屏侗族自治县和黔东南苗族侗族自治州调研，了解民族教育发展状况，力图发现存在的困难和问题。

2015年9月到12月，经过多方论证和反复修改，贵州省教育厅和省民宗委起草了《贵州省加快民族教育的实施意见》，省人民政府于2015年12月30日下发了《贵州省人民政府关于转发省教育厅省民宗委〈贵州省加快发展民族教育实施方案〉的通知》（以下简称《实施方案》），对全省民族工作做了部署，提出了一系列政策措施。《实施方案》要求：各地要将本地民族教育纳入"十三五"和今后各时期发展规划，要把民族教育工作摆到突出位置，统筹谋划、优先发展、重点保障；加快民族教育发展、促进民族地区精准扶贫和阻断少数民族群众贫困代际传递；推进民族地区实现全省同步全面建成小康的目标。采取的具体措施有以下六点。

第一，建立健全民族团结教育常态化机制。设立民族团结教育专项经费1450万元，用于购买义务教育阶段教材，免费发给学生使用。

第二，设立民族教育专项经费（由省级财政拨款），教育厅1980万元（包括民族团结教育经费1450万元）、民宗委1000万元，在项目和经费中向民族地区倾斜。

第三，发挥民间文化教育在传承和创新中的作用，培养优秀艺术人才。贵州省已有5000所左右的学校开展了民族民间文化进课堂活动，内容从原来集中于民族民间音乐和体育等向民间文学、美术、曲艺、舞蹈、手工艺等多方面拓展。

第四，加快民族教育教师队伍建设。从2008年开始，利用帮扶关系选派了1873位农村及民族地区中小学校长到省内外进行为期2个月左右的挂职锻炼，并得到宁波、大连、青岛、深圳四个帮扶城市和山东省、江苏省两个帮扶省份及中央民族大学附属中学的帮助，极大地更新了贵州民族地区校长的管理理念，提高了管理水平。

第五，积极利用"特岗计划"、"三区"人才支持计划及支教教师的作用。招聘特岗教师（其中包含双语特岗教师）每年1万名左右，数量居全国首位。2013年以来，6900名省内外支教教师克服了两地分居、生活习惯不同、交通不便等各种困难，心系"三区"教育，支持贵州教育工作并取得了较好的成绩。

第六，加大少数民族人才培养力度。贵州省普通高校少数民族预科班招生人数逐步增加，2014年在全国首创招收民汉双语预科生，3所学校试点招生150人。2015年扩大到250人，面向3个州市、3个民族自治县的少数民族考生，包括苗族、侗族、布依族、彝族、水族、瑶族等6个民族，实行定向招生定向分派的办法，体现了优质资源培养少数民族人才和教育公平的理念。另外，从 2009 年起在贵阳一中等 11 所省级高中和 5 所重点中职学校举办民族班、民族特色班，面向全省招收少数民族学生。

二 贵州省各级各类学校及双语教育发展概况

贵州省实施学前教育突破工程，各级政府多渠道筹集资金 84 亿元用于幼儿园建设，新增乡镇、街道公办幼儿园 1650 余所、乡村幼儿园 3290 所、民办幼儿园 1268 所，新增幼儿园教师 2.15 万人，适龄儿童毛入学率达 80%，极大缓解了农村幼儿入学难的问题。全面实现民族地区"两基"攻坚目标，义务教育转向均衡发展。深入推进"4+2"工程（"4+2"教育突破工程指的是学前教育突破工程、高中阶段突破工程、高等教育突破工程、农村寄宿制建设工程以及优美教室工程、围墙安全工程，均是贵州省教育部门为推动教育发展实施的突破性工程综合项目），利用此工程推进义务教育均衡发展。贵州省人民政府分别与黔东南、黔西南两自治州人民政府签订目标责任书，并明确相关县市考核验收时间，实行以县推进义务教育均衡发展的策略。在职业教育方面，"十二五"以来，中央和省级财政投入职业学校专项建设经费达 149 亿元，实现免费中职教育，清镇职教城成为全省教育发展取得重要突破的标志之一。许多学校还开设了特色食品、箫笛制作、民族服饰、民族歌舞、民族工艺品加工和民族文化导游等特色专业。

推进在学前及小学低年级少数民族儿童中开展双语教学。全省 88 个县（区）中有 55 个县（区）2074 个校点有双语教学需求。其中小学 1~3 年级学生有 15.73 万人、学前儿童有 4.48 万人。双语教学点多面广，主要分布在社会经济发展滞后、地理环境差、交通不便的山区。第五次全国民族教育工作会议以来，在中央民族教育补助金和双语教材编译经费的支持下，贵州省已经将双语教师轮训三遍以上，编译并免费发放双语教育教材 5 万余册。2014 年和 2015 年，创新编译制作了学前双语有声读物并免费送给边远地区幼儿园和小学使用，受到儿童、教师、少数民族群众欢迎。

三 双语人口及其分布特点

在贵州省的 17 个世居少数民族中,有 11 个民族传承和保留了本民族语言和文化,他们在社区生活中以本民族语言为第一语言。双语人口主要分布在自治地区,数量(133 万人)相当于一个大城市的人口(按照国家标准,人口超过 100 万的城市叫"大城市"),是各级政府尤其是自治地区政府不可忽视的对象。

(一)双语人口一半以上在黔东南,90% 以上双语人口在自治地区

贵州省有 3 个少数民族自治州、11 个少数民族自治县、219 个民族乡。自治州管辖的 36 个县级行政区中 30 个有双语人口分布,11 个自治县中 6 个有双语人口分布,219 个民族乡中 50 个有双语人口分布。

约 70 万双语人口分布在黔东南州 16 个县中的 15 个县,约 23 万双语人口分布在黔南州 12 个县中的 7 个县,约 18 万双语人口分布在黔西南州的 8 个县,约 10 万双语人口分布在镇宁、紫云、关岭、咸宁、松桃、道真 6 个自治县,约 12 万双语人口分布在其他 17 个县。

(二)全省双语人口约 133 万,其中苗族约占一半

苗族双语人口最多,超过 60 万人(相当于一个中等城市的人口),占全省双语人口总数的 46.9%。苗族、布依族、侗族、彝族和水族 5 个民族的双语人口占全省双语人口的 98.7%。苗族的双语人口分布在 9 个州市,布依族分布在黔南、黔西南、六盘水等 6 个州市,侗族在 9 个州市都有分布,彝族分布在黔西南、六盘水、毕节和安顺,水族主要分布在黔南和黔东南。

(三)8 个民族的双语人口约占"保留语言"民族人口的 99%

全省苗族、布依族、侗族、彝族、水族、仡佬族、瑶族、壮族 8 个民族的双语人口约占其总人口的 18.7%。在 9 个州市中,这 8 个民族双语人

口比重最大的是三个自治州，分别为黔东南州27.6%、黔南州21.8%和黔西南州17.0%。贵州省的17个世居少数民族中，保留本民族语言的有苗族、布依族、侗族、彝族、水族、仡佬族、瑶族、壮族、畲族、毛南族、仫佬族等11个民族，其中前8个民族的人口占这11个民族人口总数的99%。

四 文化传承与双语教育存在的问题

贵州省少数民族人口分布面广，约占全省总人口数的36.12%，双语人口是民族语言使用的重要群体，双语人口对民族语言的需求不容小觑。受多重因素的影响，民族语言文化的消失已是无法弥补的事实。以黔东南州雷山县为例，已经消失的民族语言文化项目不下10项：以前苗族吃新节时县城大规模的苗族对歌消失了；每天晚上苗族老人用苗语讲古老故事的场面不见了；苗族男女谈情说爱，用苗语唱情感的场面不见了；以前经常举行的维系苗族社会的习惯法——议榔活动中的苗语榔词没有人会念了；宴客活动中，主人、客人对唱的苗族十二支大歌，现在没有人会唱了；苗族丰富的苗族谜语，儿童游戏词语，现在没有人会说了；苗族判决案件、解决纠纷的理词现在没有人会念了；以前大量的苗医草药中的苗语名称现在没有人会说了；巫事活动、祭祀活动中较为隆重的祭辞祝辞，现在没有人会念了……

（一）民族语言转为汉语并逐渐消失以及如何保留民族现有"完整语言"问题

少数民族人口占贵州省总人口的1/3，在贵州全省的民族中，语言已转为汉语的民族以及民族语言使用率低、语言退化快的民族，主要为无本民族文字的回族、瑶族、土家族、畲族、仫佬族、毛南族、仡佬族等民族。在这些民族中，已全部转用汉语的为回族，已大部分转用汉语的为羌族、仫佬族、土家族和仡佬族，这些民族通晓汉语的人口比例约为95%。分布在贵州务川仡佬族苗族自治县和道真仡佬族苗族自治县的仡佬族已基本上没有会讲本民族语言的人。随着我国现代化进程的加快，一些少数民族语言正在面临消亡的危险。尽管我国在少数民族语言保护方面已经取得一定的成绩，但其语言多样性保护问题依然严峻，其影响因素如下。第一，由于社会的改革、经济的发展、交通条件的改善，少数民族地区的面貌发生了极大的变化，各民族交往也越来越频繁。第二，少数民族的经济发展普遍落后，青年群体外流人口增多。务工人员在学习其他民族的经济、文化发展经验的过程中，民族语言的使用范围极其有限，已不愿再去学习本民族语言。长此以往，民族语言将无法传承下去，本民族语言文化被忽视，甚至逐渐消失。

随着全球一体化、交通和媒体的现代化以及城市化步伐的加快，民族语言陆续走向濒危已是一个不争的事实。而当务之急是，我们应该重视对现有语言的有效保护，高度重视少数民族语言对民族地区经济、社会、文化的影响。贵州省民族语言保留较为完整的有苗族、布依族、侗族、彝族、壮族、水族、毛南族、畲族，其中苗族、布依族、侗族、水族这些居住地较为集中的民族精通本民族语言的人口比例较高。尤其是分布在全省九个州市的苗族，人口约为396万人，占全省少数民族人口的31.99%，既有较为成熟的文字，又是各民族中使用本民族语言最多的一个民族。侗族约有143万人，占全省少数民族人口的11.54%，但仅在黔东南地区保留着民族语言。水族人口约有34万人，占全省少数民族人口的2.81%，主要在三都水族自治县保留民族语言。

民族语言保留较完整的群体主要为少数民族聚居地区和偏远农村地区60岁以上老年人和没有接受过教育的妇女、儿童。这些地区民族语言保留较为完整主要受居住条件相对集中、社会形态相对封闭以及民族文化心理和民族情感等因素的多重影响。例如，距雷山县仅五公里的陶尧片区，片区内有8个行政村、16个自然寨，苗族人口占总人口数的89%，平时所有的苗族人用苗语言交际，其中一部分老人、98%以上的七八岁以下的儿童不懂汉语。而陶尧片区的汉族人口中，80%以上的人能听懂苗语，50%以上的人能用苗语交际。在苗族村寨集中的山区，一些原本操汉语的汉族人因长期濡染苗语以致荒疏了汉语的现象在黔东南尤其是原苗族腹地所属地域内并不少见，这些都是少数民族语言保护比较完整的地区。同样，这些语言面临的最严峻的问题也是保护与传承问题。

（二）留守儿童的家庭民族文化传承功能的削弱导致民族文化后继无人的问题

依据黔东南州教育局统计数据，全州现有义务教育阶段的留守儿童173324人，其中小学阶段113007人、初中阶段60317人，留守儿童占义务教育学生总数的31.06%；父母双亲均外出务工的学生达114770人，占留守儿童总数的66.22%。少数民族农民工因长期受到市场经济和现代化影响，对本民族传统文化意识有所淡化。打工的父母在年幼的子女面前经常表露出民族文化落后而现代文化先进的观念，这种不利于民族文化发展的言行加速了民族传统文化的解体。由于孩子在家庭中缺乏与父母的交流，民族语言的掌握和发展都成了问题。可以说，父母打工使家庭不能继续发挥民族文化传承功能，父母言谈举止中充斥的对城市文化的向往，降低了留守儿童对民族传统文化的认同，造成民族传统文化在与现实文化的交锋中居于劣势并失去了对其成员的吸引力，从而陷入严重的传承危机之中。

（三）非物质文化遗产的保护问题

少数民族语言文字是民族文化最直接的载体，是保护和发展民族文化的重要手段之一。少数民族语言文字本身是一种特殊的文化。例如，彝族的传统文字是世界现存的六大古文字之一，数量巨大的彝族文献已经成为贵州极其珍贵的文化遗产。蕴藏在贵州民族民间极其丰富的口传文献是靠民族语言传承的。贵州省入选人类非物质文化遗产名录的虽然只有黔东南的侗族大歌一项，但是在黔东南，还有39项53个保护点被列入国家级非物质文化遗产名录（第三批有新增项目6项和7个扩展项在公示中）。贵州省内非遗名录情况如下：省级175项、205个保护点，州市级186项、

218个保护点，县级659项。在民族民间文化正遭受严重的冲击、濒临消亡的现实情况下，黔东南民族民间文化要如何保护？

传承语言文化已经是世界性课题。2011年2月25日，第十一届全国人大常委会第十九次会议通过的《中华人民共和国非物质文化遗产保护法》第一章第二条第一款，明确提出保护对象是"传统口头文学及作为其载体的语言"。但是，改革开放以来受城镇化和交通发展等方面的影响，在语言文化的交流交融中贵州省少数民族语言状况发生了新变化。调查表明，一方面苗族、布依族、侗族、水族等少数民族的适龄儿童、老人、妇女汉语障碍还很突出；另一方面不愿意继续传承本民族母语的人数快速增加。贵州省有汉语交流障碍的少数民族人口在30年间减少了50%，这本来是好事，但民族语言消失的速度远远超出了预期，这种情况已经引起专家学者、有识之士的忧虑和关注。2011年召开的党的十七届六中全会提出要"大力推广和规范使用国家通用语言文字，科学保护各民族语言文字"。这一战略决策对于维护国家文化安全包括语言文化安全具有重要意义。

（四）双语教育发展中存在的主要问题

从20世纪80年代开始，我国在各少数民族地区开展了形式多样的双语教育，为各行各业培养了大量人才。然而随着社会的转型与发展，传统少数民族双语教育出现与时代发展不一致的情况，突出表现在以下几个方面。

1. 对双语的概念理解不规范，对全省的双语情况认识偏离实际

贵州省汉语障碍还比较严重。由于部分干部对村寨了解不够深入，以为广播电视"家家通"就每个人通晓汉语言文字了，但全省的情况并非如此。需要强调的是，有无语言障碍，判断标准应该是语言交流沟通的听与说是否都存在障碍。许多人认为听得懂就是没有语言障碍，这是很片面的，这也是对双语教育的认识难以统一的原因之一。

对双语教育概念的理解不统一、欠规范。仅把双语教育理解为提升学生的汉语能力，在日常双语教学中对民族文化简单略过，没有看到双语教育中民族文化教育对促进国家文化安全的功能与作用。文化是一个民族精神的灵魂，各民族文化对凝聚人心、黏合社会关系具有重要作用。在坚守国家核心利益的前提下，各民族文化的多元共生是文化安全的有力保障。

在双语教育中，师资短缺是最突出的问题之一，师资短缺的原因与教育主管部门对双语教育与少数民族文化的认识密切相关。贵州省小学双语教师缺口约为5600人，学前双语教师缺口数约为4400人，两项之和多达1万人。而教育主管部门之所以不重视双语教师的培养，是因为没有看到双语教育的重要意义。在黔东南的访谈中，我们也听出了教师、群众、教育主管部门的忧虑。

其一，"苗文、侗文升不了学，当不了干部"，"苗文、侗文走不出黔东南"。这是民族语言文字在现实应用中老百姓的切身体验，现象背后正是民族语言文字所处的现实困境：进入主流文化的途径受阻，作用于现代生活的空间受限，日益边缘化似乎是民族语言文字的宿命。

其二，"民族语言文字教育是基础教育的额外负担，又与国家评价体系相左，多此一举。"这类评价客观上反映了我国民族语言文字政策在实践中的深层问题，而矛头指向的正是民族教育体制和人才培养体制的制度性缺陷。

其三，"拉丁化的苗文、侗文与汉字不是一个文字系统，不符合中国人的思维习惯，两种文字系统冲突，学多了就乱了。""苗文、侗文只能是识字教育的辅助工具，不能担当终身教育的职责。""双语教学就是汉语和母语打架，打来打去两边都学不好。"这类非议是缺乏心理学、教育学、文化学等现代人文科学理论支持的粗浅判断。

2. 忽略了双语教育在民族文化保护与传承中的作用

调查发现，很多地方的双语教育基本上没有渗透少数民族文化教育，这让丰富的民族歌舞、民族乐器、民族史诗付诸东流。而生存压力促使少数民族同胞从乡村走向城市，他们处于汉语的氛围中，使用本民族语言的机会不多，他们的后代就可能转用汉语而不再使用本民族语言。倘若失去语言，民族文化赖以生存的土壤也就消失殆尽，换言之，当我们失去一种语言的时候我们也在失去一种文化、一种思维方式。同时，语言承载着的几千年的文化积淀也就烟消云散，其包含的哲学思考、文学艺术、生产生活、历史神话、动植物名称等重要的文化内核和独特的信息也就不复存在了。然而传统的双语教育在这些方面明显缺失，没有发挥实质作用。

3. 双语人才与少数民族人口比例失调，双语人才严重匮乏

目前贵州省民族地区县、乡一级的少数民族人才占比远远低于当地少数民族所占人口比重，而且在这些少数民族人才中许多还不懂本民族语言。因此，如果按民族地区实际工作需要的懂民汉双语这一双语人才的标准来算，所占比例就更少了。从全省来看，"六普"（第六次人口普查）总人口为3474万人，少数民族人口为1255万人，少数民族人口占总人口的36.12%，而全省少数民族人才总数为31.54万人，其中公务员6.46万人，占少数民族人才总数的20.48%；事业单位少数民族专业技术人才19.65万人，占少数民族人才总数的62.30%；少数民族企业专业技术人才1.25万人，占少数民族人才总数的2.47%。总体来看，少数民族人才总量比较充足，但在这31.54万人的少数民族人才中，真正懂民汉双语的人才为6.3万人，仅占少数民族人才总量的20%。甚至在公安、民政等关系社会稳定的部门中，双语人才所占比例更少，有些市县只有10%左右。

4. 双语人才总体素质不高，发展趋势不容乐观

首先，从现有少数民族人才队伍来看，高素质的经营管理型人才和技术、技能型人才紧缺。在州市、县两级机关事业单位的少数民族干部中，各类本科以上学历的人员仅占人才总数的5%左右。从专业技术职称看，高级、中级、初级职称比为1∶8∶13，远远低于全省1∶5∶12的比例。

其次，从机关事业单位进人情况来看，双语人才有后继无人之忧。由于实行"凡进必考"的政策，民族地区行政、事业单位新进的工作人员中，真正符合少数民族地区工作需要的双语人才极少，双语人才在干部队伍中的比例呈快速下降趋势。

5. 双语人才的劳动与报酬不符，现有人才队伍不稳定

基层双语干部普遍反映他们的工作量比其他干部大，但其劳动报酬和普通干部没有什么区别甚至还低于普通干部。比如在教育领域，双语教师的工作量远远大于普通教师，但在工资待遇、职称评聘等方面双语

教师和普通教师没有区别，甚至有些双语教师是编外人员，工资更低。又如在行政机关，双语人才的特殊性在大多数情况下也是不被重视的，没有特殊的培训机制、没有特殊的待遇。劳动量与报酬不符，不能实现"多劳多得"，致使许多双语人才不能安心工作，一有机会就会选择调走，故现有双语人才很不稳定。

6. 少数民族干部队伍建设过于程式化

国家在少数民族地区配备一定比例的少数民族干部（包含教师，下同），是因为少数民族干部熟悉本民族的历史和现状，懂得本民族的语言文字、风俗习惯和思想感情，了解本民族群众的诉求并与本民族有天然的血肉联系，在发展民族地区经济、促进民族地区社会进步、维护各民族团结方面有着不可替代的作用。

但是，随着社会、经济、文化、教育等方面的变化，目前许多少数民族干部已经不会使用本民族母语。显然这部分不懂民族母语的少数民族干部已经与党和国家配备少数民族干部的目的、初衷不符。但现如今，组织人事部门在民族地区的干部配备及使用上，仍然只考虑民族属性而不关注干部的双语能力，仍然停留在"只要是少数民族干部，就一定能胜任民族地区工作"的老思路上，导致表面上少数民族干部队伍充足，但解决民族地区实际问题的能力偏弱的情况屡见不鲜。例如贵州省104个民族工作部门中共有1446名干部，其中只有376位干部能用民族语言和当地少数民族群众交流。甚至在部分普遍使用民族语的地区，即便是负责民族宗教主管工作的部门，一个会当地少数民族语言的双语干部都没有，这是值得思考的问题。

7. 进人机制不符合基层实际，双语人才难以进入行政、事业单位的干部队伍

目前，国家行政机关和事业单位进人都是面向社会，实行只限学历、专业、工作年限的开放性选拔考试，即便是少数民族地区的行政、事业单位和学校也不例外。这虽然体现了公平，但也变相将真正懂民汉双语的人才挡在了门外。客观地说，在现有教育体制下，绝大多数懂民族语言的少数民族考生在教育阶段因受母语思维和教育资源不均衡等因素的影响，其综合能力弱于汉族考生和不懂少数民族语言的少数民族考生。因此，即使有部分优秀的双语考生通过了笔试，也会由于普通话不标准、不流利而在面试一关被淘汰。

8. 没有系统的双语人才培养机制，双语人才的发展后劲不足

首先，从基础教育来看，民族语言几乎被忽略。在贵州国民教育体系中，涉及少数民族语言的教育不是很多，仅存的双语教学也只是把民族语言当作学习国家通用语言的工具而已，并没有对民族语言进行持续的系统化教育。

其次，从在职教育（主要是培训）来看，针对双语人才的后期教育培训效率和质量不尽如人意。目前针对双语人才的各类培训，基本上存在两个方面的问题：一是许多参加培训的人员是非双语人才（完全不会本民族语言）；二是培训时间太短（一般一周左右），双语人才的能力和素质很难得到较大的提升。严格来说，符合双语人才标准的前提和基础是懂民汉双语，执意把一个没有双语基础的人在一周左右的时间培养成一个合格的双语人才是不可能的，更是不科学的。而后期的培训应该基于懂双语这一前提，进而有针对性地在文化素质、工作方式方法、综合管理能力等方面进行培训。

（五）黔东南地区教育存在的具体问题

第一，在各个层次的学校中，幼儿园及高中这两头的少数民族学生比重相对较低，其原因是生源多集中在城市及乡镇，小学初中包括大量的山区农村学生，少数民族学生占比明显提高。

第二，城市民族学校数过少。全市单独设立的少数民族学校仅有3所（凯棠民族中学、翁项民族学校、开怀民族小学），占比不到现有中小学总数的1.8%（现有中小学校169所）；在校学生2336人，仅占中小学在校学生总数的2.71%。

第三，双语教师比例偏低，专职双语教师缺乏。凯里市有专任教师4605人，其中少数民族教师3685人。专任教师中能担任双语教学的有357人，占教师总数的7.8%，占少数民族专任教师的比重也仅为9.7%。所有的双语教师均为兼职，职后都没有接受过任何双语教学培训，并且近三年教育部也没有选派教师参加任何级别的双语教学培训。

第四，双语学校数量不足，不能满足双语学生的需要。目前，凯里市应实行双语教学的学校有55所，其中因经费、师资和教材等条件限制不能进行双语教学的学校有53所，能进行双语教学的学校仅有2所，占应开展双语教学学校数的3.6%。接受双语教学的在校学生为515人，占双语教学学生数的3.4%（实际需要开展双语教学的学生人数为15208人）。

另外我们了解到，以往黔东南苗族侗族自治州民族语言文字应用的管理职能由州、县民委专门履行，但在一次次的机构改革中，民委内部的专职部门如民族语文科等最终被取消或合并到其他部门。目前，有些县民委还保留了个别专职人员，有些县则无人专管，民族语言文字管理工作已逐渐搁置。

五 对策与建议

（一）出台专门法律，为少数民族语言文字提供司法保障

《中华人民共和国宪法》以根本大法形式为我国少数民族语言文字保护提供了大纲领。换言之，宪法精神在其他具体的法律法规中只是一个纲领，只有原则性的阐述，而规制性、约束性条款的不详使之缺乏可操作性。在现实条件下，民族语言文字的保护不仅需要民族地区自治机关切实发挥立法和提供法律保障的作用，还需要一部全国范围内高层次的少数民族语言文字专法，来切实落实少数民族语言文字的应用和其在教育、政治、经济、文化等各项工作中的司法保障。用法律来保护语言和文化的多样性，让少数民族在双语或多语环境中聆听政府的声音、了解国家大事、获取最新资讯、追踪世界前沿。这样，他们才能在现代生活中真正实现自尊、自信、自立、自强，并最终成为民族团结的捍卫者和新时期和谐社会建设的参与者。

（二）提高对双语人才作用的认识，肯定民族地区双语人才的多元素质，强调双语和谐理念，促进少数民族文化传承

双语人才对民族团结、社会稳定和经济文化的发展有着特殊的意义，故须进一步加强对双语人才重要性的认识，并力图从传承民族文化、增强

国家软实力和社会主义和谐社会的高度，努力建设一支素质过硬的双语人才干部队伍。同时大力宣传"多一门语言就多一种文化素质"的理念，提高全社会对少数民族语言文字的文化资源的意识，充分肯定双语人才的多元文化素质，营造有利于双语人才成长的语言环境和社会环境。

当代双语教育要将民族语言文化的保护及传承作为教育的重点，要充分发挥双语教育在民族文化保护与传承上的天然优势，要看到少数民族语言对民族文化的承载作用，要挖掘其中的民族文化元素，将那些积极的、具有社会现实意义的文化与双语教育结合起来，将已发掘的民族文化与主流文化结合起来，形成民族文化与主流文化的互动交流。在某些地区实施双语教育，不但要面对少数民族学生，而且要面对汉族学生，因此教育者要充分发挥中介和引领作用，引导汉族学生和少数民族学生之间形成源流共识、兄弟共识、国家共识，不断培养他们的平等、团结、互助意识。

（三）提高双语人才福利待遇，稳定双语人才队伍

如前文所述，鉴于双语人才的特殊性和双语工作者工作量普遍大于一般干部的事实，应从各个层面提高双语人才的待遇。例如，在事业单位招考、招工招干的各类考试中，针对特殊岗位给予一定的加分倾斜政策；在职称评定、职位晋升等方面对双语人才优先考虑。不得不说的是，无论是在事业单位招考还是在招工招干时的加分倾斜不要冠以"照顾"二字，而要对他们的贡献和作用予以肯定。一言以蔽之，要让双语人才经济上不困难、事业上有奔头、社会上有地位，从而稳定双语人才队伍。

（四）从实际出发，完善少数民族干部队伍建设工作

毛泽东曾经说过："政治路线确定之后，干部就是决定的因素。"大力培养和任用少数民族干部，是党和国家长期坚持的民族政策是坚持民族平等、民族团结和各民族共同繁荣的原则，也是解决民族问题的关键。对于多民族地区的贵州来说，努力打造一支德才兼备、民汉兼同的少数民族干部队伍显得尤为重要。只有具备双语能力的干部，才能更好地宣传和落实党中央的路线、方针、政策，才能与各民族群众融为一体，取得他们的信

任、代表各民族群众的心声,才能起到维护民族团结、促进社会和谐稳定的特殊作用。

(五) 完善进人机制,因地制宜配备双语人才

《国家中长期人才发展规划纲要(2010－2020年)》明确指出:要"以用为本,把充分发挥各类人才的作用作为人才工作的根本任务,围绕用好用活人才来培养人才、引进人才,积极为各类人才干事创业和实现价值提供机会和条件,使全社会创新智慧竞相迸发。"按照"以用为本"的人才战略方针,建议以少数民族语言为交际语的少数民族地区根据当地教学点的实际需要,设立"特岗双语教师"编制,实行定向招考、定向分配,并在招考过程中加试当地少数民族语言。另外,按照少数民族地区的民族人口比例,逐渐配备双语干部(双语干部数量占干部总数的比例要与少数民族人口占当地总人口的比例大致相当)。同时,配备的双语干部不要过分强调民族成分,而要强调懂双语。这样不仅能落实国家"三个离不开"的民族政策,又能选拔出真正符合基层需要的干部。

(六) 建立系统的双语人才培养机制

双语人才的培养离不开双语教育,而双语教育又是一个系统的语言文化教育工程,不能一蹴而就。联合国教科文组织的研究表明:双语人在两种语言发展完善到一定阶段的时候,其基于两种语言所学到的文化知识能够平行过渡,其综合素质也就相应地高于单语人。因此,要培养出真正高素质的双语人才,就需要建立一套长效的、系统化的双语人才培养机制。这一培养机制涵盖学前教育、小学教育、中学教育、大学教育和在职教育的各个阶段,各个阶段还要有相应的学段目标而且要持续、衔接、系统。

(七) 建立健全双语人才评价体系

双语教育专家 W·F. 麦凯教授和 M. 西格恩教授在提交给联合国教科文组织的研究报告中指出:"双语教育系统所获得的结果可以从许多角度并用各种标准来评估,不过除非对研究的系统所制定的目标进行评估,否则研究的结论是没有意义的。"双语教育在推进的过程中存在很多问题,各地、各学校的双语教育,由于条件的制约也会存在一些质量问题,但我们要分清哪些是双语教育本身的问题,哪些是原来民族教育遗留的问题,哪些是人们曲解双语教育而产生的问题。只有分清楚产生问题的根源,才可以制订出科学合理、有针对性的双语教育目标,然后依据目标制订出双语教育评价体系。

(八) 加大双语人才培养培训的多元投入

坚持"全民参与、多元投入"的原则,积极探索建立健全政府、社会、用人单位和个人相结合的多元化的双语人才投入体系,切实保障双语人才培养经费。建议以政府投入为主、社会力量投入为辅的资金投入方式落实党政双语人才、专职民汉翻译人才、双语教师、基层双语人才培养经费。专职民汉翻译人才的培养经费要全面纳入少数民族地区人才工作专项经费并予以重点支持。用人单位可以根据自身的需要,按比例提取职工教育培训经费用以优先保障双语人才的培训,通过适当的财税优惠政策,鼓励支持有实力的企业、社团组织和个人设立双语人才发展基金或奖励基金,投入双语人才资源开发,保证人才培养培训的经费。

(九) 适应城市化和"打工潮"的需要,面向全国培养各民族双语人才

随着城市化进程的加快和交通的便利,少数民族群众逐渐在全国各地流动,这给民族工作的社会化服务带来了一定的困难。鉴于此,建议积极引导和支持省内相关民族院校着眼城市化和"打工潮"的需要,面向全国招收、培养一定数量的各民族双语人才。

执笔:苏德 刘玉杰

第十四章

云南省西双版纳州双语教育发展现状调查

云南是一个多民族边疆省份，有25个人口在5000人以上的世居少数民族，是我国世居少数民族种类最多、跨境而居少数民族最多、实行区域自治民族最多的省份。云南省的双语教育是我国民汉双语教育的重要组成部分，其改革与发展的效果是关系云南省跨越式发展与长治久安的重大问题，具有重要的政治和战略意义。

为深入了解云南省双语教育发展的现状、困难与问题，2016年7月中央民族大学教育学院调研组赴云南省西双版纳傣族自治州、德宏傣族景颇族自治州，采取点面结合的方式，通过访谈、座谈会等形式，对云南双语教育的现状展开实地调研，现将有关调研情况汇报如下。

一 基本情况

（一）云南省教育事业发展整体情况

目前，在云南省委、省政府的领导下，云南省教育事业发展良好，各级各类学校办学条件明显改善，教育质量显著提高。具体体现在以下九个方面：学前教育向普及化、优质化方向迈进；义务教育开始由普及向均衡转变；普通高中向特色化、多样化转型；以就业为导向的现代职业教育体系基本建立；高等教育从注重外延规模扩张向内涵特色发展转变；重视和支持民族教育发展的政策措施得到有效落实；民办教育发展环境不断优化；特殊教育加速发展；构建新型终身教育体系初见成效。

（二）云南省双语教育发展整体情况

云南省共有16个州市68个县（市、区）开展双语教学工作，开展双语教学的校点共计1034所、4082个教学班，双语教师有4049名，在读学前幼儿及学生共有118404人。其中学前班405个，学前幼儿9052人。小学一类模式有222个教学班、5679名在读学生；二类模式有2949个教学班、84095名在读学生；三类模式有438个教学班、13443名在读学生。初中60个教学班、4824名在读学生；高中8个教学班，1311名在读学生。

截至2015年年底，云南省正式挂牌的民族中小学有近500所，省定民族中小学41所、民族地区寄宿制学校4000多所、民族中专6所、民族大学1所。少数民族在校学生数达298.17万人，占全省在校生总数的34.45%（上述数据均不含其他类教育）。

（三）西双版纳州双语教育基本情况

西双版纳傣族自治州的民汉双语教育，实施以汉语教学为主、民语教学为辅的二类双语教育模式。据2015年统计，该州开展双语教学的学校有91所，268个班级；涉及9850名学生，219名教师。其中开展"傣汉双语双文"教学的学校有38所，105个班级，涉及4406名学生，66名教师。接受"傣汉双语双文"教学的傣族学生占傣族学生总数的11.48%；从事"傣汉双语双文"教学的教师占教师总数的30%。

目前，西双版纳州有傣族、哈尼族、基诺族、布朗族、瑶族、拉祜族教师共3321人，其中傣族教师1202人，会傣文的傣族教师314人，占傣族教师总数的26.12%；从事"傣汉双语双文"教学的傣族教师66人，占傣族教师总数的5.49%。哈尼族、基诺族、布朗族、瑶族、拉祜族教师共2119人，会本民族语言的1033人，占相关少数民族教师总数的48.75%。从事"民汉双语单文"教学的哈尼族、基诺族、布朗族、瑶族、拉祜族教师153人，占相关少数民族教师总数的7.22%。

二 西双版纳州双语教育的发展历程及政策措施

(一) 西双版纳州双语教育的发展历程①

1. 最早的双语教学

民国 21 年（1932），美国传教士在车里城开办教会小学，除国文、算术、英语、医学等课程外，还设傣文一科，这是西双版纳州最早的傣文、汉文兼学史事。

2. 解放后的双语教学

1950 年西双版纳全境解放后，党和政府在傣族地区开办学校，使用全国统一教材，进行单一的汉语教学。由于语言障碍，教学进度极慢，有的地方一年还教不完一册书；学生流动性大，有的班级升至二三年级学生就全部流失了。

为了探索发展少数民族教育的途径，1952 年州内部分具备条件（有傣文教师）的学校尝试进行老傣文②教学。教材由教师自编自用。

（1）最早的傣文课本。最早的傣文课本出现于 1953 年。1953 年西双版纳州成立，教育工作根据"民族化"方针，由州文教科组织人力编写了初小第一册傣文课本。

（2）双语教学发展最快的时期。双语教学发展最快的时期是 1955～1957 年。1955 年，全州 8 个班进行双语教学（嘎洒、罗曼龙、允小、允帕坎），这一时期州内双语教学工作发展较快。据调查，1956 年西双版纳全州有 4700 多名少数民族学生在校学习傣文，占当时少数民族学生总数的 59.645%；1957 年，版纳景洪共有 10 所学校，21 个教学班，900 多名学

---

① 西双版纳傣族自治州教育局编《傣汉双语文教育教学回顾与展望》，内部资料，2016 年 5 月 30 日。
② 相对于五六十年代国家民族事务委员会批准修改而成的新傣文（老傣文的基础上增加若干声母，删除老傣文中的连体字、合体字等不规范用法），傣族先民沿用至今的傣文被称为老傣文（古傣文）。

生，全部都是以傣文教学，版纳勐遮有五所学校教授傣文，学生经常保持在 300 人左右。

（3）双语教学受到打击最大的时期。1958 年起，批判"民族落后论"，否认边疆特殊性的潮流兴起。傣文教学被取消，大部分少数民族学校改为"使用全国通用教材，强调统一的教学要求"，用民族文字进行教学的工作因此搁置。这种情况一直持续到 1960 年。1961 年后，经过恢复调整，云南省教育厅重新拟定颁行实行农村小学教学计划，双语教学重新受到重视。1964～1965 年，西双版纳州掀起了双语教学工作的高潮，西双版纳州傣文教材相继编译与出版。

（4）双语教学倒退的十年。1966 年，西双版纳州内学校教育中的傣语文教学被取消，傣文教材编译机构被裁撤，双语文教学工作出现断层。

3. 1978 年双语教学重新起步

1978 年，我国的民族政策得到进一步落实，西双版纳州内部分学校相继恢复双语教学。1979 年 4 月 9 日，西双版纳州教育局出台文件：《关于西双版纳民族教育中一些问题的意见》，文中明确提出："取消傣文课的做法是错误的，是大汉族主义的表现，应根据民族的自治原则，帮助少数民族发展语言文字，开设傣文课。"1982 年，西双版纳州召开民族教育工作会议，全面研究深入开展双语教学工作的有关问题："到 1983 年，民族语文教学要有所加强。"1983 年大部分傣族和布朗族聚居地区的学校都已恢复双语教学，仅勐海一地，就有 7 个乡镇（全县共 14 个）、113 所小学（全县共 406 所）、171 个班级开展双语教学，学生达 6914 名，占全县小学生总数的 38.6%。1984 年，西双版纳州出台相关政策，双语教学再创新高。1984 年 5 月，该州教育局召开民族教育工作会议，提出《关于加强民族教育工作的意见》，就双语教学的师资、教材、教学计划、经费筹集、组织领导等问题做出全面部署；州政府指出"经考核能从事傣文双语文教学的教师上浮一级工资"。这些措施有力地推动了州内双语教学工作不断发展。同年，全州 1215 所小学校（含办学点）中，共 243 校、344 班的 8744 名学生实行双语教学，占当年傣族小学生数的 40.68%。1986 年，版纳州下发《小学升初中加试傣文的决定的通知》，"根据《自治法》的有关规定，决定在今后每年小学升初中的考试中，除常规科目外，加试傣文……其考试成绩均按 20% 比例计入总成绩"。（1988 年后比例提高到 30%）。1988 年 2 月，西双版纳州教委拟就《西双版纳老傣文教学规范意见》，经州政府批准在全州试行，并布置开展教学试点。1989 年初，老傣文教材编印出版，教学试点工作按计划在勐捧勐哈、勐罕曼听、嘎东曼迈、勐遮曼恩等 4 所小学进行。1989 年，云南省召开民族工作会议，州教委在《西双版纳民族教育的状况、问题和要求》中，就西双版纳州内的双语教学工作提出展望和设想："要努力创造条件，使傣文教学延伸到中等教育中，有一个多层次的教学渠道。在傣族、布朗族聚居的乡村小学要开设傣语文课，初级中学要创造条件开设傣文课或傣文选修课，在有关中等专业学校开设傣文专业班"，从此，版纳州内双语教学工作稳定发展。至 1992 年，"全州有近 5 千名学生在校学习傣文"。

4. 1996 年双语教学第一次作为政府立项课题进行研究

1996 年，景洪市以"学前民汉双语、傣汉双语文教学实验"为题，向景洪市科技局申报了科技三项课题实验，获得立项。1997 年该课题结题，受到国内外相关专家的高度称赞，专家一致通过验收。此外，此课题先后获得景洪市人民政府颁发的科技进步一等奖，州人民政府颁发的科技三等奖、云南省优秀教育科研成果三等奖。

5. 与国际接轨、稳步推进时期

2004 年经云南省教科院牵头，景洪市与世界少数民族语文研究院在嘎洒、勐罕、小街等 5 所学校开展了学前双语教育实验，实现了双语项目与国际接轨。

（1）2005～2010 年，景洪市与世界少数民族语文研究院开展双语研究项目，编写了学前两年制的双语教材，有语文、数学、音乐、体育、美术 5 个科目共 14 本教材，以及相关教辅 7 本。

（2）2008～2013 年，西双版纳州教育局恢复双语教材编译室，组织傣语专家编写新版双语教材。

6. 双语教学规范、稳定推进时期

（1）2005～2015 年，西双版纳州双语教学主要以实验为基础，以点带面，不断地推广实验成果。

（2）2010~2015年，双语双文学校有59所，班级205个，学生人数达7723人，教师97名；双语单文学校有91所，班级268个，学生9851人，教师219名。

（3）2005~2015年，组织大小规模教师培训15期，培训人数540余人。

（二）发展双语教育的主要措施

1. 加强双语教育工作的领导

西双版纳州教育局设立了民族教育科，部署管理人员，加强了双语教育工作的管理与领导，把双语教育纳入了议事日程。各县（市）教育局确定了分管双语教育的领导，把双语教育纳入了学校的常规管理，使该州双语教育基本得到稳步发展。

2. 重视双语教师培训工作

加大双语教师培训力度、提高双语教师自身素质和教育教学技能是提高少数民族聚居区教育教学质量的关键。2009~2015年，西双版纳州教育局每年都在寒暑假期间举办"民汉双语骨干教师培训班"；通过培训，使双语教师了解国内外优秀的双语教育教学理念，例如：知识迁移理论、思维技能阶段、基于母语的双语教育模式、托马斯与克利尔的理论、学习金字塔等理论。培训增强了双语教师的主体意识，拓宽了其知识面，使之教学方法、教学观念得以更新；同时也强化了双语教师的民族传统文化知识、提高了傣文教学水平，提高了当地双语教育教学的质量。

3. 加强双语教学常规管理

双语教研员深入双语教育学校，通过听课、检查教案、查看作业批改等方式，加强了双语学校教学常规管理，促使双语教研活动正常开展。同时也指导、督促了各双语学校傣文教材的编译及使用情况。例如：景洪市教育局制定了《2010~2015年双语教学工作规划》，明确了双语教学目标、教学模式、教师培训等内容，规范了教学工作，优化了双语课堂教学，使双语教育得到正常开展。

4. 以实验项目为平台，推广双语教育

在景洪市"零障碍"学前班傣汉双语教学实验项目取得一定研究成果的基础上，西双版纳州教育局于2012年9月将实验项目扩展到勐海县、勐腊县，由原来的5个校点增加到9个校点，此外还增派双语教研员定期到实验校点指导课堂教学工作。傣汉双语教学"零障碍"实验项目的课堂教学理念是"以学生为主体、以教师为主导、以练习为主线、以师生互动为动力"的课堂教学模式，课堂教学活跃、学生学习兴趣高、教学效果好，有利于提高少数民族聚居区的教育教学质量。该项目推动了西双版纳州双语教学的发展并将优秀的教学案例与成功经验推广到全州范围。

5. 编制双语电子课件，树立现代信息技术教学意识

随着现代信息技术的发展，一般的图书材料，已经无法满足现代教育发展的需要。编制傣汉双语电子音像教材是西双版纳州双语教材建设的又一个"里程碑"。目前，西双版纳州已经编制了傣汉双语学前教育教材上、下册，小学傣语教材第一、二册，共140篇课文，标志着该州的民语课堂教学真正步入了电脑教学的行列。电子课件的编制使西双版纳州现行的双语教材具有针对性，能体现新的教育教学观念，达到培养学生的学习兴趣、提高双语课堂效率的目的。同时，傣汉双语电子音像教材通过多媒体课堂教学的应用，可以达到进一步完善西双版纳傣语标准音、提高双语教育教学质量的目的，也可以增强少数民族学生的自尊心、自信心，增强其民族自豪感，加强其民族优良传统文化的传承与发展，促进边疆和谐与稳定。

三　双语教育存在的困惑与困难

在云南省委、省政府的正确领导下，云南省双语教育已取得巨大成果，毋庸讳言，云南省双语教育的发展也存在一定的困惑与困难。

（一）对双语教育重视力度不够

云南省自上而下对双语教育没有形成正确的认识，导致对双语教育重视力度不够,具体如下。

1. 相关双语教育政策尚不完善

虽然云南省已经出台了相关民族教育发展的政策和法规,但这些政策、法规大多流于形式,没有相应的监督和保障措施。此外,云南省缺乏专门针对双语教育的措施和方案,已有的关于双语教育的政策和措施大多镶嵌在民族教育政策之中。例如,部分地区的双语教育只是作为"民族文化进校园"的一部分开展。

2. 缺乏民族教育与双语教育专项经费

据调查,目前云南省教育经费紧缺,各级教育生均公共财政预算经费仅为全国平均值的70%,义务教育"全面改薄"资金较规划资金少了68亿元,普通高中地方财政欠债约50.88亿元。在整体教育经费如此紧缺的情况下,民族教育的专项经费几乎为零。在调研过程中,云南省教育厅相关工作人员也明确表示,"云南省内没有设立民族教育和双语教育的专项经费"。这种情况导致云南省双语教育推进缓慢,发展滞后。

3. 缺乏教材教辅

调研发现,云南省并未正式成立相应的双语教育教材教辅编译中心。调研组在西双版纳州教育局教材编译室进行实地考察的过程中,发现该编译室条件简陋,只有3位教师进行教材的编译工作。在进一步访谈中发现,他们没有任何经费保证,也没有编制,只是"凭良心"在坚守傣汉双语教材教辅的编译工作。他们所在的"教材编译室"也是在多方努力的情况下才勉强维持,省内其他地方则没有负责相关的少数民族教材教辅编译的办公室。

(二)部分地区双语教育存在"倒退"现象

虽然"十二五"期间西双版纳州在推进双语教育工作上取得了许多成绩,但是部分地区的双语教育工作仍存在"倒退"现象。

勐海县是双语教育的"老区",但是该县对双语教育常规管理工作重视力度不够,导致双语教育滑坡很大,例如:勐海县第三中学原来是西双版纳州双语教育的先进示范学校,少数民族学生占全校学生人数比例将近90%,傣族学生占全校学生人数比例将近50%。2009~2010学年,全州曾在该校召开双语教育现场观摩会。但由于该地区双语教育出现"倒退"现象,该校在2012年取消了傣汉双语教育课程,双语教育沦为空谈。

(三) 双语师资队伍建设滞后

1. 部分双语教师培养体系坍塌,双语教师数量缺乏

据调查,西双版纳州双语教师已出现"断流"现象。首先,教师培养体系已经部分坍塌,如为西双版纳州少数民族地区输送傣汉双语教师的西双版纳职业技术学院于2005年已经停止"双语师资"班招生,这使得西双版纳州双语教师的培养缺少了一条重要渠道。其次,教育系统面临"无师可招"的局面,据调查,西双版纳州教育系统已经有10多年没有招聘傣汉双语教师,目前双语教师的分布与实际教学需要已严重失衡,不少需要开设双语文教学的学校,缺少能胜任双语教学的教师。双语教师的紧缺在根本上制约了西双版纳州双语教育的发展。

2. 民汉双语教师编制紧缺

据调查,西双版纳州没有设立双语教师专职编制,也没有设立相应的双语教育岗位,现任"双语"教师除个别实验班之外都是兼职教师,而大部分学校从事双语教育的教师仅是普通教师编制。此外,还有部分教师是兼职,凭良心在做民族教育工作,且双语教师的民族语言水平参差不齐,教学动力不足、这种状况不利于双语师资队伍的建设。

3. 双语教师评价制度不完善

双语教师不同于普通单语授课教师,因此双语教师的评价制度应具有其特殊性。但在实际教学中,西双版纳州却出现双语教师评价"一刀切"的现象,没有将双语教师的评价制度与普通教师的评价区分开来。此外,关于双语教师的评价制度注重结果性评价,忽视了双语教师的形成性评价,具体而言,开设民文教学的学校,没有将民文教学纳入学校年中、年末的质量检测范畴进行统一检测。

(四) 课程、课时量得不到保证

充足的双语教育课程与课时量是提高双语教育质量的保证,而在云南省民族中小学校,双语教育的课时量往往得不到保证,具体表现为以下两点。(1) 开设双语课程的大部分学校课时量较少,有的学校每周才安排一节,教学内容难以完成。如西双版纳州营盘小学五年级的课程设置,民族语言文字的课程被摆在极不重要的位置,课时量得不到保证,每周仅在周三下午有40分钟的民族语言学习时间(见表14-1)。(2) 有部分学校把双语课程以课外兴趣班的形式来开设,随意性很大,教学任务难以完成,傣语教学质量低下,达不到真正意义上的传承、弘扬民族传统文化的教育目标。

表 14-1 西山乡营盘小学课程表

		星期一	星期二	星期三	星期四	星期五
		早自习 7:00~7:20				
1	8:00~8:40	语文	数学	语文	数学	语文
2	8:50~9:30	数学	语文	数学	语文	科学
3	9:50~10:30	语文	语文活动	语文	信息技术	体育
4	10:50~11:30	科学	音乐	科学	美术	数学
		午 休				
5	2:30~3:10	信息技术	英语	民文	英语	班会
6	3:20~4:00	音乐	品德与社会	体育	品德与社会	
7	4:10~4:50	体育	美术	校本课程	校本课程	
		晚自习 8:00~8:40				

资料来源:云南省西双版纳州教育局。

究其原因,学校领导及相关教师在意识层面对双语教育工作不重视。校领导及相关教师认为,双语教学中的少数民族语文只是学校的校本课程,学校可以开设也可以不开设。校领导及教师意识上的不重视是西双版纳州双语课程、课时量得不到保证的重要原因。究其原因,云南省未把双语教学纳入考试评价体系,失去了升学考试这一指挥棒的调节,双语教育在学校只能沦为"面子工程"与边缘课程。

（五）云南省语言种类繁多且语言情况复杂的局面导致双语教育推进困难

云南是一个多民族边疆省份，在云南省的25个少数民族中，除回族、满族、水族三个民族通用汉语外，其余22个少数民族共使用26种语言。目前，云南省双语教学主要在学前和小学阶段开展，面向14个少数民族的幼儿及学生采用18个文种进行教学（彝文、藏文、白文、壮文、川黔滇苗文、滇东北苗文、佤文、拉祜文、哈尼文、载瓦文、景颇文、勉方瑶文、门方瑶文、独龙文、纳西文、西傣文、德傣文、傈僳文）。复杂的语言情况本身就是双语教育推进的巨大障碍；而且众多的语种需要不同种类的双语教师，同时也对教师的素质提出了更严格的要求，这必然导致云南省双语教育的发展与前进困难重重。

此外，同一语种在不同地区之间存在的巨大差异也是云南省推进双语教学的一大障碍。以傣语为例，德宏州和西双版纳州同样使用新傣文，但是二者的新傣文却不相同；同时，两个州的教材、教学方法等也存在显著差异。因此，同为傣汉双语教育的德宏州与西双版纳州在教学模式、教学方法上几乎是各搞各的、从不交流。

四 对策与建议

云南作为少数民族边疆地区、欠发达省份，必须牢固树立"越穷越要办好教育，发展滞后要优先发展教育"的理念，以创新发展激发教育活力，以协调发展优化教育结构，以绿色发展引领教育风尚，以开放发展拓展教育资源，以共享发展促进教育公平，坚定不移落实教育优先发展战略。

（一）提高双语教育的重视程度

当前，云南双语教育形势严峻，任务紧迫，从中央到地方各级各类教育机关须加大对双语教育的重视程度，创新思维、打破常规、更新思路、转变工作方式，大力激发教育各主体的能动性，为云南双语教育的发展保驾护航。

1. 制定并完善相关双语教育政策，为双语教育发展提供政策保障

针对云南省双语教育相关政策法规不完善的局面，并为贯彻落实 2016 年 5 月 11 日国务院办公厅印发的《关于加快中西部教育发展的指导意见》，调研组建议以云南省委、省政府名义出台《关于加快云南双语教育事业发展的意见》（简称《意见》）。同时，加快出台与落实《意见》相配套的多个支撑文件，形成系统科学、操作性强的政策体系，为云南省双语教育的发展提供政策保障。

2. 加大经费投入，保证双语教育健康发展

建议云南省教育行政部门加大双语教育的投入，以支持云南省双语教师培训、推进民文教材建设及改善云南省双语学校办学条件。此外，建议云南省把双语教育经费纳入财政预算，并设立教育经费投入的监督机构、引入群众监督机制、加强审计监督，以保证云南省双语教育经费足额、按时发放。

3. 进一步完善双语教材编译体系

由于云南省进行双语教学的地区涉及 14 个民族 18 种语言，语种较多，情况复杂。建议云南省各州县根据当地的具体情况成立相应的民族语言教材编译室，加强教材编译工作，想方设法促进双语教材的发展和完善。一方面组织相关人员进行国家教材的翻译工作，将人教版、苏教版教材翻译成各种不同的版本；另一方面要立足当地实际情况，编译适用于当地少数民族的乡土教材。为顺利推进云南省各州双语教材的编译工作，建议云南省各州成立州教育局双语教材编译办公室，配备人员 3~5 人；各县市相应成立双语教材编译办公室，并配备人员 2~3 人，形成有效的教材编译监督制度，以确保双语教材编译、审阅工作的有序进行。

（二）提高双语教育意识，严防双语教育"倒退"

针对云南省双语教育出现的"倒退"情况，调研组建议云南省采取以下措施予以解决：

1. 建议云南省加快民族教育及双语教育制度建设

实现民族教育及双语依法办学，保障民族教育事业健康快速发展。建议云南省教育厅出台《云南省民族教育与双语教育条例》，为整个自治区与地方的民族教育条例的出台打好基础。

2. 形成明确的双语教育工作的指导思想和原则

认真贯彻执行党和国家的教育方针政策，把大力发展云南省少数民族语言文字和传承民族文化作为重要任务，把学习掌握各少数民族语言和文化作为基本要求，把学习运用汉语作为必备素质，把学习使用外语作为一项发展能力。坚持因地制宜、分类指导原则，加强宣传引导，努力培养适应国家和云南省当地经济社会发展需要的民汉兼通的各类专门人才和外向型应用人才。

(三) 加强双语教师队伍建设

云南省双语师资队伍的建设需要实事求是、创新思路，根据实际情况，紧扣制约当前发展的短板，有针对地解决问题。

1. 建立健全双语师资培养渠道

《云南省少数民族语言文字工作条例》第十二条规定，"民族高等院校和其他有条件的高等院校应当设置少数民族语言文学专业。"因此，建议云南省在各州职业技术学院及相关院校建立双语师资培养基地，设置专项经费，健全双语教师培养机制；设置"民汉双语师资班"，培养中小学、幼儿园双语教师。建立健全云南省双语教师培养体系，形成一个从上到下、内部培养、内部消化的双语教师培养、使用体系。具体而言，在双语教师招生时，应制定优惠招生政策，适当降低录取分数线，录取定向双语师范生；在双语师范生就读期间，适当减免其学杂费并给予生活补助费；在双语师范生就业时，予以优惠政策引导，使其学有所用，投身云南当地双语教育事业，使双语教师的培养体系良性循环。

2. 设置双语教师岗位、增加双语教师编制

建议云南省各级各类双语授课的学校适当增加学校教师编制、专门设置"民汉双语双文"教师岗位,并做到单列计划使用。以此来解决双语教师的岗位和编制问题。同时,在教育行政部门设立监督机制,专门监督云南省各级各类学校双语教师编制的使用问题,真正做到有编有用,切实解决双语教师的编制问题。

3. 完善双语教师的评价制度

针对双语师资考核评价方式中存在的问题,云南省地区应根据当地的实际情况,考虑民族地区、民族学校、民族教师以及民族学生的特殊性,避免"一刀切"的做法,针对相关民族因素出台在一定程度上区别于普通汉族学校的"民族地区中小学双语师资考核指导意见",将少数民族语言、民族文化等民族因素的考核纳入双语教师评价机制,以促进少数民族优秀文化的传承与发展,从而提高民族地区双语师资队伍建设的有效性,激励双语教师的积极性,从根本上完善双语教师的评价制度。

(四)采取相应措施保证双语教育的时间和质量

1. 中高考设立双语考试科目

双语教育关系到民族团结、社会进步和社会稳定。针对云南省双语教学课程、课时量得不到保证的问题,调研组建议云南省将少数民族语言的考核纳入中高考,在中高考中设立双语考试科目。一方面,可以调动少数民族学生学习、使用少数民族语言的积极性;另一方面,学校将重视双语的日常教学工作,双语教学的课程设置、课时量也就可以得到保证。

2. 建议把双语教学纳入义务教育地方课程设置的必修课程

通过教学内部的调节,把双语教学中的少数民族语言纳入学校必修课程,使少数民族语言的学习具有强制性。

(五)因地制宜,依据具体情况推进多语种地区双语教育

云南省是一个民族大省,面对民族众多、语种纷繁复杂的局面,在推进双语教育时切忌"一刀切"的做法。应本着"因时制宜、因地制宜,具

体情况、具体分析"的方法，稳步推进多语种地区的双语教育。具体而言，在多语种地区推进双语教育，尤其要注意"双语双向教育"，即"既不能只注重国家通用语言的教育而忽视少数民族语言的教育；也不能只重视少数民族语言的教育，而忽视国家通用语言的教育"。要本着"传承、保护少数民族语言，同时也要推进国家通用语言"的指导原则，扎实、稳步推进多语种地区的双语教育。云南省内不同民族、不同地区开展双语教育应相互借鉴、经常交流，不断总结有效推进双语教育的方法，将复杂的语言局面变为语言资源，以促进我国社会的和谐发展。

云南省是一个民族大省，在云南省推进双语教育具有重大意义，不仅关系着少数民族的自身利益，更关系着我国的长治久安。因此在推进双语教育工作中应创新工作思路、总结工作方法，具体问题具体分析，不能搞"一刀切"，积极、稳步促进云南省双语教育的健康发展。

执笔：苏德、袁梅等

参考文献

艾尔·巴比：《社会研究方法》，印泽奇译，华夏出版社，2000。
陈向明：《质的研究方法与社会科学研究》，教育科学出版社，2000。
戴庆厦、滕星等：《中国少数民族双语教育概论》，辽宁民族出版社，1997。
丁石庆：《双语文化论钢》，中央民族大学出版社，1999。
董霄云：《文化视野下的双语教育》，上海教育出版社，2008。
冯增俊、万明钢：《教育人类学教程》，人民教育出版社，2005。
顾明远：《中国教育大百科全书·民族教育学卷》，上海教育出版社，2012。
顾明远：《中国教育的文化基础》，山西教育出版社，2004。
关辛秋：《朝鲜族双语现象成因论》，民族出版社，1985。
哈经雄、滕星：《民族教育学通论》，教育科学出版社，2001。
韩达：《中国少数民族教育史》，广东教育出版社，1998。
何俊芳：《中国少数民族双语教学研究》，中央民族大学出版社，1998。
何俊芳：《中国少数民族双语研究历史与现实》，中央民族大学出版社，1998。
黄淑娉、龚佩华：《文化人类学理论方法研究》，广东高等教育出版社，1998。
科恩：《学习和运用第二语言的策略》，外语教学与研究出版社，2000。
科林·贝克：《双语与双语教育概论》，翁燕珩等译，中央民族大学出版社，2008。

联合国教科文组织教育发展委员会：《教育——财富蕴藏其中》，教育科学出版社，1997。联合国教科文组织教育发展委员会：《教育的使命——面向21世纪的教育宣言行动纲领》，教育科学出版社，1997。

联合国教科文组织教育发展委员会：《教育内容的全球展望》，教育科学出版社，1997。

联合国教科文组织教育发展委员会：《学会生存——教育世界的今天和明天》，教育科学出版社，1997。

林耀华：《从书斋到田野》，中央民族大学出版社，2000。

林耀华：《民族学通论》，中央民族大学出版社，2001。

刘玉玲：《教育人类学》，台湾扬智文化事业股份有限公司，2003。

石中英：《教育学的文化性格》，山西教育出版社，1999。

苏德：《基础心理学》，内蒙古教育出版社，2008。

苏德：《蒙古族传统家庭教育与文化传承》，中央民族大学出版社，2014。

苏德：《蒙汉双语教育研究：从理论到实践》，民族出版社，2014。

苏德：《全球化与本土化：多元文化教育研究》，中央民族大学出版社，2013。

苏德：《现代教育学》，内蒙古大学出版社，2006。

苏德：《质量与特色：民族幼儿教育研究》，中央民族大学出版社，2014。

苏德：《中国边境民族教育论》，中央民族大学出版社，2011。

苏德：《中国民族教育政策研究丛书》，教育科学出版社，2014。

孙若穷：《中国少数民族教育学概论》，中国劳动出版社，1990。

滕星：《文化变迁与双语教育——凉山彝族社区教育人类学的田野工作与文本撰述》，教育科学出版社，2001。

W·F. 麦凯、〔西〕M. 西格恩：《双语教育概论》，严正、柳秀峰译，光明日报出版社，1989。

万明钢：《少数民族学生心理发展与教育研究》，甘肃教育出版社，2002。

王斌华编著《双语教学的回眸与前瞻》，上海教育出版社，2008。

王斌华编著《双语教育与双语教学》，上海教育出版社，2003。

王莉颖：《双语教育理论与实践——中外双语教育比较研究》，上海教育出版社，2008。

王锡宏：《中国少数民族教育本体理论研究》，民族出版社，1998。

维尔斯曼：《教育研究方法导论》，袁振国译，教育科学出版社，1997。

吴康宁：《教育社会学》，人民教育出版社，2001。

吴天泰、张雯等：《教育人类学》，台湾五南图书出版公司，2001。

余强：《双语教育的心理学基础》，江苏教育出版社，2002。

郑新夷编译《双语研究：从理论到教育实践》，厦门大学出版社，2012。

蔡文伯、韩琦：《双语教育对维系新疆各民族和睦关系的政策学分析》，《民族教育研究》2015年第2期。

戴庆夏、董艳：《中国少数民族双语教育的历史沿革》，《民族教育研究》1997年第1期。

戴庆厦：《我国少数民族实现双语的两大指标》，《贵州民族研究》2017年第38（12）期。

冯江英、石路：《我国民族地区双语教育政策的价值取向分析——基于多元文化主义的反思》，《新疆社会科学》2014年第6期。

何波：《藏汉双语教育政策的基本内涵》，《青海师范大学学报》（哲学社会科学版）2010年第6期。

黄萃：《基于政策工具视角的我国少数民族双语教育政策文本量化研究》，《清华大学教育研究》2015年第5期。

刘玉杰、苏德：《民族地区双语教师跨文化能力形成的几个问题：一个冲突理论的视角》，《继续教育研究》2015年第2期。

刘玉杰、苏德：《双语教育的时效性再论：复杂理论的视角》，载《民族高等教育研究》2015年第4期。

马戎：《从社会学的视角思考双语教育》，《云南民族大学学报》2007年第6期。

苏德：《"蒙—汉—外双语教学模式"——内蒙古地区"蒙—汉—外"双语教学研究与实践》，《教育研究杂志》2005年第5期。

苏德：《多元一体化视野下的中国少数民族高等教育的文化整合功

能》,《民族教育研究》2007年第3期。

苏德:《内蒙古地区"三语教学"理论研究与实践》,《内蒙古师范大学学报》2001年第1期。

苏德:《少数民族双语教育研究——历史与现实》,《内蒙古师范大学学报》2004年第11期。

苏德:《少数民族双语教育研究综述》,《内蒙古师范大学学报》(教育科学版)2004年第11期。

苏德:《以多语教育促进和谐社会与文化建设——兼论少数民族双语教育研究范式》,《民族教育研究》2013年第3期。

苏德、常永才:《民族院校办学特色发展之若干思考》,《中央民族大学学报》(哲学社会科学版)2010年第5期。

苏德、刘玉杰:《人类学视域下民族地区双语教育问题研究》,《中央民族大学学报》2017年第3期。

苏德、刘子云:《双语教育研究回眸与前瞻》,《西南民族大学学报》2018年第6期。

苏德、欧阳常青、袁梅:《民族教育政策的执行研究》,《理论研究》2015年第10期。

苏德、王渊博:《国家认同教育:云南省边境教育发展的战略选择》,《民族教育研究》2012年第10期。

苏德、袁梅:《凉山彝族的双语教育:现实与前瞻》,《中南民族大学学报》2016年第6期。

苏德、袁梅:《少数民族双语教育:机遇·挑战·策略》,《中国民族教育》2015年第1期。

苏德、袁梅、罗正鹏:《教育均衡背景下民族地区"小微学校"建设研究》,《教育研究》2016年第11期。

苏德、张良:《"多元一体"理论下的民族团结教育及其实施路径探究》,《学术论坛》2017年第8期。

索南嘉:《青海藏汉双语教学调研报告》,《青海民族研究》2004年第4期。

吐尼克·塔力甫：《哈萨克族中小学生双语态度、双语能力以及双语使用情况的调查研究》，《当代教育与文化》2016年第3期。

万明钢：《论民族教育研究中的双语问题》，《教育研究》1997年第6期。

万明钢：《论我国少数民族双语教育——从政策法规体系建构到教育教学模式变革》，《教育研究》2012年第8期。

王鉴：《跨文化视野中的民族双语教学》，《西北师范大学学报》1997年第5期。

王鉴、李艳红：《藏汉双语教学模式研究》，《西北师范大学学报》（社会科学版）1999年第3期。

吴斐、孟立军：《论教育生态学视域下民族学校双语教育的本质及发展——以黔东南地区为个案》，《黑龙江民族丛刊》2017年第6期。

杨嘉铭：《四川藏区藏、汉双语教育教学概述》，《四川大学学报》（哲学社会科学版）1997年第1期。

杨淑芹：《多维视角下对新疆双语教育目标的思考》，《西北师范大学学报》（社会科学版）2014年第2期。

袁梅、刘玉杰：《从语言到话语：我国民族地区双语教育范式的偏移》，《广西师范大学》（人文社科版）2017年第2期。

周庆生：《双语教育政策新动向—以美国、澳大利亚和中国为例》，《新疆师范大学学报》2010年第3期。

Akkari A et al, "Toward a New Understanding of Language Minority Students'Experiences withBilingual Education in the United States," *Bulletin Suisse De LinguistiqueAppliquée*, 2010.

Meaola Amituanai–Toloa, *A study of Bilingual Education using Samoan language in New Zealand* (John Benjamin Publishers, London, 2015).

Ann–Marie Wiese et al, "The Bilingual Education Act: Language Minority Students and US Federal Educational Policy," *International Journal of Bilingual Education & Bilingualism*, 2001.

Asakura N, "Language Policy and Bilingual Education for Immigrant

Students at Public Schools in Japan," *Dissertations & Theses – Gradworks*, 2015.

C Baker, *Foundationof Bilingual of Education and Bilingualism* (Philadelphia: Multilingual Matters Ltd, 1993).

C Baker, *Foundation of Bilingual of Education and Bilingualism* (England: Multilingual Matters Ltd, 1993).

Cruickshank K, "Mother tongue and bilingual minority education in China," *International Journal of Bilingual Education & Bilingualism*, 2009.

Cummins J, "Bilingualism and the Development of Metalinguistic Awareness," *Journal of Cross – Cultural Psychology*, 1978.

ASTAR, *Growing Up in Singapore Towards healthy Outcome*, Child Development, 2014 (7).

Dicks J, Genesee F. *Bilingual Education in Canada* (Springer International Publishing, 2017).

ElwoodF, HoltonIII, "The flawed four – level evaluation model," *Human Resource Development Quarterly*, 1996.

Flink CM, Molina A L, "Politics or Professionalism? Budgeting for Bilingual Education," *Urban Affairs Review*, 2016.

GaoFang, "Imagined identity, bilingual education, and upward mobility among ethnic Koreans in China," 2015.

GhezG, BeckerGS, *The allocation of time and goods over the life cycle* (New York: National Bureau of Economic Research Distributed by Columbia University Press, 1975).

GrossB, BookerTK, Dan, GBoosting, "Student achievement: the effect of comprehensiveschool reform on student achievement," *Educational Evaluation & Policy Analysis*, 2009.

Ha egan P, Udier SL, "Bilingual education of Croatian minority students in Rumania," *Romanoslavica*, 2016.

Hélot C, De Mejía AM, "Forging multilingual spaces: integrated perspectives on majority and minority bilingual education," *Bilingual Education & Bilingualism, 2008.

Hill R, *Bilingual Education in Aotearoa/New Zealand* (Springer International Publishing, 2017).

IlhanDilek, AydinHasan, "Perceptions of Higher Education Faculty Members on Bilingual Education in Turkey," *Journal of Education & Training Studies*, 2015.

MJ Jabbari, N Golkar, "The relationship between EFL learners'language learning attitudes and language learning strategies," *International Journal of Linguistics*, 2014.

S Jalilian, R Rahmatian, P Safa, RLetafati, "The Effects of Educational Tools in Reducing Code – Switching in Child Simultaneous Bilingual Education," *Journal of Education & Learning*, 2016.

Kim M H, "Bilingual Education for Minority Language Students in the US: Lessons from the Case of Elementary School in California," in*Art, Culture, Game, Graphics, Broadcasting and Digital Contents* (2015).

Library W P, Bilingual Education Act [J]. Nature, 2015.

Lindholm K J, Directory of Bilingual Immersion Programs: Two – Way Bilingual Education for Language Minority and Majority Students. Educational Report Series [J]. Bilingual Education Programs, 1987.

Lochtman K, CeuleersE, "Multilingualism in Brussels: learners'images of second and foreign languages, attitudes and language learning motivation," *The impact of affective variables in L2 teaching and learning*, 2010.

Minglang Zhou, "Language Policy and Literacy in Ethnic Minority Communities in China," *Journal of Multilingual & Multicultural Development*, 2000.

Minglang Zhou, "The Politics of Bilingual Education and Educational Levels in Ethnic Minority Communities in China," *International Journal of Bilingual Education & Bilingualism*, 2001.

OroujlouN, Vahedi M, "Motivation, attitude, and language learning," *Procedia – Social and Behavioral Sciences*, 2011.

Ozfidan B, Burlbaw L M, "A Framework for Understanding of Bilingual

Education in Turkey: A Mixed Method Approach," *Journal of Education and Training Studies*, 2017.

B Ozfidan, LM Burlbaw, "A Literature – Based Approach on International Perspectives of Bilingual Education," *Journal of Educational Issues*, 2017.

JJ Phillip, "ROI: The Search for Best Practices," *Training & Development*, 1996.

JJ Phillip, *Handbook of training evaluation and measurement methods* (Houston Texas Gulf Publishing Company, 1997).

VJ Roscigno, MB Vélez, JW Ainsworth – Darnell, "Language minority achievement, family inequality, and the impact of bilingual education," *Race & Society*, 2001.

JW Rosenthal, *Teaching Science to Language Minority Students: Theory and Practice* (Multilingual Matters Ltd, 1996).

Santibañez L, "The indigenous achievement gap in Mexico: The role of teacher policy under intercultural bilingual education," *International Journal of Educational Development*, 2016.

Skutnabb – Kangas T, *Language Rights and Bilingual Education* (Springer International Publishing, 2017).

Thompson GL, "The Real Deal on Bilingual Education: Former Language – Minority Students Discuss Effective and Ineffective Instructional Practices," *Educational Horizons*, 2000.

Vila FX, Lasagabaster D, Ramallo F, *Bilingual Education in the Autonomous Regions of Spain* (Springer International Publishing Switzerland, 2016).

Watt R, "Effectiveness of bilingual education in Cambodia: a longitudinal comparative case study of ethnic minority children in bilingual and monolingual schools," *Compare: A Journal of Comparative and International Education*, 2015.

MY Yu, "Evidence from the Field: How Does Korean Minority Students Territorialize Their Identity Habitus in Their Bilingual Education and Media Life," *Instrumental Autonomy, Political Socialization, and Citizenship Identity*, 2017.

Zehr, MAMass, "Voters May Get Choice on Bilingual Education," *Education Week*, 2002.

Zhou M, "Minority Language Policy in China," *Language Policy in the People's Republic of China*, Springer Netherlands, 2004.

附录 1

双语教师现状调查

编号：_____（由调查员填写）

老师：您好！为了解少数民族地区双语教师的生活和工作状况，我们设计了这份问卷。答案无所谓对错，一律匿名处理，调查结果只作研究用途，请您按实际情况作答。谢谢您的合作！

一、根据实际情况填写在"_____"上。

性　　别：_____　　　　　民　　族：_____

婚姻状况：_____　　　　　出生年份：19_____年

原　　籍：_____　　　　　现工作所在地：_____

学　　历：_____　　　　　毕业院校：_____

从教年限：_____年　　　　　　专业技术职称：_____

HSK 等级或 MHK 等级：HSK _____ 或 MHK _____

1. 本学期您共教_____门课，所教科目分别为_____。
2. 本学期您给几个班上课：____个班；共有多少名学生：_____名。
3. 您一个月的工资（包括津贴、奖金等所有现金收入）大约有：_____元/月。

二、请在您所适合的选项序号上画"√"。（除了标注为"可多选"的题目，每题只能选择一个答案。）

1. 您在学校属于哪一种类型的教师？
   A. 有正式编制的教师　　　　B. 特岗教师
   C. 临聘教师　　　　　　　　D. 其他（请说明）：_____

2. 您所教授班级是以下哪一种班级？

A. 双语班　　　　　　　　　B. 普通班（民语班）

C. 汉语班　　　　　　　　　D. 不一定

E. 其他（请说明）：_____

3. 您的教学岗位是哪一类？

A. 双语教学岗位　　　　　　B. 非双语教学岗位

C. 其他（请说明）：_____

4. 您是否是双语教师？

A. 是　　　　B. 否　　　　C. 其他（请说明）：_____

5. 您所学专业与所教科目是否一致：

A. 是　　　　B. 否　　　　C. 其他（请说明）：_____

6. 您是否是师范院校毕业的学生？

A. 非师范生　　　　　　　　B. 中等师范院校学生

C. 高等师范院校学生　　　　D. 其他（请说明）：_____

7. 您在求学时属于下列哪种类型的学生？

A. 疆内"民考民"学生　　　　B. 疆内"民考汉"学生

C. "内高班"学生　　　　　　D. 以上类型都不是

8. 您所教的班级中，母语非汉语的学生占多大的比例？

A. 100%　　　　B. 超过70%　　　　C. 约50%

D. 不到30%　　E. 其他（请说明）：_____

9. 您所教的班级中，学生的民族类型是？

A. 同一民族　　B. 两种以上的民族，其中一种民族占大多数

C. 两种以上的民族，比例差不多

10. 在正式上岗教学之前，您是否接受过教师培训？

A. 是　　　　B. 否

1) 如在正式上岗教学之前接受过培训，您所参加的培训是哪个层级的？

A. 国家级培训　　　B. 自治区级培训　　　C. 地州级培训

D. 市县级培训　　　E. 援疆省市级培训　　F. 校级培训

G. 没有参加过培训

2）如在正式上岗教学之前接受过培训，您参加了多长时间的培训？

A. 1 天　　　　　　　B. 3 天左右　　　　　　C. 1 星期以上

D. 1 个月以上　　　　E. 没有参加过培训

11. 工作后，您是否参加过3个月以上的脱产教师培训？

A. 是　　　　　　　B. 否

如"是"，请继续回答：

1）您所参加的培训是哪个层次的？（可多选）

A. 国家级培训　　　B. 自治区级培训　　　C. 地州级培训

D. 市县级培训　　　E. 援疆省市级培训　　F. 没有参加过培训

2）您所参加的培训是关于哪方面的？（可多选）

A. 语言类培训　　　B. 教材教法培训　　　C. 教育学心理学培训

D. 教师专业成长培训　E. 民族文化培训　　　F. 教研方法培训

G. 综合培训　　　　H. 其他（请说明）：_____

12. 1）描述您当前的教学状态：

A. 完全胜任　　　　B. 有点吃力，但还可以胜任

C. 无法胜任　　　　D. （请说明）：_____

2）当前的教学工作状况让您觉得：

A. 很有满足感　　　B. 就是在完成一个任务

C. 筋疲力尽　　　　D. 怀疑自己的价值

E. 没什么感觉　　　F （请说明）：_____

3）您在教学工作上的主要压力来源于（可选3项）：

A. 学校对学生学业成绩的考核

B. 新课程改革的新理念与新教法

C. 自身的能力（包括双语能力）

D. 教学工作的无价值感

E. 无法传承民族文化

F. 双语教学的要求

G. 学生和家长的不合作

H. 外界的社会环境

I. 经济收入不足以过上稳定、体面的生活

J. 教师的社会地位降低带来失落感

K. 其他工作太多,无法专心教学

L. 其他(请说明):_____

13. 在教学之外您还花了多少工作时间去完成社区工作(如写报告、做人口调查等)?

　　A. 一半以上的时间　　　B. 不到一半　　　C. 一点儿时间

　　D. 没有承担社区工作　　E. 其他(请说明):_____

14. 您如何看待所承担的社区工作?(可多选)

　　A. 虽然不是自己的职责,但应该完成

　　B. 不得不完成的额外任务

　　C. 完全没必要完成的工作

　　D. 影响到教学质量

　　E. 其他(请说明):_____

15. 您觉得教师当前的收入是否与其付出相匹配?

　　A. 基本匹配　　　　　　B. 收入高,付出少

　　C. 收入低,付出多　　　D. 无法比较

　　E. 其他(请说明):_____

16. 如果有其他选择机会,您是否会继续留在教师工作岗位上?

　　A. 是　　　　　　　　　B. 否　　　　　　C. 不一定

　　D. 其他(请说明):_____

　　如果"否",请继续回答:为什么?

　　A. 教师的工作压力太大　　B. 教师的职业价值感太低

　　C. 教师的经济收入不理想　D. 教师的社会地位太低

　　E. 教师的社会压力太大　　F. 其他(请说明):_____

17. 您觉得双语教师应该是指下列哪类人?

　　A. 具备使用汉语进行教学能力的民族教师

　　B. 具备使用汉语和民族语进行教学能力的教师

C. 在双语教学班上课的教师

D. 在汉语班上民语课或在民语班上汉语课的教师

E. 为母语非汉语的学生上课的教师

F. 同时掌握两种语言的教师

G. 同时掌握汉语和其他某种语言的教师

H. 其他（请说明）：_____

18. 您的语言能力达到何种程度？

A. 同时精通汉语和维语　　B. 维语表达能力强于汉语表达能力

C. 汉语表达能力强于维语表达能力

D. 只会一种语言（维语或汉语）

E. 会多种语言，但不会汉语　F. 会多种语言，但不会维语

19. 掌握双语对您而言意味着什么？（可选3项）

A. 是工作上必备的能力　　B. 可以更好地理解社会文化

C. 增加了自己的学习负担　D. 有利于与学生的沟通交流

E. 增加了教学的压力　　　F. 担心挤压民族语言的发展空间

G. 两种语言都停留于浅层次，不利于深入思考问题

H. 其他（请说明）：_____

20. 您如何学习母语以外的语言？

A. 中小学时在学校学会的　B. 中学以后在学校学会的

C. 完全自学的　　　　　　D. 工作后通过培训学习的

E. 其他（请说明）：_____

21. 作为双语教师，您希望进一步提高下列哪方面的能力？（可选2项）

A. 掌握学生的母语　　　　B. 掌握国家通用语

C. 掌握双语的教学能力　　D. 掌握学生的母文化

E. 掌握新的教学和教法　　F. 掌握新的教学技术

G. 其他（请说明）：_____

22. 您如何学习母语以外的语言？（可选3项）

A. 中小学时在学校学会的　B. 中学以后在学校学会的

C. 完全自学的　　　　　　D. 工作后通过培训学习的

E. 其他（请说明）：_____

23. 您觉得您在开展双语教学的过程中遇到的主要问题是什么？（可选3项）

   A. 学生的语言基础太差

   B. 自己没有接受过系统的双语教学训练，不了解双语教育规律

   C. 双语备课、授课教学压力太大

   D. 缺少社会支持（包括家长等的支持）

   E. 政策环境不稳定　　　　F. 缺少足够的教学材料、教辅材料等

   G. 双语教育并不适合本地学生的需要

   H. 其他（请说明）：_____

24. 您如何看待当地的双语教育发展？（可多选）

   A. 双语教育不利于学生提高学业成绩

   B. 学校双语教育缺少足够的双语师资

   C. 得不到家长的理解和支持　　D. 没有合适的教材和教辅

   E. 学校没有配套的学习资源（如双语图书、语言材料等）

   F. 教育目标模糊，管理不到位

25. 在学校中，您和其他民族教师的交往情况如何？

   A. 建立了亲密的同事关系　　B. 经常主动沟通联系

   C. 有工作需要时会相互沟通　　D. 很少沟通

   E. 尽量避免和其他民族教师沟通

   F. 不一定　　　　　　G. 其他（请说明）：_____

26. 在校外，您和其他民族的交往情况如何？

   A. 有不同民族的朋友　　B. 只和　　　　C. 很少沟通

   D. 其他（请说明）：_____

27. 您觉得在哪些因素会影响到您和其他民族的交往？（可多选）

   A. 语言　　　　　　B. 风俗习惯　　　　C. 宗教文化

   D. 兴趣爱好　　　　E. 相似的学习工作经历

   F. 不一定

28. 请给适合您的选项数字画上"○"。

题目	不同意	不太同意	一般	比较同意	非常同意
本地少数民族知识和文化是很好的教育教学资源	1	2	3	4	5
学校鼓励进行双语教学	1	2	3	4	5
目前的教材能满足学生的需要	1	2	3	4	5
学校教育有利于少数民族学生继承本民族的文化	1	2	3	4	5
双语教育促进了不同民族学生对本民族的认同	1	2	3	4	5
双语教育促进了不同民族学生对国家的认同	1	2	3	4	5
双语教育提高了学生的国家通用语言文字能力	1	2	3	4	5
双语教育影响了学生的母语言文字能力	1	2	3	4	5
双语教育促进了不同民族之间的相互理解和认同	1	2	3	4	5

29. 您觉得双语教育是否会影响当地的民族关系？为什么？（可以使用民语或汉语填写）

30. 根据您的经验，您觉得当前师范院校应该如何培养双语教师？（可以使用民语或汉语填写）

再次感谢您的支持与合作！

附录 2

学生调查问卷

编号：_____（由调查员填写）

亲爱的同学：

你好！这是一份关于学校生活的问卷，请你如实填写问卷。填空题请将答案直接填写在横线上，选择题请在适合你的选项序号上画"√"。谢谢你的支持和合作！

注意：填空题可以选择用汉语填写，也可以用民族语填写。

性别：_____   出生年份：_____年

民族：_____   所在的年级：_____

你父亲的工作是：_____   你母亲的工作是：_____

你父母有几个孩子？_____

1. 你父亲的文化程度是（填写下列选项序号）：_____

你母亲的文化程度是（填写下列选项序号）：_____

A. 小学及以下　　B. 初中　　　C. 高中　　　D. 中专、技校

E. 大专　　　　　F. 大学　　　G. 研究生　　H. 不知道

2. 你上学前讲：

A. 母语　　　　　B. 汉语　　　C. 两者都用　D. 其他

3. 在家里，你通常和父母讲哪一种语言？

A. 母语　　　　　B. 汉语　　　C. 两者都用　D. 其他

在课外时间，你通常和老师讲哪一种语言？

A. 母语　　　　　B. 汉语　　　C. 两者都用　D. 其他

你通常和朋友讲哪一种语言？

A. 母语　　　　　B. 汉语　　　　　C. 两者都用　　　D. 其他

4. 1）在汉语课上，老师通常讲哪一种语言？

A. 本民族语言　　B. 汉语　　　　　C. 两者都用　　　D. 其他

汉语老师在课堂上要求你用哪一种语言回答问题？

A. 本民族语言　　B. 汉语　　　　　C. 两者都可以　　D. 随便

2）在数学上，老师通常讲哪一种语言？

A. 本民族语言　　B. 汉语　　　　　C. 两者都可以　　D. 其他

数学老师在课堂上要求你用哪一种语言回答问题？

A. 本民族语言　　B. 汉语　　　　　C. 两者都可以　　D. 随便

5. 你觉得你更喜欢学习哪种语言？

A. 本民族语言　　B. 汉语　　　　　C. 都喜欢　　　　D. 其他

为什么？（可多选）

A. 因为觉得这种语言更有用　　　B. 因为身边的人都讲这种语言

C. 因为学校考试考这种语言　　　D. 因为这种语言学的比较好

E. 因为这是我们民族的语言　　　G. 因为这是我们国家的语言

6. 你最喜欢看哪个电视台的节目？（请填空）：_____

7. 你们班有其他民族的同学吗？

A. 有　　　　　　B. 没有　　　　　C. 不知道　　　　D. 其他

8. 你有其他民族的朋友吗？

A. 有　　　　　　B. 没有　　　　　C. 不知道　　　　D. 其他

如果有，你在你其他民族朋友交往时，会因为民族不同而带来特别的经验吗？请举例说明：_____

9. 你们班有其他民族的老师吗？

A. 有　　　　　　B. 没有　　　　　C. 不知道　　　　D. 其他

如果有的话，请说明老师的民族身份（如汉族或哈萨克族等）：

_____

10. 你觉得你的成绩怎么样？

A. 很好　　　　　B. 好　　　　　　C. 一般　　　　　D. 不太好

E. 差

11. 你们学校是否举办有民族特色的活动？

A. 经常举办　　　　B. 偶尔举办　　　C. 从来不举办　　　D. 不知道

如果举办过，请说明是哪些民族的活动：_____

12. 1）你是否熟悉你们民族的节日和风俗习惯？

A. 特别熟悉　　　　B. 比较熟悉　　　C. 了解一点

D. 不太了解　　　　E. 其他_____

2）请举例说明你们的节日和风俗习惯：_____

13. 1）你是否了解其他民族的节日和风俗习惯？

A. 了解很多　　　　B. 了解一些　　　C. 了解一点

D. 不太了解　　　　E. 其他_____

2）请举例说明了解的其他民族的节日和风俗习惯：_____

14. 你是否想过长大以后离开家乡学习、工作、生活？

A. 是　　　　　　　B. 否　　　　　　C. 没想过

如果想过，你打算去哪个地方学习、工作、生活？_____

为什么？_____

15. 你觉得你们班和普通班的学生主要差别是什么？

_____

_____

_____

16. 如果可以选择，你希望自己在双语班还是普通班上课？为什么？

_____

_____

附录 3

蒙古族中学汉语教学调查问卷（教师）

亲爱的老师：

  本问卷供教学科研所用，采取不记名的方式，答案没有正确与错误的区别，绝大多数问题采用选择答案的方式，只要从中选出一个，在后面的括号内填上选出的字母即可，个别的问题回答请加以文字说明。在繁忙的教学工作中，请您抽出宝贵的时间作答，我们表示衷心的感谢！

填写日期：2015 年_____月_____日　　学校名称：_____

一、学校、教师背景的调查

1. 性别：（　　）

 A. 男　　　　　　　　B. 女

2. 年龄：（　　）

 A. 20 岁以下　　　　　B. 21～30 岁　　　　C. 31～40 岁

 D. 41～50 岁　　　　　E. 51～60 岁

3. 您的教龄：（　　）

 A. 一年以下　　　　　B. 1～4 年　　　　　C. 5～10 年

 D. 10～15 年　　　　　E. 20 年以下

4. 您目前的文化程度：

 A. 小学　　　　　　　B. 初中　　　　　　C. 高中或中专

 D. 大专　　　　　　　E. 本科　　　　　　F. 研究生

5. 族别：（　　）

 A. 汉族　　　　　　　B. 蒙古族　　　　　C. 回族

 D. 其他少数民族（请注明：_____）

（1）如果您是少数民族汉语教师，您是（　　）

A. 民考民　　　　　　B. 民考汉

（2）您的汉语水平是 HSK _____级或其他（请注明：_____）

6. 您在学校属于哪一种类型的教师？

A. 有正式编制的教师　　B. 特岗教师　　　　C. 临聘教师

D. 其他（请说明）：_____

7. 您所教授班级是以下哪一种班级？

A. 双语班　　　　　　B. 普通班（民语班）　C. 汉语班

D. 不一定　　　　　　E. 其他（请说明）：_____

8. 您所教的班级中，母语非汉语的学生占多大的比例？

A. 100%　　　　　　　B. 超过 70%　　　　C. 约 50%

D. 不到 30%　　　　　E. 其他（请说明）：_____

9. 您所教的班级中，学生的民族类型是？

A. 同一民族　　　　　B. 两种以上的民族，其中一种民族占大多数

C. 两种以上的民族，比例差不多

10. 在正式上岗教学之前，您是否接受过教师培训？

A. 是　　　　　　　　B. 否

1）如在正式上岗教学之前接受过培训，您所参加的培训是哪个层级的？

A. 国家级培训　　　　B. 自治区级培训　　　C. 地州级培训

D. 市县级培训　　　　E. 援疆省市级培训　　F. 校级培训

G. 没有参加过培训

2）如在正式上岗教学之前接受过培训，您参加了多长时间的培训？

A. 1 天　　　　　　　B. 3 天左右　　　　　C. 1 星期以上

D. 1 个月以上　　　　E. 没有参加过培训

二、汉语教学调查

1. 您用什么语给学生教汉语？（　　　　）

A. 仅用汉语　　　　　B. 仅用蒙语　　　　　C. 汉语较多

D. 蒙语较多　　　　　E. 蒙语和汉语各占一半

2. 您的教案是用何种语写的？（　　　）

　A. 仅用汉语　　　　　B. 仅用蒙语　　　　　C. 汉语较多

　D. 蒙语较多　　　　　E. 蒙语和汉语各占一半

3. 您目前在教学中使用最多的教学方法是（　　　）

　A. 语法翻译法　　　　B. 直接法　　　　　　C. 听说法

　D. 其他：（请注明：_____）

4. 您认为汉语教学中学生最难掌握的是（　　　）

　A. 语音　　　　B. 词汇　　　　C. 语法　　　　D. 汉字

5. 您认为汉语教学中学生最难掌握的技能是（　　　）

　A. 听　　　　　B. 说　　　　　C. 读　　　　　D. 写

6. 您认为现在的汉语教材编写是否合理？（　　　）〔注明：如此题选 A. 或 B. 请做下面的（1）题；如此题选 C. 或 D. 请做下面的（2）题〕

　A. 非常合理　　　B. 合理　　　C. 不太合理　　　D. 不合理

（1）如果您认为 A. 非常合理或 B. 合理，理由是（　　　）

　A. 课文内容生动有趣　　　B. 词语选择贴近学生生活

　C. 练习内容形式多样　　　D. 其他（请注明：_____）

（2）如果您认为 C、不太合理或 D、不合理，理由是（　　　）

　A. 课文内容枯燥无味　　　B. 词语过多并脱离生活

　C. 练习内容形式较少　　　D. 其他（请注明：_____）

7. 您认为学生汉语没有学好的原因最主要的是（　　　）

　A. 汉语与学生母语差别较大　　　B. 学生的学习态度非常重要

　C. 语言环境对学生的影响较大

　D. 教师的教学水平对学生学习影响较大

　E. 教材的内容对学生的学习影响较大

　F. 其他（请注明：_____）

8. 总体上看目前您所教班级的学生汉语程度如何（　　　）

　A. 能熟练地听、说、读、写　　B. 能熟练地读、写，但听说不太熟练

　C. 能熟练地听、说，但不太会写　　　D. 能听懂，但说起来较困难

　E. 听说读写都有困难

9. 您认为汉语课的目标是（　　　）

A. 教会学生语音、词汇、语法、汉字知识

B. 培养学生听、说、读、写的技能

C. 能听懂并会说汉语　　　D. 只要求会说汉语

E. 其他（请注明：_____）

10. 目前汉语课的课外读物一般是（　　　）

A. 阅读练习册　　　B. 汉语报纸　　　C. 故事会　　　D. 作文书

E. 几乎没有　　　F. 其他（请注明：_____）

11. 家庭作业中您一般布置较多的题目是（　　　）

A. 阅读训练　　　B. 听说训练　　　C. 作文　　　D. 词语、句型练习

E. 其他（请注明：_____）

12. 您认为在汉语课中的讲解内容应（　　　）

A. 以课文讲解为主　　　B. 以词汇讲解为主　　　C. 以听说训练为主

D. 其他（请注明：_____）

13. 您认为在您所属的学校目前汉语教学中最主要的问题是（　　　）

A. 学生的学习积极性不高　　　B. 学习内容难　　　C. 教材编写不合理

D. 学时不够　　　E. 其他（请注明存在的问题_____）

14. 1) 描述您当前的教学状态：

A. 完全胜任　　　B. 有点吃力，但还可以胜任　　　C. 无法胜任

D.（请说明）：_____

2) 当前的教学工作状况让您觉得：

A. 很有满足感　　　B. 就是在完成一个任务　　　C. 筋疲力尽

D. 怀疑自己的价值　　　E. 没什么感觉　　　F（请说明）：_____

3) 您在教学工作上的主要压力来源于（可选 3 项）：

A. 学校对学生学业成绩的考核　　　B. 新课程改革的新理念与新教法

C. 自身的能力（包括双语能力）　　　D. 教学工作的无价值感

E. 无法传承民族文化　　　F. 双语教学的要求

G. 学生和家长的不合作　　　H. 外界的社会环境

I. 经济收入不足以过上稳定、体面的生活

J. 教师的社会地位降低带来失落感

K. 其他工作太多，无法专心教学　　L. 其他（请说明）：_____

15. 您觉得教师当前的收入是否与其付出相匹配？

　　A. 基本匹配　　　　B. 收入高，付出少　　　　C. 收入低，付出多

　　D. 无法比较　　　　E. 其他（请说明）：_____

16. 如果有其他选择机会，您是否会继续留在教师工作岗位上？

　　A. 是　　　B. 否　　　C. 不一定　　　D. 其他（请说明）：_____

如果"否"，请继续回答：为什么？

　　A. 教师的工作压力太大　　　　　　B. 教师的职业价值感太低

　　C. 教师的经济收入不理想　　　　　D. 教师的社会地位太低

　　E. 教师的社会压力太大　　　　　　F. 其他（请说明）：_____

17. 根据多年的教学经验，您认为蒙古族学生学习汉语最大的困难是什么？

_____

_____

_____

_____

18. 您认为提高蒙古族学生汉语水平最有效的方法是什么？

_____

_____

_____

_____

附录 4

蒙古族中学汉语教学调查问卷（学生）

亲爱的同学：

  本问卷是供教学科研所用，采取不记名的方式，答案没有正确与错误的区别，绝大多数问题采用选择答案方式，只要从中选出一个，在后面的括号内填上选出的字母即可，个别的问题回答请加以文字说明，希望你能积极配合，如实地回答问题，我们表示衷心的感谢！

填写日期：2015 年_____月_____日　　　学校名称：_____
学校所在地：内蒙古自治区锡林郭勒盟东乌珠穆沁旗
家庭所在地是：内蒙古自治区_____盟_____旗

  注意：填空题可以选择用汉语填写，也可以用民族语填写。

性别：_____　　　　出生年份：_____年
民族：_____　　　　所在的年级：_____
你父亲的民族是：_____　　你母亲的民族是：_____
你父母有几个孩子？_____

1. 你父亲的文化程度是（填写下列选项序号）：_____
你母亲的文化程度是（填写下列选项序号）：_____
A. 小学及以下　　B. 初中　　　C. 高中　　　D. 中专、技校
E. 大专　　　　　F. 大学　　　G. 研究生　　H. 不知道

2. 你的父母会不会汉语（　　　）
A. 会　　　　　　B. 会一点　　　　　C. 不会

3. 你上学前讲：
A. 母语　　　　　B. 汉语　　　C. 两者都用　　　　D. 其他

4. 现在你用哪种语言与表格中的人讲话？

	总用蒙语	用蒙语多于汉语	蒙语和汉语用的一样多	用汉语多于蒙语	总用汉语
父亲					
母亲					
兄弟/姐妹					
学校里的朋友					
运动场上的朋友					
老师					
邻居					
祖父母					
其他亲戚					
学校外的朋友					

5. 在下面的情况中你使用哪种语言？

	总用蒙语	用蒙语多于汉语	蒙语和汉语用的一样多	用汉语多于蒙语	总用汉语
看电视/录像					
宗教活动					
报刊/戏剧					
听录音机/CD 盘					
购物					
体育运动					
打电话					
读课外书					
社团活动					
日常其他活动					

6.1) 在汉语课上，老师通常讲哪一种语言？

A. 仅用汉语　　B. 多用汉语　　C. 多用蒙古语　　D. 仅用蒙古语

汉语老师在课堂上要求你用哪一种语言回答问题？

A. 本民族语言　　　B. 汉语　　　C. 两者都可以　　　D. 随便

你希望老师用什么语言上汉语课？（　　　）

A. 仅用汉语　　　B. 多用汉语　　　C. 多用蒙古语　　　D. 仅用蒙古语

2）在数学上，老师通常讲哪一种语言？

A. 本民族语言　　　B. 汉语　　　C. 两者都可以　　　D. 其他

数学老师在课堂上要求你用哪一种语言回答问题？

A. 本民族语言　　　B. 汉语　　　C. 两者都可以　　　D. 随便

数学课上老师用哪种语言讲解你更容易理解？

A. 本民族语言　　　B. 汉语　　　C. 两者都可以　　　D. 随便

7. 你喜欢上汉语课吗？（　　　）〔注：如此题选 A、或 B、请做下面的（1）题；如此题选 C、或 D、请做下面（2）题〕

A. 非常喜欢　　　B. 喜欢　　　C. 不太喜欢　　　D. 不喜欢

（1）你喜欢上汉语课的原因是（　　　）

A. 老师讲得好　　　　　　　　B. 课文内容生动有趣

C. 希望通过学习汉语提高自己　　D. 其他（请注明理由）

（2）你不太喜欢或不喜欢上汉语课的原因是（　　　）

A. 老师讲得不好　　　　　　　B. 课文内容枯燥无味

C. 对汉语的学习没有太高要求　　D. 其他（请注明理由_____）

7. 你认为在你所属的学校目前汉语教学中最主要的问题是（　　　）

A. 教师水平低　　　B. 学习内容难　　　C. 教材编写不合理

D. 学时不够　　　E. 其他（请注明存在的问题_____）

8. 你认为学习汉语重要吗？（　　　）〔注明：如此题选 A、或 B、请做下面的（1）题；如此题选 C、或 D、请做下面的（2）题〕

A. 非常重要　　　B. 重要　　　C. 不太重要　　　D. 不重要

（1）你认为学习汉语重要的原因是（　　　）

A. 我国大多数人都使用汉语，汉语使用范围广

B. 汉语学好了升学、就业更容易

C. 汉语学好了可以了解汉民族更多的文化

D. 其他（请注明理由_____）

（2）你认为学习汉语不太重要或不重要的原因是（　　）

A. 学习汉语没有太多的用处

B. 学习汉语对于升学、就业不产生太大影响

C. 自己在汉语学习上没有过高的要求

D. 其他（请注明理由_____）

9. 你认为汉语好学吗？（　　）

A. 非常好学　　B. 好学　　C. 难学　　D. 非常难学

10. 你认为下列几项中最难学的是（　　）

A. 语音　　B. 词汇　　C. 语法　　D. 汉字

11. 你认为以下的语言技能你掌握的最好的一项是：（　　）

A. 听　　B. 说　　C. 读　　D. 写

12. 你认为以下的语言技能你掌握的最不好的一项是：（　　）

A. 听　　B. 说　　C. 读　　D. 写

13. 你认为哪个民族的老师教汉语的效果更好？（　　）

A. 汉族　　B. 蒙古族　　C. 无所谓

D. 其他（请注明：_____）

14. 目前汉语课中教师的讲解内容（　　）

A. 以课文讲解为主　　B. 以词汇讲解为主　　C. 以听说训练为主

D. 其他（请注明：_____）

15. 你希望汉语课的教学方法是（　　）

A. 以老师讲解为主　　B. 讲解与练习相结合　　C. 学生自学为主

D. 其他（请注明：_____）

17. 你最想通过汉语课提高自己的哪项语言技能（　　）

A. 听　　B. 说　　C. 读　　D. 写

18. 你最想通过汉语课学习汉语的什么内容（　　）

A. 语音　　B. 词汇　　C. 语法　　D. 汉字　　E. 汉语文化

19. 你希望自己的汉语达到什么水平（　　）

A. 能够准确地表达自己的想法并写出来

B. 基本能够表达自己的想法但并不要求写得很好

C. 能听懂并能简单的交流，会不会写不重要

D. 只要能听懂汉语就行了，说与写都不重要

20. 你认为现在使用的汉语教材中最大的问题是什么？（　　　）

A. 课文内容枯燥　　B. 词语过多并脱离生活　　C. 练习内容形式较少

D. 其他（请注明：_____）

21. 你平时每周在汉语学习中所用的时间大概是（　　　）

A. 20 小时以上　　B. 15 小时左右　　C. 10 小时左右　　D. 5 小时左右

22. 在汉语考试中你最喜欢的题型是（　　　）

A. 听力理解　　　B. 阅读理解　　　C. 书面表达　　　D. 写作

23. 你认为在汉语考试中你失分较多的题型是（　　　）

A. 听力理解　　　B. 阅读理解　　　C. 书面表达　　　D. 写作

24. 在你目前所在的学校汉语课每周_____学时，你希望汉语课每周能够上几学时？（　　　）

A. 4 学时　　　B. 5 学时　　　C. 8 学时　　　D. 10 学时以上

25. 你的汉语成绩一般在（　　　）

A. 85 分以上　　　B. 75~85 分　　　C. 60~75 分　　　D. 60 分以下

26. 平时除了汉语课本外，你还会阅读哪些汉语课外读物？（　　　）

A. 阅读练习册　　B. 汉语报纸　　C. 故事会　　D. 作文书

E. 几乎没有　　　F. 其他（请注明：_____）

27. 你认为什么因素最影响你汉语学习的提高？（　　　）

A. 语言环境　　B. 汉语课老师教学水平高　　C. 教材内容生动有趣

D. 有大量的课外读物　　　E. 其他（请注明：_____）

28. 在汉语学习中你认为自己遇到的最大的困难是什么？

_____

_____

_____

_____

29. 你喜欢怎样的汉语教师？
_____
_____
_____
_____
_____

30. 我想当一名老师（A. 请注明汉语拼音_____）
　　　　　　　　　（B. 请用蒙语表达_____）
　　　　　　　　　（C. 请用英语表达_____）

附录 5

民族学校双语调查问卷（教师）

所在省、自治区_____盟、市_____旗、县_____乡、苏木_____填写日期_____年_____月_____日，所在学校_____
民族_____是否精通本民族语言_____

1. 性别：（　　　）
   A. 男　　　　　B. 女
2. 年龄：（　　　）
   A. 20 岁以下　　B. 21～30 岁　　C. 31～40 岁　　D. 41～50 岁
   E. 50 岁以上
3. 从事教育工作年限：（　　　）
   A. 1～4 年　　　B. 5～10 年　　C. 10～15 年　　D. 15～20 年
   E. 20 年以上
4. 您目前的文化程度：（　　　）
   A. 初中　　　　B. 高或中专　　C. 大专　　　　D. 本科及以上
5. 您所在学校的教师中民族构成如何？
   A. 全是本族人　　B 主要是本族人　　C. 本族人古近
   D. 本族人较少　　E. 本族人非常少
6. 您的学校所在地是：（　　　）
   A. 城市　　　B. 郊区　　　C. 农村　　　D. 牧区　　　E. 半农半牧
7. 您掌握本族语的程度如何？
   A. 能熟练地听、说、读、写　　B. 能熟练地说，但不会写
   C. 能熟练地读说，但不会写　　D. 都能听懂，说起来较困难
   E. 完全不掌握

8. 哪一种语言您掌握得更好？

A. 本族语　　B. 本族语和汉语同等程度　C. 汉语　　D. 英语（日）

E. 三语同等程度

9. 您读用哪种语言写成的文学作品？

A. 只读汉语的　　　　　B. 主要读汉语的，有时也读本族语的

C. 读本族语和汉语的作品基本相同　　D. 只读本族的

E. 主要是本族语的，有时也读汉语的

10. 您一般听用哪种语言创作的广播、电视节目？

A. 本族语　　　B 本族语和汉语一样　　C. 汉语　　　D. 其他语

11. 您读用哪种语言发行的报纸？

A. 仅用汉语的　　B. 用语语和本族语　　C. 仅用本族言　D. 其他语

12. 老师之间相互交谈时，你一般使用哪种语言？

A. 仅用汉语的　　B. 用汉语和本族语　　C. 仅用本族语　D. 其他

13. 在您校什么时间开始教授学生本民族语？（说明：小学按六年制计算）

学前班，每周＿＿＿＿＿＿＿＿课时

一年级，每周＿＿＿＿＿＿＿＿课时

二年级，每周＿＿＿＿＿＿＿＿课时

三年级，每周＿＿＿＿＿＿＿＿课时

四年级，每周＿＿＿＿＿＿＿＿课时

五年级，每周＿＿＿＿＿＿＿＿课时

六年级，每周＿＿＿＿＿＿＿＿课时

初　中，每周＿＿＿＿＿＿＿＿课时

高　中，每周＿＿＿＿＿＿＿＿课时

14. 在您校什么时间开始教授学生汉语？

学前班，每周＿＿＿＿＿＿＿＿课时

一年级，每周＿＿＿＿＿＿＿＿课时

二年级，每周＿＿＿＿＿＿＿＿课时

三年级，每周＿＿＿＿＿＿＿＿课时

四年级，每周＿＿＿＿＿＿＿＿课时

五 年 级，每周_____课时

六 年 级，每周_____课时

初　　中，每周_____课时

高　　中，每周_____课时

15. 您校若开了英语（日语），在什么时间开始教授学生？

学前班，每周_____课时

一 年 级，每周_____课时

二 年 级，每周_____课时

三 年 级，每周_____课时

四 年 级，每周_____课时

五 年 级，每周_____课时

六 年 级，每周_____课时

初　　中，每周_____课时

高　　中，每周_____课时

16. 小学语言教学法中，您认为下列语言技能按其重要性的大小从大到小应该怎样排列？用数字1~4表示。

（　　）写　　（　　）听　　（　　）读　　（　　）说

17. 若在小学开始教学生英语（日），您认为下列语言技能按其重要性的大小从大到小应该怎样排列？用数字1~4表示。

（　　）写　　（　　）听　　（　　）读　　（　　）说

18. 您所在学校，英语（日）教师通常是：（　　）

A. 英语专业毕业　　B. 函授　　C. 进修或培训　　D. 其他

19. 您认为在您所在地区中小学英语（日）教材的编写应该是：（　　）

A. 英（日）汉对照　B. 本族语与英语（日）对照　C. 纯英语（日）

D. 三语对照

20. 您对现行的蒙语文教学大纲满意吗？

A. 非常满意　　B. 满意　　C. 不满意　　D. 非常不满意

21. 您对现行的汉语教学大纲满意吗？

A. 非常满意　　B. 满意　　C. 不满意　　D. 非常不满意

22. 您对新的蒙语文教学大纲满意吗？

A. 非常满意　　　B. 满意　　　C. 不满意　　　D. 非常不满意

23. 您对新的汉语文教学大纲满意吗？

A. 非常满意　　　B. 满意　　　C. 不满意　　　D. 非常不满意

24. 您所在学校现在使用的课本是什么文字编写的？

（1）本族语文（　　）（2）政治课（　　）（3）历史课（　　）

（4）汉语（　　）（5）英语（日）（　　）（6）自然课（　　）

（7）地理课（　　）（8）其他（　　）

A. 本族语　　B. 汉语与本族语的交叉　　C. 汉语　　D. 汉英间交叉

E. 本族语与英语间交叉　　F. 三语的交叉

25. 您校教师使用的课外读物（包括参考书类）是用什么文字编写的？

A. 本族语　　　B. 主要是本族语　　　C. 本族语和汉语古近一半

D. 主要是汉语　　　E. 汉语　　　F. 其他语

26. 据您了解，学生们更愿意接受哪种语言授课？

A. 本族语　　B. 本族语和汉语一样　　C. 汉语　　D. 英语（日）

27. 据您了解，家长们更愿意让学生们掌握哪种语言？

A. 本族语　　B. 本族语和汉语一样　　C. 汉语　　D. 英语（日）

28. 据您了解，学生们使用哪种语言更熟练？

A. 本族语　　B. 本族语和汉语一样　　C. 汉语　　D. 其他

29. 您对双语教学理论了解程度？

A. 不很了解　　　B. 不了解　　　C. 了解一点　　　D. 很了解

附录6

民族学校双语调查问卷（学生）

所在省、自治区_____盟、市_____旗、县_____
乡、苏木_____填写日期_____年_____月_____日
所在学校_____年级_____年龄_____民族

1. 性别：（　　）
A. 男　　　　　B. 女

2. 在您的家里，你的父母说话主要使用的是：（　　）
A. 蒙语　　　　B. 汉语

3. 你所在学校的学生中民族构成如何？
A. 全是蒙古族人　　B. 主要是蒙古族人　　C. 占近一半
D. 蒙古族人较少　　E. 蒙古族人非常少

4. 在日常生活中，你是否愿意周围的人讲汉语？（　　）
A. 很愿意　　B. 愿意　　C. 无所谓　　D. 不愿意　　E. 很不愿意

5. 你认为哪一种语言对你来说更重要？（　　）
A. 蒙语　B. 蒙语和汉语同等重要　C. 汉语　D. 英语　E. 三语同等重要

6. 你认为蒙语更重要的理由是：（　　）
A. 我是蒙古族　　B. 周围的人大多数讲蒙语　　C. 使用方便
D. 喜欢讲蒙语　　E. 掌握好蒙语是学其他语言的基础

7. 你认为汉语更重要的理由是：（　　）
A. 大多数人都讲汉语　　B. 使用范围广　　C. 升学、就业更容易
D. 汉语是主体语　　E. 学英语（日）的桥梁

8. 你认为英语（日）更重要的理由是：（　　）
A. 三多数人这样看　　B. 为了出国　　C. 就业更容易　　D. 时代潮流

E. 发展前途光明

9. 你认为在您所属学校双语（蒙、汉）教学中最主要的问题是什么？（   ）

A. 教师水平低   B. 学习内容难   C. 教材不合理   D. 学制不适

10. 如果学校中停止使用蒙语文，而统一使用汉语文，你认为这样做是：（   ）

A. 非常有益的   B. 有益的   C. 有害的   D. 非常有害的   E. 无所谓

11. 你认为在您所在地区英语（日）教材应该用什么文字编写：（   ）

A. 蒙英（日）对照   B. 汉英（日）对照   C. 纯英语（日）

D. 三语对照

12. 你读用哪种语言写成的文学作品：（   ）

A. 蒙语   B. 蒙语和汉语   C. 汉语   D. 其他

13. 你读用种语言发行的报纸：（   ）

A. 仅用蒙语   B. 用蒙语和汉语   C. 仅用汉语   D. 其他

14. 你一般听用哪种语言制作的广播、电视节目：（   ）

A. 蒙语   B. 蒙语和汉语   C. 汉语   D. 其他

15. 在你的日常生活中（家庭．朋友．工作．）：（   ）

A. 说蒙语的时间多   B. 说汉语的时间多   C. 说两种语言的时间差不多

D. 其他

16. 你跟老师交谈一般用：（   ）

A. 蒙语   B. 汉语   C. 蒙语和汉语   D. 其他

17. 你认为目前学校还最应加强：（   ）

A. 汉语教学   B. 蒙语教学   C. 英语（日）教学   D. 三语教学

18. 生活中自然学到蒙语，你认为是否有必要专门的课程再求学习蒙语？（   ）

A. 有必要   B. 没必要   C. 很有必要   D. 无所谓

19. 民族学校中，蒙语文应该：（   ）

A. 作为一门语言课来教   B. 所有的课都用蒙语文来教

C. 和汉语并行，既要把蒙语文和汉语文并作为语文课来教，又要在其他课程的教学中同时使用　　　　D. 无所谓

20. 你是否认为蒙语文的学习比其他语言的学习更重要？

A. 是的　　　　B. 不是的　　　　C. 同等重要　　　　D. 无所谓

附表 6-1　对使用三语的态度调查

	非常同意	同意	既不同意也不反对	反对	坚决反对
能听懂会说蒙语是重要的，但用汉语更为重要					
不会使用蒙语对于学习和生活没有影响					
公共场合说蒙语是件耻辱					
蒙语比汉语更重要					
蒙语的语言净化越来越重要了					
丰富蒙语的教材．课外读物是迫切需要了					
多民族杂居影响了民族语言的净化					
仅会使用汉语就足够了					
同时掌握蒙语和汉语使人聪明					
能用蒙语和汉语书写是重要的					
学校的墙报应使用蒙语和汉语两种文字					
使用两种语言是不困难的					
学习和掌握蒙语对于继承发扬民族历史文化传统非常重要					
掌握三语可以使人得到理想的工作					
掌握英语（日）比掌握蒙语更为重要					
掌握英语（日）比掌握汉语更为重要					
本民族的语言必须掌握，其他语言是次要的					
学哪种语言都一样					
学三语会增加学生的学习负担					

附录 7

对汉语的态度与使用调查

1. 您说汉语说得怎么样。（　　）
   A. 差　　　　B. 一般　　　　C. 较好　　　　D. 很好
2. 您说汉语带有多少乡音？（　　）
   A. 没有　　　B. 有一点　　　C. 较重　　　　D. 很重
3. 您平常说汉语说得多不多？（　　）
   A. 不说　　　B. 说一点　　　C. 较多　　　　D. 常说
4. 您觉得自己说汉语是否自如？（　　）
   A. 不自如　　B. 不太自如　　C. 较自如　　　D. 非常自如
5. 您认为学汉语是否对您与其他各民族交往有益处？（　　）
   A. 没有益处　B. 有一点益处　C. 益处较大　　D. 非常有益处
6. 您认为蒙语对您的前程有多重要？（　　）
   A. 不重要　　B. 有些重要　　C. 较重要　　　D. 重很重
7. 您认为本学汉语在多大程度上可以让您自如地参加其他民族举办的活动：（　　）
   A. 很小　　　B. 一定　　　　C. 较大　　　　D. 很大
8. 您认为汉语对您的前程有多重要？（　　）
   A. 不重要　　B. 有些重要　　C. 较重要　　　D. 很重要
9. 您认为蒙语对您的学识有多重要？（　　）
   A. 不重要　　B. 有些重要　　C. 较重要　　　D. 很重要
10. 您认为汉语对您的学识有多重要？（　　）
    A. 不重要　　B. 有些重要　　C. 较重要　　　D. 很重要
11. 您认为学汉语对您找一份好工作有多重要？（　　）
    A. 不重要　　B. 有些重要　　C. 较重要　　　D. 很重要

12. 您认为学汉语对您赢得别人的尊行有多重要?（   ）

A. 不重要　　　B. 有些重要　　　C. 较重要　　　D. 很重要

13. 您平时说汉语时有无信心?（   ）

A. 没有信心　　B. 有一些　　　　C. 较重要　　　D. 很重要

14. 在您学校有多少同事说汉语比您说得好?

A. 没有　　　　B. 有一些　　　　C. 较多　　　　D. 很多

15. 在用汉语发音时,您是否觉得既紧张又不知所措?

A. 从来不　　　B. 偶尔　　　　　C. 常常　　　　D. 无所为

16. 您常看汉语电视．听汉语广播吗?

A. 从来不　　　B. 偶尔　　　　　C. 较多　　　　D. 常常

17. 您在课外,多讲汉语还是少讲汉语?

A. 不讲　　　　B. 讲一点　　　　C. 较多　　　　D. 常讲

18. 要是周围的人会说您的母语也会说汉语,您会跟着他们说汉语吗?

A. 不说　　　　B. 偶尔　　　　　C. 较多　　　　D. 常说

19. 您常看汉语报纸、杂志或书籍吗?

A. 不看　　　　B. 偶尔　　　　　C. 较多　　　　D. 常常

20. 您是如何学会汉语的?

A. 在小学　　　B. 在中学　　　　C. 在大学　　　D. 其他

21. 您在下列场合说汉语吗?

（1）对家庭成员：

A. 不说　　　　B. 较少　　　　　C. 较多　　　　D. 常说（   ）

（2）上班跟本族同事、领导说话时：

A. 小说　　　　B. 较少　　　　　C. 较多　　　　D. 常说

（3）上班跟其他民族同事、领导说话时：

A. 不说　　　　B. 较少　　　　　C. 较多　　　　D. 常说（   ）

（4）在校正式的大会发言时：

A. 不说　　　　B. 较少　　　　　C. 较多　　　　D. 常说（   ）

（5）在公共场所：

A. 不说　　　　B. 较少　　　　　C. 较多　　　　D. 常说（   ）

22. 您平时能用汉语写东西吗？(　　　)

A. 一点也不会　　B. 会一点　　　　C. 比较熟练　　　　D. 很熟练

附表 7-1　对使用民族语的态度调查

	非常同意	同意	既不同意也不反对	反对	坚决反对
学民族语是在浪费时间					
能听懂会说民族语是重要的，但用汉语学习更为重要					
不会使用民族语对于学习和生活没有影响					
民族语言最终只会成为民族文化遗产					
公共场合说民族语是件耻辱					
有民族语学习科学很困难					
民族语学习科学很困难					
民族语比汉语更重要					
从小学开始用民族语授课是必要的					
用要民族语授课办学是必要的					
丰富民族语教材．课外读物是迫切需要的					
多民族杂居影响了民族语言的净化					
在本地区仅会使用民族语就足够了					
进一步扩展与发展本民族语授课办学十分必要的					
民族语的发展前景光明					
掌握民族语对学习其他语言是基础					

民族语在以下这些项目中有什么作用，重要还是不重要填真实看法。（答案没有正确与否）

附表 7-2

	非常重要	重要	有点重要	无所谓	不重要	很不重要
在本地区生活						
交朋友						
挣更多的钱						
读写						

续表

	非常重要	重要	有点重要	无所谓	不重要	很不重要
看电视/录像/电影						
宗教生活						
唱歌（如与其他一起）						
购物						
体育活动						
打电话						
在学校取得好成绩						
找工作						
变聪明						
被社会接受						
在学校与老师交谈						
在学校与朋友交谈						
在学校与他人交谈						
个人发展						
与会交流						

附表7-3　民族中学"双语教学"（蒙、汉、外）调查问卷

对使用双语的态度调查					
	非常同意	同意	既不同意也不反对	反对	坚决反对
能听懂会说蒙语是重要的，但用汉语授课更为重要					
不会使用蒙语对于学习和生活没有影响					
公共场合说蒙语是件耻辱					
蒙语比汉语更重要					
蒙语的语言净化越来越重要了					
丰富蒙语的教材．课外读物是迫切需要了					
多民族杂居影响了民族语言的净化					
在本地区仅会使用蒙语就足够了					
同时掌握蒙语和汉语使人聪明					
能用蒙语和汉语书写是重要的					
学校的墙报应使用蒙语和汉语两种文字					

续表

	非常同意	同意	既不同意也不反对	反对	坚决反对
使用两种语方是不困难的					
学习和掌握蒙语，对于继承和发扬民族历史文化传统非常重要					
掌握三语可以使人得到理想的工作					
掌握英语（日）比掌握蒙语更为重要					
掌握英语（日）比掌握汉语更为重要					
本民族的语言必须掌握，其他语言次要的					
学哪种语言都一个样					
学三语会增加学生的学习负担					

附录 8

学生调查问卷

说明：1. 本次调查采取无记名方式，调查结果仅用于科学研究，对被调查者的学习、工作和生活均不产生任何影响。2. 本次调查的对象为蒙古族在校中小学生及部分大学生，未涉及其他民族学生。

衷心感谢您的支持与合作！

一、表格题（请在你选择的空格内打勾）

你对下列蒙古民族传统文化的了解程度如何：

附表 8-1

	非常了解	一般了解	知道一点	根本不知道
英雄史诗				
民族历史				
风俗习惯				
宗教信仰				
音乐舞蹈				

二、单项选择题

1. 当听到有人谈起蒙古民族优秀的历史文化传统时，你的感觉是：
   ①非常自豪（ ）　　②很感兴趣（ ）　　③无所谓（ ）
2. 你认为学校是否应该加强对蒙古族学生的传统文化的教育？
   ①是（ ）　　②否（ ）　　③无所谓（ ）
3. 你是否愿意了解和学习更多的本民族的传统文化？
   ①是（ ）　　②否（ ）　　③无所谓（ ）
4. 你是否愿意与其他民族和地区的同学交流各自的文化？
   ①是（ ）　　②否（ ）

5. 如果高校开设不同文化的课程或讲座,你会参加吗?
①是（   ）   ②否（   ）

6. 你认为学校是否为你提供了学习其他不同文化的机会和条件?
①是（   ）   ②否（   ）

7. 你认为学习蒙古民族的传统文化与学习现代科学技术和多元文化之间的关系是：
①相辅相成（   ）   ②此消彼长（   ）
③现代科学技术和多元文化的学习更重要（   ）

8. 你认为自己与周围其他民族（包括汉族）的同学相比较有什么明显的不同之处吗?
①有（   ）   ②没有（   ）   ③无所谓（   ）
请选择①选项的同学简要说明理由：_____

9. 毕业后,你会选择（只限大学生）：
①回到家乡工作（   ）   ②离开家乡,但是会到自治区的其他地方工作（   ）   ③离开自治区,到区外其他地方工作（   ）
请简要说明你选择的理由：_____

10. 你认为自己的民族身份会给自己的学习、生活和工作带来：
①有利的影响（   ）   ②不利的影响（   ）   ③无所谓（   ）

11. 你希望自己将来的配偶是（只限大学生）：
①蒙古族（   ）   ②汉族（   ）   ③其他民族（   ）
④无所谓（   ）

12. 将来你会选择送自己的子女到（只限大学生）：
①蒙古族学校读书（   ）   ②汉族学校读书（   ）
③其他民族学校读书（   ）   ④无所谓（   ）

13. 你的蒙古语言文字的掌握水平与汉语言文字的掌握水平相比：
①我不会蒙古族语言文字（   ）
②蒙古族语言文字的掌握水平高于汉语言文字的掌握水平（   ）
③汉语言文字的掌握水平高于蒙古族语言文字的掌握水平（   ）
④两者的掌握程度相当（   ）

14. 你认为何种语言文化的学习对自己未来的发展会更有利：

①蒙古语言文化的学习更有利（ ） ②汉语言文化的学习更有利（ ）

③外国语言文化的学习更有利（ ） ④没有太大的差别，一样重要（ ）

15. 上大学之后，你认为自己最有待加强的是：

①适应社会的能力（ ）   ②对现代文化和科技的掌握（ ）

③对本民族文化的学习（ ）   ④对其他民族和文化的了解（ ）

⑤与其他文化背景的人增进交流与沟通（ ）

16. 你认为民族教育最应重视对蒙古族学生哪个方面的培养？

①加强本民族的民族意识（ ）   ②发展蒙古民族文化（ ）

③培养中华民族的大民族意识（ ）④增进对其他民族、其他文化的了解（ ） ⑤适应现代社会的发展（ ）

17. 你对所在学校的校园文化满意吗？

①很满意（ ）   ②比较满意（ ）   ③一般（ ）

④不太满意（ ）   ⑤很不满（ ）

三、多项选择题

1. 你是通过哪些途径了解到本民族的传统文化的？

①校教育（ ）②自己阅读相关的书报杂志（ ）③家庭熏陶（ ）

④新闻媒体的宣传介绍（ ）   ⑤通过其他途径（ ）

2. 你接受蒙古民族传统文化教育的动机是：

①被迫（ ）   ②好奇（ ）   ③喜欢和兴趣（ ）

④补充知识上的不足，提高自身素质（ ）⑤出于自身民族感情的需要（ ）

3. 你认为学校应通过哪些方式加强蒙古族学生对其他文化的学习和了解？

①开设选修课（ ）   ②专题讲座与学术报告（ ）

③展民族文化活动，促进多民族的文化交流（ ）④其他形式（ ）

你对学校当前的在这方面的工作有什么意见和建议？

4. 你学习其他民族文化的动机是：

①被迫（ ）   ②好奇（ ）   ③喜欢和兴趣（ ）

④充知识上的不足，提高自身素质（ ）⑤对未来生活和工作的考虑（ ）

再次感谢您的合作！

附录 9

双语教育政策调查问卷(学生卷)

亲爱的同学:

您好!为了了解民族地区中小学双语教育政策实施情况,我们编写了此问卷。希望能通过此问卷,了解双语教育政策实施的效果、面临的困难等。此问卷采取的是匿名形式,所有信息仅用于学术研究,请您根据实际情况进行回答。

谢谢!

一、基本情况

年龄:　　　　性别:　　　　民族:　　　　母语:

学校:　　　　年级:　　　　学习藏语文年限:

居住区域:　　□藏族为主的社区　　□汉族为主的社区　　□其他

二、填表说明

第一、二、三、四部分请从"1、2、3、4、5"五个数字中选择一个最符合情况的选项,并在选项的"□"内打"√";除特别说明外,问题回答均为单选。

附表 9 - 1

题目	1. 完全不符合	2. 基本不符合	3. 不能确定	4. 基本符合	5. 完全符合
A1. 我平时会用藏语谈话和交流。					
A2. 我可以在日常交流中准确运用藏语。					
A3. 我可以熟练使用藏文。					
B1. 本校有藏语文教学环境的布置。					
B2. 本校每学期会办理母语日活动。					

续表

题目	1. 完全不符合	2. 基本不符合	3. 不能确定	4. 基本符合	5. 完全符合
B3. 学校会鼓励我们使用藏语文。					
C1. 家长对我的藏语文学习非常支持					
C2. 我的社区与村落对藏语文学习非常支持					
D1. 藏族学生都要学习藏语文、文化才不会消失。					
D2. 上藏语文课程不会增加我额外功课及压力。					
D3. 上藏语文课程不会影响我在其他学科的成绩。					
D4. 纵使没有"藏语认证考试与升学优惠",我还会选择上藏语文课程。					
E1. 我喜欢藏语言文字					
E2. 我喜欢藏语言发音					
E3. 日常生活中,我更喜欢用藏语文与人交流					
E4. 我更喜欢用藏语文发短信、语音留言或邮件					
F1. 受到藏族传统文化影响。					
F2. 跟藏族同胞交往和交流的需要。					
F3. 受到父母、学校或老师的推动。					
G1. 藏语文教师主要使用统一藏语文教材来教学。					
G2. 我能够完成老师布置的教材上的藏语文作业。					
G3. 我认为藏语文教材中的内容应当很贴近自己的生活。					
G4. 我希望藏语文教材有挑战性,能使我学到很多新的知识和能力。					
H1. 藏语文教师会教导我藏族传统文化与历史,让我更了解藏族文化与历史及优良传统。					
H2. 藏语文教师上课时同学们的学习意愿高,并遵守上课秩序。					

续表

题目	1. 完全不符合	2. 基本不符合	3. 不能确定	4. 基本符合	5. 完全符合
H3. 藏语文教师上课时会使用电脑、投影及录音设备，吸引我的注意。					
I1. 学校有足够的藏语文图书资源。					
I2. 学校设置民族教育资源中心或教室推动和发展藏语文教学。					
I3. 学校或教师提供高新信息技术（藏语软件、藏语相关的app）推动和发展藏语文教学。					
J1. 藏语文课程有期中和期末考试。					
J2. 藏语文老师经常多种测试方式来考查我们。					
J3. 每个同学都有自己的藏语文学习档案袋。					
K1. 在接受藏语文教学之后，我的藏语"听"的能力提高了					
K2. 在接受藏语文教学之后，我的藏语"说"的能力提高了					
K3. 在接受藏语文教学之后，我的藏语文"读"的能力提高了					
K4. 在接受藏语文教学之后，我的藏语文"写"的能力提高了					
L1. 在接受藏语文教学之后，我在家庭使用藏语的频率提高了					
L2. 在接受藏语文教学之后，我在学校使用藏语的频率提高了					
L3. 在接受藏语文教学之后，我在社区使用藏语的频率提高了					
L4. 在接受藏语文教学之后，我在宗教场所使用藏语的频率提高了					
M1. 汉藏双语学习环境让我满意。					
M2. 汉藏双语学习的效果达到了我的期望。					
M3. 汉藏双语学习的方法让我满意。					

续表

题目	1. 完全不符合	2. 基本不符合	3. 不能确定	4. 基本符合	5. 完全符合
N1. 您觉得双语教育对学生的学业发展带来的帮助满意吗?					
N2. 您觉得双语教育对民族地区传统文化传承的帮助满意吗?					
N3. 您和您的同学、朋友对当前的双语教育政策满意吗?					
N4. 您的家人对当前的双语教育政策满意吗?					
O1. 我身边的同学、我的家人对当前政府出台的双语教育政策也有一定了解。					
O2. 在学校我还能通过其他多种途径了解当前的双语教育政策。					
O3. 我能够了解到的双语教育政策渠道有很多。					
O4. 我主要通过学校了解双语教育政策。					

感谢您的配合,祝您生活愉快!

附录 10

访谈提纲（民族教育工作管理者）

1. 您怎么理解双语教育政策？本地区实施双语教育政策的历史？
2. 您知道目前政策中有哪些双语教育政策的措施，您是否赞成，理由是？
3. 您认为双语教育政策是否能有达到提升少数民族地位、促使少数民族发展的目标，您的看法为何？
4. 在您看来目前少数民族学生享有双语教育政策的原因为何？对于双语教育政策，您生活周遭的人对此所抱持的态度是什么，理由是？
5. 目前作为双语教育政策报考的条件是否公平，是否会造成"标签化"或"依赖"的现象？
6. 目前贵地区双语教育模式有哪几种？
7. 双语教育政策是怎么推行的？是否有制度和政策保障？
8. 推行双语教育政策一般会考虑到哪些因素？
9. 在推行双语教育政策中，遇到的最大困难在哪里？有何批评或建议？面对这些，你们是怎么应对的？
10. 在推行双语教育政策过程中，有无机制去监察推行的过程和效果？您认为目前关于双语教育政策相关管理情况如何？
11. 您如何评论当前少数名字语言授课教师的素质？如何培养和提升少数民族语言教师发展能力？
12. 您如何评论目前双语教育的课程、教材与教学？
13. 您觉得当地学生的双语水平如何？
14. 您觉得目前双语教育政策执行效果如何？
15. 在双语教育政策工作方面，它的未来如何？打算怎么进一步发展？

附录 11

访谈提纲（行政管理人员）

1. 贵单位什么时候开始双语教育政策？双语教育政策历史？

2. 贵单位开展双语教育政策的情况如何？困难在哪里？取得了什么成绩？外界（家长、社会大环境、教育部门）对双语教育政策持何态度？

3. 您认为双语教育政策是否能有达到提升少数民族地位、促使少数民族发展的目标，您的看法为何？

4. 在您看来目前少数民族学生或其他学生享有双语教育政策的原因为何？对于双语教育政策，您生活周围的人对此所抱持的态度为何，理由是？

5. 您对于贵单位相关课程与师资的规划上持什么看法？在推动双语教育政策时所遇到的困难有哪些，如何解决？

6. 贵单位平日如何推动双语教育政策？

7. 贵单位现在推行的是什么样的课程设置？您觉得什么样的教学模式适合双语教育学生进一步的发展？

8. 在推行双语教育政策过程中，有无机制去监察推行的过程和效果？您认为目前关于双语教育管理情况如何？

9. 您如何评论当前少数民族语言授课教师的素质？如何培养和提升少数民族语言授课教师发展能力？

10. 您觉得目前双语教育政策执行效果如何？

11. 在未来的规划中，贵单位将在哪方面做好双语教育政策工作？

附录 12

访谈提纲（学生）

基本信息：

市（地区）：　　　　县（区）：　　　　学校：

姓名：　　　　性别：　　　　民族：　　　　年级：

访谈地点：　　　　访谈时间：

1. 你家庭成员情况怎样？（民族、学历、职业、宗教信仰等）他们对双语教育政策态度怎样？

2. 你认为双语教育政策对自己升学有怎样的作用？

3. 你知道目前政策中有哪些双语教育政策的措施，您是否赞成，理由是？

4. 你认为双语教育政策是否能有达到提升少数民族地位、促使少数民族发展的目标，您的看法为何？

5. 在你看来目前少数民族学生或其他学生享有双语教育政策的原因为何？对于双语教育政策，您生活周遭的人对此所抱持的态度为何，理由是？

6. 你的老师教学水平怎样？你对教学效果是否满意

7. 你觉得双语教育管理情况如何？

8. 你觉得课程设置和课程内容如何？是否满意

9. 你觉得双语教育的学习效果如何

10. 你觉得双语教育的主要困难有哪些？

附录 13

访谈提纲（教师）

1. 您了解国家、自治区有关双语教育政策的政策、法规吗？学校是否制定配套的规章制度？这些政策、法规、制度的执行情况怎样？市、县（区）有专项经费投入吗？

2. 你认为双语教育政策是否能有达到提升少数民族地位、促使少数民族发展的目标，您的看法如何？

3. 在你看来目前少数民族学生或其他学生享有双语教育政策的原因为何？对于双语教育政策，您生活周遭的人对此所抱持的态度为何，理由是？

4. 您认为双语教育政策对学生升学和就业有着怎样的影响？

5. 您认为现行双语教育政策模式的主要问题是什么？怎样改进？

6. 您认为目前双语教育课程设置和内容是否合理，如果不合理，存在的主要问题是什么？应当怎样改进？

7. 您觉得少数民族语言授课是否增加教学负担？

8. 您认为双语教育管理执行情况如何？

9. 您认为双语教育政策成效怎样？为什么？

10. 您认为推进双语教育政策的主要困难有哪些？怎样克服？

11. 您认为双语教育政策的未来走向会如何？

后 记

《国家中长期教育改革和发展规划纲要（2010－2020年）》中明确提出要"大力推进双语教学。全面开设汉语文课程，全面推广国家通用语言文字。尊重和保障少数民族使用本民族语言文字接受教育的权利。全面加强学前双语教育。国家对双语教学的师资培养培训、教学研究、教材开发和出版给予支持。"十八大以来，党和国家进一步加强了对少数民族双语教育工作的理论指导，加强了对双语教育的政策保障和物质投入，助推我国少数民族教育尤其是双语教育取得巨大成绩，不仅为我们多民族国家的繁荣稳定提供了教育维度的智力支撑，也为世界其他国家的少数族裔教育和民族社会治理贡献了中国经验和中国智慧。

然而，在中国这样一个多民族的人口大国，由于特殊的国情和独特的发展历程，双语教育乃至民族教育在具体的实施过程中不可避免地会出现一些突出的特殊困难与问题，制约我国民族教育质量的提升，需要我们认真思考研究、建言献策。限于篇幅，很多研究成果不能体现在该报告中。我谨以此份报告抛砖引玉，期待与各位先学同行就少数民族双语教育问题进行更多的对话和交流。

该报告也是由全国教育科学规划领导小组审批的国家社会科学基金"十二五"规划2015年度教育学重大（重点）项目"民族地区依法实施双语教育政策和模式研究"（AMA150011）课题的阶段性成果。作为课题的总负责人，感谢我的研究团队，包括袁梅、林玲、甘永涛、江凤娟、刘子云、朱金玲、杨俊生、刘玉杰、成丽宁、阿木古楞、吐尼克、张良等博士和江涛博士后，他们为研究报告的形成做出了重要贡献。

特别感谢教育部民族教育司及民族教育发展中心的领导、国家民族事务委员会教育科技司的领导、同仁为我们课题组每次深入民族地区开展调研给予的大力支持与帮助。感谢田野调研中各地的教育局及项目点每一所学校给予我们配合、帮助的每位领导、同仁、校长、一线教师们，以及那些接受我们调查访谈的各位家长和可爱的孩子们。愿我国的民族教育又好又快地发展，使我们少数民族及民族地区的孩子既能"有学上"又能"上好学"。

苏 德

2018年6月

图书在版编目（CIP）数据

中国民族教育发展报告.2015－2018：现实与前瞻：民族地区双语教育研究／苏德等著.－－北京：社会科学文献出版社，2019.5
ISBN 978－7－5201－2588－8

Ⅰ.①中… Ⅱ.①苏… Ⅲ.①少数民族教育－发展－研究报告－中国－2017②少数民族教育－双语教学－教学研究－中国 Ⅳ.①G759.2

中国版本图书馆 CIP 数据核字（2018）第074244号

中国民族教育发展报告（2015～2018）
现实与前瞻：民族地区双语教育研究

著　　者／苏　德等

出 版 人／谢寿光
责任编辑／陈晴钰

出　　版／社会科学文献出版社·皮书出版分社（010）59367127
　　　　　地址：北京市北三环中路甲29号院华龙大厦　邮编：100029
　　　　　网址：www.ssap.com.cn
发　　行／市场营销中心（010）59367081　59367083
印　　装／三河市东方印刷有限公司

规　　格／开本：787mm×1092mm　1/16
　　　　　印张：21.75　字数：331千字
版　　次／2019年5月第1版　2019年5月第1次印刷
书　　号／ISBN 978－7－5201－2588－8
定　　价／128.00元

本书如有印装质量问题，请与读者服务中心（010－59367028）联系

▲ 版权所有 翻印必究